KB216923

성서, 장애 그리고 신학

「 **Bible, Disability** and **Theology** 」

성서, 장애 그리고 신학
Bible, Disability and Theology

지은이 · 최대열
펴낸이 · 이충석
꾸민이 · 성상건

펴낸날 · 2015년 1월 15일
펴낸곳 · 도서출판 나눔사
주소 · (우) 122-080 서울특별시 은평구 은평터널로7가길
20, 303(신사동 삼익빌라)
전화 · 02)359-3429 팩스 02)355-3429
등록번호 · 2-489호(1988년 2월 16일)
이메일 · nanumsa@hanmail.net

ISBN 978-89-7027-161-3-03230

값 20,000원

성서, 장애 그리고 신학

[**Bible, Disability** and **Theology**]

최대열 Dai Yeol Choi | 지음

* 이 책에서는 대한성서공회 발행「성경전서 개역개정판」(개역개정, 4판)을 기본 본문으로 사용한다.

이 책을 아버지 최병윤 장로님과 어머니 전부자 권사님께 드립니다.
부모님은 제가 어려서부터 하나님의 말씀을 가르쳐 주셨으며 지금도
저를 위해 기도해 주고 계십니다.
가장 부족한 사람에게 최고의 부모님을 주신 하나님께 감사드립니다.

성 삼위일체 하나님께 감사드립니다. 모든 것이 하나님의 은혜입니다. 제게 주어진 모든 것에 대해 하나님께 감사드립니다. 사람들은 원하든 원하지 않든 누구나 주어진 조건과 상황 속에서 살아갑니다. 장애는 인생의 수많은 조건과 상황들 중의 하나일 뿐입니다. 장애가 있다고 해서 인생의 다른 문제들이 비껴가는 것도 아니고, 장애가 없다고 해서 인생의 문제가 없는 것도 아닙니다.

이제 생의 중반을 지나고 있는 저는 하나님을 생각하면 언제나 감사할 것밖에 없습니다. 하나님은 제게 큰 은혜와 사랑을 베풀어 주셨습니다. 예수 그리스도로 말미암아 성령 안에서 사랑과 구원과 능력을 경험하게 해 주셨고, 어떤 삶의 조건이나 상황에 앞서 먼저 하나님을 바라보고 의지할 수 있게 해 주셨고, 교회와 더불어 하나님 나라를 꿈꾸며 살게 해 주셨습니다. 모든 것이 하나님의 은혜입니다.

하나님은 세상에서 가장 부족한 저에게 최고의 부모님을 주셨습니다. 부모님은 하실 수 있는 최고의 사랑과 정성으로 저를 길러 주셨는데, 무엇보다 제가 어려서부터 항상 하나님의 말씀을 들려 주셨고, 지금도 이른 새벽 기도하실 때면 언제나 부족한 저를 위해서 기도하고 계십니다. 두 분의 사랑과 헌신과 희생이 밑거름이 되어 오늘 제가 여기에 이르게 되었습니다.

하나님은 또한 최고의 선생님들을 만나게 해 주셨습니다. 어린 시절 교회에서 성경을 가르쳐 주셨던 교회학교 선생님들께 감사드립니다. 연세대학교에서 신학을 가르쳐 주신 한태동, 문상희, 유동식, 은준관, 민경배, 김광식, 김중기, 박준서, 김균진, 서중석, 이양호 교수님과 장로회신학대학교에서 신학을 가르쳐 주신 강사문, 이형기, 김명용, 윤철호 교수님께 감사드립니다. 이분들은 제가 만난 최고의 신학자들이셨습니다. 특히 학부 시절부터 박사 학위를 마치기까지 지도해 주신 김균진 교수님께 깊이 감사드립니다. 그리고 장애신학에 관심을 갖고 연구하도록 권면해 주신 연세대학교 박정세 교목님께 감사드립니다.

하나님은 저에게 귀한 목사님들을 만나게 해 주셨습니다. 고향 충주 효성교회의 전종근 목사님과 최순동 목사님, 그리고 동빙고교회 윤성대 목사님께 감사드립니다. 저는 목사님들의 사랑과 기도와 말씀 아래에서 자랐습니다. 목회자로서의 인격과 삶의 본을 보여주시고 큰 사랑으로 보살펴 주신 명수대교회 이동시 목사님께 감사드립니다. 저에게 장애인 목회의 현장을 허락해 주시고 목회를 가르쳐 주시는 명성교회 김삼환 목사님께 감사드립니다. 김삼환 목사님은 목회와 함께 신학을 할 수 있도록 지금도 부족한 저를 격려해 주고 계십니다.

저는 참으로 사랑의 빚을 많이 진 사람입니다. 아니, 모든 것이 하나님의 은혜와 사랑이고, 주위에 계신 많은 분들의 배려와 도움입니다. 가까이 명성교회 사랑부 식구들, 주위에 장애를 가지고 신앙의 삶을 경주하시는 분들, 장애를 가지고 목회와 신학을 하고 있는 분들, 신앙으로 장애인의 인권과 복지를 위해 일하시는 분들, 그리고 사랑으로 장애인을 돌보고 섬기는 모든 분들께 감사드립니다. 이분들과 함께한 삶의 모든 경험들이 저의 신학 작업에 귀한 재료가 되고 있습니다.

특히 장애신학의 정립을 위해 함께 신학의 도상에서 경주하시는 여러분들께 감사드립니다. 한국기독교교회협의회(NCCK)의 이예자 장애인소위원회 위원장님과 황필규 목사님, 대한예수교장로회(통합) 장애인신학연구위원회의 채은하, 안교성, 이범성, 이계윤 목사님, 세계밀알연합의 이재서 총재님과 장승익 목사님, 총신대 정승원 교수님, 한국장애인사역연구소의 김해용 목사님께 감사드립니다. 그리고 오랜 세월 저와 함께 발달장애인선교연합회를 섬기고 있는 저의 좋은 동역자 이상록, 임상희 목사님께 감사드립니다. 위의 분들은 저보다 천배 만 배 훌륭하신 분들로서 교회와 학교와 선교의 현장에서 사역하시며 장애신학을 위해서 넓은 관심과 깊은 연구로 저에게 귀한 경험과 자료를 나누어 주고 계십니다.

이 책은 개인적으로 구상 중인 장애신학 시리즈의 첫 번째로 주로 성서신학에 관련된 것입니다. 이 책은 저를 가르쳐 주신 분들의 가르침과 장애와 관련하여 저와 함께한 분들의 삶을 가지고 성서를 보며 그 안에서 하나님의 뜻을 찾고 하나님 나라를 향해 나아가고자 시도한 장애신학의 성서해석의 예들입니다. 하나님의 은혜와 많은 분들의 도움이 아니었다면, 아마 지금의 제가 없고 이 책도 없었을 것입니다. 글의 미흡함은 모두 저의 무지와 나태에 따른 것임을 밝혀 두며, 다시금 하나님께 감사드리고, 저를 가르쳐 주시고 도와주신 모든 분들께 감사드립니다.

끝으로 이 책을 편집해 주신 명성교회 사랑부 서유선 교사와 표지 그림을 그려주신 임가연 교사와 출간을 위해 힘써 주신 도서출판 나눔사의 성상건 사장님께 감사드립니다. 지금의 소감은 오직 감사뿐입니다. 돌이켜 보면 감사할 것 밖에 없고, 지금도 감사이고, 앞으로도 계속해서 감사만 있기를 소원합니다. 앞으로 연구하고, 목회하고, 사랑하고, 소망해야 할 더 많은 일들이 있기에 감사합니다. 제가 받은 은혜와 사랑을 언제나 이웃과 세계와 함께 나누는 기쁨이 주어지기를 기도하며 감사의 글을 마칩니다.

2015년 1월 10일 최대열

차례

| 서론 |

장애신학의 성서해석

I. 서언: 하나님의 말씀으로서 성서

성서는 하나님의 말씀이다. 성서는 인간의 언어로 기록된 하나님의 말씀이다. 성서는 기록한 사람이 있지만, 그것은 인간 자신의 힘으로 된 것이 아니라 성령의 감동으로 기록된 것이다(벧후 1:21). 성서는 인간의 말인 동시에 하나님의 말씀인데, 성서가 성서(정경)인 것은 그것이 인간의 말이어서가 아니라 하나님의 말씀이기 때문이다(요 10:35). 성서는 사람이 사람에게 말하는 것이 아니라 하나님이 사람에게 말씀하시는 것이다.

성서는 나/우리에게 하시는 하나님의 말씀이다. 성서는 오래 전 인간의 역사 속에서 기록된 것이지만, 오늘 성령의 역사 안에서 나/우리에게 하시는 하나님의 말씀이다. 성서는 지금으로부터 2, 3천 년 전 고대 근동의 구체적인 역사적 · 문화적 배경 속에서 하나님이 당시의 사람들에게 하신 말씀이다. 그러나 성서가 성서(정경)인 것은 하나님이 그 당시의 사람들에게만 말씀하시는 것이 아니라 바로 오늘 여기에 있는 나/우리에게 하시는 말씀이기 때문이다. 성서는 기록된 시대를 넘어서 역사 속에서 계속해서 말씀해 오셨으며, 지금도 나/우리에게 하시는 하나님의 말씀이다. 그리고 또한 앞으로도 계속해서 인류를 향하여 하시는 하나님의 말씀이다.

성서는 하나님의 계시의 말씀이다. 성서는 하나님이 자기 자신을 드러내시는 계시의 말씀이다. 성서에는 세상의 수많은 이야기들이 담겨 있지만, 그 이야기들은 모두 하나님이 자기 자신을 드러내시는 계시 사건에 목적을 두고 있다. 성서가 성서(정경)인 것은 세상적인 신의 계보 이야기가 아니라 하나님 자신의 계시 사건이기 때문이다. 성서는 예수 그리스도 안에서 일어난 하나님의 결정적인 계시 사건을 말씀하고 있다(요 20:30-31). 성서가 나/우리에게 하시는 말씀은 기복적인 성공에 관한 이야기가 아니라 예수 그리스도를 통하여 하나님 자신을 계시하시는 말씀이다. 성서는 오늘 나/우리에게 예수 그리스도의 사건을 통하여 하나님의 존재, 사랑, 역사, 능력, 소망을 말씀한다.

성서는 하나님과 그의 나라에 대해서 계시하고 있다. 성서는 이 계시를 통하여 인간이 구원을 얻고 하나님 나라의 역사에 참여하기를 원하고 있다. "또 어려서부터 성경을 알았나니 성경은 능히 너로 하여금 그리스도 예수 안에 있는 믿음으로 말미암아 구원에 이르는 지혜가 있게 하느니라 모든 성경은 하나님의 감동으로 된 것으로 교훈과 책망과 바르게 함과 의로 교육하기에 유익하니 이는 하나님의 사람으로 온전하게 하며 모든 선한 일을 행할 능력을 갖추게 하려 함이라"(딤후 3:15-17). 그런 점에서 성서는 계시의 책이고, 구원의 책이고, 교훈의 책이고, 양육의 책이다. 성서는 예수 그리스도를 통한 구원을 약속하며, 하나님 나라를 위해 일하는 하나님의 사람으로 성장하고 훈련받을 것으로 요구한다.

성서는 예수 그리스도로 말미암은 하나님 나라를 약속하는 말씀이다(막

1:14-15, 행 1:3). 성서가 나/우리에게 말씀하시는 것은 하나님의 계시로서 한 개인을 향한 칭의와 구원과 위로와 교훈과 축복의 말씀이지만, 또한 개인을 넘어서 온 인류와 세계를 향하여 하시는 사랑과 정의와 평화와 진리와 생명의 하나님 나라에 대한 말씀이다. 성서가 성서(정경)인 것은 한 개인인 나를 넘어서 우리 공동체와 인류와 온 세계를 하나님 나라로 초대하며 하나님 나라를 소망하게 하기 때문이다. "하나님의 나라는 먹는 것과 마시는 것이 아니요 오직 성령 안에 있는 의와 평강과 희락이라"(롬 14:17).

하나님 나라는 개인적으로 죄와 마귀와 멸망에서 벗어나 하나님의 사랑과 기쁨과 소망의 사귐 안에 거하게 하고, 이를 넘어서 이 세계를 하나님의 정의와 평화와 생명의 공동체로 만들어 간다. 세계에 만연해 있는 죄악과 불의와 억압과 차별과 죽음의 위협으로부터 의와 공의와 사랑과 평등과 생명의 세계를 소망하며 지향하게 한다. 그런 점에서 성서는 하나님 나라를 향한 약속의 책이며, 기다림의 책이고, 변혁의 책이고, 생명의 책이다. 성서는 하나님의 메시아적 미래를 약속하며, 이 미래를 향한 변증법적 자기부정과 해방과 개혁을 요구한다.[1)]

성서는 하나님의 말씀으로서 인간에게 구원에 이르게 하는 지혜와 하나님의 사람으로서 세상을 살아가는 교훈을 가르쳐 주고 있다(시 19:7-8, 119, 105, 130). 그러므로 기독교인은 모든 문제, 곧 자기 자신의 인생, 이웃과의 관계, 사회적인 문제, 그리고 생태계와 전 우주적인 문제에 대하여 성서로부터 하나님의 말씀을 듣고자 한다. 그리고 하나님의 말씀을 듣고 순종함으로써 삼위일체 하나님 나라의 역사에 참여하기를 원한다.

---

1) 김균진, 『기독교 신학 I』(서울: 연세대학교 출판부, 2009), 241.

Ⅱ. 열려 있는 책으로서 성서

성서는 하나님의 말씀으로서 열려 있는 책이다. 성서는 하나님께서 인간에게 말씀하시는 사건, 곧 말씀을 걸어오시는 하나의 사건이다. 성서는 예수 그리스도 안에서 하나님 자신을 계시하며 하나님 나라를 알려주시는 약속과 생명의 말씀이다. 인간은 이 하나님의 계시의 말씀, 곧 하나님의 '말씀-걸음'이라는 사건에 긍정적이든 부정적이든 아니면 보류이든 무관심하든 어떤 식으로든지 반응하게 된다. 하나님은 스스로 자기 자신을 인간에게 계시하시기 위하여 말씀을 걸어오시는 분이므로 그의 말씀을 담고 있는 성서는 결코 닫혀 있는 책일 수 없다. 성서가 하나님의 계시의 말씀이므로 성서는 닫힌 책이나 아니라 열려 있는 책이다. 하나님이 사람에게 말씀하신다는 사실은 성서가 사람에게 열려 있는 책이라는 사실을 의미한다.

성서는 두 가지 의미에서 열려 있다. 첫째로 성서는 인간과 세계의 모든 문제에 열려 있다. 성서는 우선 인간으로 하여금 구원에 이르게 하는 영적인 진리와 성도로서 거룩한 삶을 살게 하는 생활의 규범이며 지침서이다. 그러나 성서가 개인의 영적이고 신앙적인 문제에만 대답하는 제한적으로 닫혀 있는 책이 아니다.

성서는 분명히 역사나 과학에 관한 전공 서적이 아니다. 특히 사회복지 교과서도 아니다. 그렇다고 해서 성서가 역사나 과학이나 교양이나 복지에 대해서 아무런 이야기를 하지 않는 것은 아니다. 오히려 그 반대로 성서는 인간과 세계에 관한 모든 것에 대하여 말씀하고 있다. 왜냐하면 성서는 하나님의 말씀이며, 하나님은 세계를 창조하시고 다스리시는 분이기 때문이다. 성서가 모든 분야의 전문 서적은 아니지만, 모든 분야의 학문적 토대를 제공하고 모든 문제들에 대하여 해결의 실마리를 제공하고, 앞으로 나아가야 할 방향과 목표를 가리켜 주고 있다. 그런 관점에서, 지금까지의 인류 역사가 입증하고 있듯이 성서에는 시대를 앞서가는 생각들이 담겨 있다.[2)]

그래서 기독교인들은 신앙뿐 아니라 삶의 다양한 문제들에 대해서 성서에게 질문하고 성서로부터 답을 찾고자 한다. 그것은 성서 저자와 독자 사이의 인간의 동질성 때문이 아니라 성서의 원저자로서 당시나 지금이나 말씀하시는 하나님의 동일성에 기초한 것이다. 성서가 기록된 당시의 상황과 지금 독자들의 상황 사이의 간격에도 불구하고 성서는 시대를 넘어서 동일하신 하나님의 말씀으로 진리의 빛을 비추고 있다. 하나님은 세계의 창조자이며 역사의 주관자로서 어제나 오늘이나 영원히 모든 것을 다스리시며 그의 나라를 이루어 가시는 분이시다. 성서는 하나님의 말씀으로서 세상을 구원과 생명과 진리와 정의와 평화의 세계로 이끌어 간다.

그러므로 오늘날 우리가 마주하고 있는 개인적, 사회적, 생태적, 우주적인 모든 문제에 대하여 성서에 귀를 기울여야 한다. 성서는 인간의 영혼 구원의 문제만이 아니라 인간이 이웃과 사회와 자연과 관계하는 모든 문제에 대해서 말씀하고 있다. 성서가 말씀하는 하나님 나라에는 오늘 우리가 가지고 있는 모든 죄악, 불의, 갈등, 소외, 차별, 저주, 멸망을 치유하고 해결해 나아갈 진리가 담겨 있다.

둘째로 성서는 모든 사람에게 열려 있는 책이다. 성서는 사람들의 경험과 관점에 대하여 열려 있다. 성서는 더 이상 특정인만 읽을 수 있는 책이 아니다. 중세 시대처럼 일부 성직자에게만 허락된 책도 아니고, 오늘날 기독교인들에

2) 허호익, 『성서의 앞선 생각 I』(서울: 한국장로교출판사, 1998), 3-6.

게만 허락된 책도 아니다. 성서는 모든 인간을 향해 열려 있고, 누구나 읽을 수 있는 책이다. 설령 비(非)기독교인이거나 타(他)종교인이거나 반(反)기독교인이라 할지라도 성서를 읽을 수 있다.

하나님은 자기 자신을 가두어 두시는 폐쇄적인 분이 아니고, 특정인에게만 계시하시는 제한적인 분도 아니다. 성서는 모든 사람을 향하여 열려 있는 책이다. 모든 사람의 해석이 동일하지 않을 수 있다. 아니, 현실적으로 해석이나 감동이 완전히 일치하기란 쉽지 않다. 성서는 인간의 그 다양한 해석에 대해서 열려 있다. 성서는 하나님이 모든 사람을 향하여 말씀을 걸어오시는 사건이며, 하나님은 성령의 능력으로 그 모든 대화에 열려 있다.

성서가 열려 있는 책이라고 하는 것은 다양한 해석의 가능성에 열려 있다는 것을 의미한다. 성서는 모든 사람에게 열려 있는 책이다. 기독교인의 입장에서 성서를 교회 공동체 안에서 신앙의 관점으로 해석한다면 더 없이 좋겠지만, 그렇지 않다하더라도, 즉 다른 관점이나 다른 목적이나 다른 방식으로 접근한다고 하더라도 결코 닫혀 있는 책이 아니다. 성서해석이 열려 있다고 해서 성서 본문에 대한 모든 해석이 다 정당하고 타당한 것은 아니다. 그러므로 모든 해석들은 성서를 성서(정경)가 되게 하는 예수 그리스도의 복음에 조명 받아야 하고, 교회 공동체의 신앙고백의 자리와 신학의 학문적 자리로 나와서 겸손히 진리를 향한 대화에 임해야 한다.

성서해석은 하나의 말씀 사건이다. 기독교인이라면 성서를 읽거나 해석할 때, 당연히 겸손하게 성령의 도우심을 간구해야 한다. 그러나 신앙이 없다하더라도 누구든지 겸손하고 진솔하게 성서에 접근하고자 한다면, 성서를 기록케 한 하나님의 영이 그를 진리의 세계와 하나님 나라로 인도할 것이다. 성서는 인간으로 하여금 인간의 실존을 마주하게 하고, 또한 세계 안으로 들어와 구원하시는 하나님을 발견하게 하고, 예수 그리스도의 복음을 알게 하고, 그리하여 불신앙의 실존에서 신앙의 실존으로 돌아서게 하고, 자기중심주의에서 벗어나 하나님 안에서 모두가 화평을 누리는 하나님 나라 공동체를 지향하게 한다.

그러면 성서를 어떻게 해석할 것인가? 특히 장애와 관련한 성서 본문을 어떻게 해석할 것인가? 장애인은 장애의 경험을 가지고 성서를 어떻게 해석할 것인가? 성서는 장애에 대해서 무엇을 말씀하는가? 성서는 장애인에게 무엇을 말씀하는가?

Ⅲ. 장애신학의 성서해석학

해석은 존재와 존재의 만남이다. 그 중에 문헌 해석은 본문(text)과 해석자의 만남이다. 그 중에 성서해석은 성서 본문과 해석자의 만남이다. 하나님의 말씀으로서의 성서와 현실 세계에 실존하는 인간 해석자와의 만남이다. 성서 본문은 긴 형성의 역사와 많은 해석의 전통을 가지고 있고, 해석자는 자신의 삶의 경험과 자신이 속한 공동체의 정황을 가지고 있다. 다층적이고 다양한 두 존재의 만남이 해석이다. 그러기에 그 만남은 언제나 하나의 사건이 된다. 말씀 사건은 성령의 역사로 가능하며, 성령의 역사 안에서 말씀 사건이 전개된다.

성서해석이 성서와 해석자라는 두 존재의 만남이라고 한다면, 성서해석은 이론상 두 가지 방향으로 전개가 가능하다. 하나는 해석자로부터 출발하는 것이고, 다른 하나는 성서로부터 출발하는 것이다. 전자는 인간이 해석의 주체가 되어서 여러 해석학적 방법들을 통하여 성서 본문에 접근하여 그 의미를 파악하고, 자신의 삶에 적용하는 것이다. 이것은 전통적이고 일반적인 문헌 해석학의 방법이다. 후자는 성서가 하나님의 말씀임을 인정하여서 오히려 성서 본문이 해석의 주체가 되어 하나님이 인간에게 말씀하시는 것으로서 인간은 그 뜻을 깨닫고, 받아들이고, 자신의 삶에서 순종하는 것이다. 성서해석학은 다른 문헌 해석과 달리 후자의 성격이 매우 강하다.

성서해석학의 역사를 보면 이 두 가지 접근이 함께 사용되어 왔다. 전자의 해석도 그 의미와 적용에 있어서는 하나님이 말씀하시는 것으로 받아들였으며, 후자의 해석도 그 뜻을 이해하고 받아들이는데 있어서는 언제나 인간의 해석 작업이 수행되어야 했기 때문이다. 현대의 성서 비평 방법들을 이 두 가지 상반된 접근 도식에 맞추어 본다면, 본문 비평 이후에 오랫동안 이어졌던 고등 비평 방법론들은 전자의 방법에 무게를 두었다고 말할 수 있고, 지난 세기 후반에 부상하기 시작한 정경적인 비평의 방법론들은 후자의 방법에 무게를 두고 있다고 말할 수 있다.

그러나 실제 성서해석은 결국 이 두 가지 방법의 만남 또는 종합으로 전개된다. 해석은 하나님의 역사인 동시에 인간의 역사이다. 해석은 하나님의 인간을 향한 '말씀-걸음'이며 인간의 하나님의 말씀에 대한 이해와 반응으로서 '말씀-살음'이다. 그 사이에 성령이 개입하시고 주관하셔서 말씀 사건으로서 역사가 일어난다. 성서해석은 외적으로는 해석학적 순환의 원리에 따라 성서 전체가 전하는 내용에 의해 검증되고 지도되어야 하며, 내적으로는 성령의 역사에 의해 본문에 대한 이해와 함께 삶의 변화를 수반한다.

1. 장애인의 삶과 해석

장애신학의 성서해석은 지금까지 전개되어 온 일반적인 성서해석학에 기초하고 있다. 현대의 성서해석은 오랜 성서해석의 역사적 전통과 산물 위에서 진행되고 있다. 이미 성서 본문에 대한 많은 해석들이 교회에서 전통으로 전해 내려오고 있다. 해석들은 큰 흐름에서 맥락을 같이하지만, 때로는 부분적으로 미처 밝혀지지 않은 부분들이 분명하게 드러나기도 하고, 구체화되기도 하고, 확신으로 다가오기도 한다. 교회 공동체가 전해 주고 있는 전통적인 해석들이 있고, 교회 공동체에서 인정된 신학자들의 권위 있는 해석들도 있다. 장애신학이라고 하여서 지금까지 수행되어 왔던 모든 성서해석학을 무시하고 전혀 다른 무엇을 추구하는 것이 아니다.

다른 무엇이 있다면, 그것은 단 한 가지, 해석자의 삶의 경험에 '장애'라고 하는 경험이 조금 더 비중 있게 자리하고 있는 것뿐이다. 장애는 인간의 삶의 조건들 중의 하나로서 개인적으로 비교적 큰 영향력과 사회적으로 비교적 큰 구속력을 가지고 있다. 인간의 삶의 조건과 경험은 또한 그의 삶의 방식과 사유 체계를 구성하는데 영향을 준다. 그렇게 형성된 세계관은 세상을 보고 성서를 보는 관점이 된다. 그리고 그것은 장애와 함께 하나님을 만나고, 하나님의 뜻을 발견하고, 개인적으로 장애를 극복하고, 사회적으로 장애 차별의 현실을 개혁하도록 한다. 그것이 구지 장애신학이라고 이름 해야 할 이유이다. 박재순은 그런 의미에서 장애인의 눈으로 성서를 읽을 것을 제안한 바 있다.[3)]

성서를 해석하는 데 흥미로운 사실은 성서 본문은 이미 확정되어져 있는데 반해, 해석은 끊임없이 양산되고 있으며 그 내용도 많고 다양하다는 것이다. 성서 본문은 짧은데 반해 해석은 길고, 성서 본문은 변함이 없는데 반해 해석은 계속해서 변한다. 성서 본문은 하나인데 인간의 해석은 다양하고, 성서 본

3) 박재순, "장애인에 대한 조직신학적 접근," 『장애인 차별과 교회』(서울: NCCK, 2008), 138-139.

문은 영원한데 인간의 해석은 유한하다. 그러므로 성서 본문은 영원불변한데, 모든 해석은 유동적이고 유한하다고 말할 수 있다. 그러면 왜 이렇게 해석이 다양하고 많음에도 불구하고 또다시 해석이 진행되고 있는가? 첫째는 본문에 대한 연구와 해석의 결과들이 계속해서 본문에 대한 새로운 의미를 발견해 내어서 연구과 해석을 이끌어 가기 때문이다. 둘째는 해석하는 사람이 처한 실존적 상황이나 그가 속한 공동체의 상황이 서로 다르고, 또한 계속 변하기 때문이다.

성서해석학은 해석자가 자신의 주관적 입장이나 시각을 가지고 본문을 해석하는 것이 아니라 성서 본문이 말씀하시고자 하는 바를 스스로 드러낼 수 있도록 하는 것을 목표로 삼는다. 전자를 Eisegesis(자기 해석), 후자를 Exegesis(주해, 주석, 석의)라고 부른다. Eisegesis는 해석자가 성서 본문에 자기 자신의 사상을 주도적으로 개입시켜 해석하는 것이라고 한다면, Exegesis는 성서 본문이 말씀하려고 하는 의미를 드러내도록 해석하는 것이다. 성서가 성령의 감동으로 된 것이로되 거기에 성서 기자의 삶이 반영되어 있는 것처럼 해석자가 성령의 감동을 구하며 성서를 해석하고자 하되 거기에 또한 그의 삶이 적용되기 마련이다.

해석자의 삶이라는 것이 모든 사람에게 동일하게 적용될 수 있는 보편적인 것이라면 좋겠지만, 그것은 하나의 이상일 뿐이다. 해석자는 모두 각각의 개인적인 경험과 시대와 사회적인 상황 속에 살아가는 현실적인 인간이다. 그러므로 해석하는 데에는 해석자의 삶의 경험과 공동체의 정황과 또한 미래에 대한 소망이 반영되기 마련이다. 따라서 모든 해석에는 서로가 인정하고 공유하는 공통의 부분이 있는 한편, 비록 작고 미미할지라도 각각 고유한 부분이 존재하게 된다.[4)]

4) 그래함 스탠턴(Graham N. Stanton)에 따르면, "신약학자들이 독창적인(original) 결과들에 대한 관심 때문에 종종 신약의 여러 다른 부분에 대한 독특한 신학적 관심을 지나치게 강조하곤 하는데, 그러나 이러한

슐라이어마허(Friedrich E. D. Schleiermacher)는 해석학적 순환(Hermeneutic Circle)을 말한다. 전체는 부분으로부터 그리고 부분은 전체로부터 해석되어야 한다.[5] 성서해석에서도 마찬가지이다. 성서의 부분은 성서 전체로부터 해석되어야 하고, 성서 전체는 성서의 부분으로부터 해석되어야 한다. 해석은 이 순환을 계속해서 반복하며 이해의 과정을 전진해 나아가고, 이해의 폭을 넓혀 간다. 슐라이어마허는 해석의 기초를 시대와 사회를 넘어서 본문과 타인 속으로 감정 이입해 들어갈 수 있는 인간 존재의 공통성에서 찾았다. 빌헬름 딜타이(Wilhelm Dilthey)는 슐라이어마허에 이어서 해석자의 경험을 중요시 하였다. 그에 따르면, 해석자가 본문을 해석할 수 있는 공통성, 곧 해석의 연결점은 해석자와 본문을 기록한 과거 인간 사이의 동일한 삶의 경험 가능성에 있다.[6] 루돌프 불트만(Rudolf K. Bultmann)은 성서를 해석하는데 해석자의 전제가 없을 수 없다고 선언하였다. 역사적 이해는 본문에 표현된 주제와 해석자와의 관계를 언제나 전제하고 있다. 불트만은 전이해(Vor-verständnis) 또는 이미 갖고 있는 본문의 주제와의 삶의 관련은 선입견이 아니라 질문의 방법이라고 말하였다.[7] 한스-게오르그 가다머(Hans-Georg Gadamer) 역시 완전히 객관적이고 초연한 해

위험성은 신약성서의 모든 저자들이 동일한 목소리로 말하고 있다는 광범위한 주장보다는 훨씬 덜 심각한 것이다....버나드 로너건(Bernard Lonergan)이 전제 없는 주석을 '텅 빈 머리의 원칙'이라고 불렀는데, 전제들의 영향을 최소화해야 하는 것은 분명하지만, 실제로 특정한 어떤 각도에서 본문에 접근하지 않고서 본문을 해석하는 것은 불가능하다. 본문에 대해 질문하는 최초의 태도의 선택 뒤에도 전제들이 놓여 있다.... 심지어 본문 비평에서 조차도 완전히 편견 없는 태도는 불가능하다." 그래함 스탠턴, "신약 비평의 전제들," 하워드 마샬/이승호 박영호 옮김, 『신약해석학』(서울: 크리스찬 다이제스트, 1994), 90-96.

5) 슐라이어마허의 해석학적 순환에 대해서는 리차드 E. 팔머/이한우 옮김, 『해석학이란 무엇인가?』(서울: 문예출판사, 1988), 132-135 참조.

6) 빌헬름 딜타이/박순영 옮김, "해석학의 기원," 『해석학의 철학』(서울: 서광사, 1993), 98-104. 이글은 *Gesammelte Schriften* 5권에 실린 딜타이의 "해석학의 기원" 초안을 편역한 것이다.

7) 루돌프 불트만/허혁 옮김, "해석학의 과제," 『성서의 실존론적 이해』(서울: 대한기독교서회, 1999), 75-76. 이 글은 *Zeitschrift für Theologie und Kirche* 47(1950)에 실린 글을 번역한 것이다.

석은 불가능하다는 입장이다. 아무리 역사적 비평의 대가라 할지라도 그의 시대와 사회적 환경, 그의 민족적 입장 등과 완전히 분리할 수는 없다. 가다머에 따르면, 비록 선입견이 결함으로 여겨지더라도 그것을 인정하고 출발하고 것이 유일한 학문의 길이다. 그래서 가다머는 해석을 본문과 해석자 사이에 일어나는 지평융합(Horizontverschmelzung)이라고 말한다.[8)]

모든 해석에는 이미 해석자의 삶이 전제 되어 있다. 이 전제는 가정이나 가설이나 논지를 의미하는 것이 아니라 해석자가 최소한 백지 상태에서 해석하는 것이 아니라 이미 해석하기 전에 해석의 전이해를 가지고 있다는 의미에서 전제이다. 성서해석이란 해석자의 전이해와 성서 본문과의 지평융합이다. 그런데 성서도 해석자도 처음부터 하나의 지평만으로 존재하는 것이 아니라 이미 그자체가 수많은 지평융합의 결과이고, 또 계속해서 지평융합을 전개해 나아가는 것이다.

해석 작업은 본문과 해석자 사이의 점증적으로 전개되는 변증법적 과정이다. 해석자는 자신의 삶의 경험을 가지고 성서로부터 하나님의 말씀을 듣는다. 성서는 독자에게 말함으로써 독자의 삶 가운데에서 이해의 지평을 넓히고, 의식을 고양시키고, 의미를 심화시킨다. 독자는 그렇게 성서에 의해 확장되고 심화된 이해의 경험을 가지고 또다시 성서를 해석하기 시작한다. 이러한 이해의 과정(process)으로서의 해석학적 순환은 계속된다. 성서를 읽고 해석할수록 새로운 발견과 깨달음은 계속 전개된다. 그러므로 진정한 프로세스(process)로서의 해석은 Exegesis와 Eisegesis의 끊임없는 변증법적 전개이다.

성서를 해석하는 데 있어서 장애가 해석자의 유일한 전제가 될 수도 없고

---

8) Hans-Georg Gadamer, *Wahrheit und Methode*(Tübingen: Mohr Siebeck, 1960), 288-290.

되어서도 안 되지만, 그렇다고 해서 결코 무시하거나 간과해서도 안 되는 해석의 전제들 중의 하나이다. 장애 경험이 무거울수록 그 경험은 사람의 사고와 생활 방식에 큰 영향을 미치고 있다. 그러므로 '장애' 주제에 초점을 맞추어 성서를 해석하거나 연구하지 않더라도 이미 성서를 해석하는 데에는 해석자가 가지고 있는 장애에 대한 각자의 경험과 의식을 가지고 접근하고 있는 것이다. 비장애인도 비록 장애인만큼은 아니지만 이미 장애, 곧 장애인과 장애 사회에 대한 전이해를 가지고 있다.

푹스(Ernst Fuchs)와 에벨링(Gerhart Ebelling)은 '새로운 해석학'(New Hermeneutic)을 주창하였다.[9] 불트만이 성서 본문 배후의 인간 실존의 자기 이해를 묻는 것에 관심을 가졌던 것에 반해, 그들은 후기 하이데거의 '언어 사건'의 영향 아래에서 성서 본문의 언어 사건에 관심을 가지고 주목하였다. 후기 하이데거에 따르면, 언어는 '존재의 집'으로서 존재 자체가 인간에게 언어로 말을 걸어온다.[10] 푹스와 에벨링에 따르면, 인간이 성서 본문을 해석하는 것이 아니라 성서 본문이 인간을 해석하는 것이다. '새로운 해석학'은 인간이 성서를 해석하는 것이 아니라 사실은 성서가 하나님의 말씀으로서 인간에게 말씀을 걸고 인간을 해석하는 것이다. 이 말씀 사건은 성서 본문으로부터 말씀의 선포에까지 이어지는 운동이다. 그런 의미에서 하인리히 오트(Heinrich Ott)가 해석학적 궁형(Hermeneutic Arch)을 말하였는데, 그것은 성서 본문이 해석을 거치고 선포를 통하여 하나님

9) 푹스와 에벨링의 새 해석학에 대해서는 제임스 M. 로빈슨(James M. Robinson)과 존 B. 캅(John B. Cobb Jr.)이 편집한 *New Frontiers in Theology*, vol. II(New York: Harper & Row, 1964)에서 집중적으로 논의되었다. G. Ebelling, "Word of God and Hermeneutic," 78–110과 E. Fuchs, "The New Testament and the Hermeneutical Problem," 111–145; 이 토론에 대한 자세한 설명은 김광식, 『토착화와 해석학』(서울: 대한기독교출판사, 1987), 199–209, 228–270 참조.

10) James M. Robinson · John B. Cobb Jr., *New Frontiers in Theology*, vol. I(New York: Harper & Row, 1963). 이 책 I권의 제목은 *The Later Heidegger and Theology*이다.

의 말씀으로 전달되어야 함을 의미한다.[11] '새로운 해석학'에 대한 제안은 실제로 성서해석학에서 역사적인 비평 방법에서 문학적인 비평 방법으로 전환하게 되는 해석학적 틀을 제공하여 주었다.

성서해석이 하나님의 말씀으로서의 성서가 오히려 해석자인 인간을 해석하는 것이라고 한다면, 그것은 또다시 해석당하는 인간의 삶의 자리를 문제 삼는다. 인간은 하나님의 말씀인 성서로 인해 자신의 존재와 상황을 깨닫게 되고, 자신을 향한 하나님의 뜻과 계획을 듣게 된다. 그것은 그의 삶의 경험과 상황에 대하여 변화를 촉구하는데, 개인적으로는 개선과 성장이며 사회적으로는 변화와 개혁에로 나아가게 한다(딤후 3:15–17). 성서해석은 하나님 나라를 향하여 자신과 세상의 변화를 요구한다. 그러므로 성서해석은 본문에 대한 이해로 그치는 것이 아니라 말씀 사건을 통하여 개인을 변화시키고 세상을 변화시키는 삶까지 포함한다.

2. 성서해석의 방법들

장애신학의 성서해석학은 일반적인 성서해석학과 동일하게 성서 본문에 충실하고자 한다. 장애신학은 그동안의 전통적인 성서해석 방법과 더불어 최근 새로이 제안되고 있는 모든 해석 방법들을 가지고 분문에 접근한다. 장애인이 성서를 해석한다고 해서 성서 본문을 왜곡하거나 오해하는 것이 아니다. 본문의 진의에 대한 이해 파악을 기본으로 그동안 장애의 경험과 의식이 없어서

---

11) Heinrich Ott, "What is Systematic Theology?" *New Frontiers in Theology*, vol. I, 78–89; 하인리히 오트의 해석학으로서의 조직신학적 과제에 대해서는 김광식, 『기독교신학개론』(서울: 연세대학교 출판부, 1984), 265–273 참조.

보지 못했던 부분이나 발견하지 못했던 의미를 추가한다. 장애에 대한 의식이 없어서 간과하거나 오해하였던 부분에 대한 재해석과 의미의 수정을 포함하고, 하나님의 말씀에 비추어 개인의 장애를 극복하고 사회의 장애 차별을 개혁하고자 하는 실천을 포함한다.

성서해석학은 흔히 해석자의 주도적인 선입견을 가지고 본문에 자기 해석을 가하는 Eisegesis에 반대하고, 본문의 뜻이 무엇인지 스스로 풀어 나오게 하는 Exegesis를 추구한다. 해석자가 해석의 주체가 아니라 하나님의 말씀으로서의 성서가 해석의 주체가 되어야 한다. 해석자는 본문 앞에 겸손히 서서 자기가 본문에 접근하는 학문적 방법과 질문들을 통하여 하나님의 말씀이 새롭게 들려 지도록 기도해야 한다. 바로 이 일을 위해서 해석자가 하나님의 말씀 앞에 부름을 받은 것이다. 그러므로 하나님의 말씀은 해석자와 공동체에게 은혜의 말씀인 동시에 또한 심판의 말씀이다.[12)]

마샬(I. Howard Marshall)에 따르면, 성서 본문을 해석하는 데에는 3가지 차원이 있다. 첫째는 본문의 이야기가 가지고 있는 역사적인 차원이고, 둘째는 성서 저자의 차원이고, 셋째는 해석자의 차원이다. 본문 한 구절이 이 세 가지 차원 중 어느 것에 의해서도 다양하게 해석될 수 있으며, 그 해석은 다양한 양상들을 띌 수 있다. 본문이 최초의 독자들에게 무엇을 의미했는가를 살펴보아야 하고, 그리고 본래의 독자에게 의도된 본문의 의미를 뛰어넘어 오늘 우리를 위한 의미가 무엇인가에까지 도달해야 한다.[13)]

성서 본문 한 구절을 해석하기 위해서는 여러 가지 다양한 연구방법들이 동원되고 시도되어야 한다. 본문을 주석하기 위해서는 본문, 언어, 배경, 역사,

---

12) 그래함 스탠턴, "신약 비평의 전제들," 101.

13) 하워드 마샬/이승호 박영호 옮김, 『신약해석학』, 19-20.

자료, 양식, 문맥 등에 대한 연구가 필요하다. 개괄적으로 주석의 과정을 소개하면, 먼저 본문 비평을 통하여 원문을 재구성하고, 개인 번역을 하고, 본문의 역사적 · 문화적 배경을 연구하고, 문학적 문맥을 분석하고, 번역상 논란이 될 주요 단어들과 애매모호한 주요 구문의 문법을 분석하여 해석상의 문제들을 해결하여 본문의 개요를 파악하고, 신학적인 내용을 정리하고, 자신과 공동체의 삶에 적용하는 일련의 과정을 제시한다.[14]

성서해석은 본문 본래의 의미 파악과 오늘의 의미 적용이 중요하다. 우선, 성서 본문의 본래의 의미를 파악해야 한다. 이를 위해서 먼저 해야 할 것이 본문 비평(Textual Criticism)이다. 성서는 모두 사본이므로 보다 원본에 가깝고 충실한 본문을 재구성하여서 연구를 시작한다. 본문 비평 이후에 본문을 연구하기 위하여 언어와 배경과 역사와 문화를 참조하여야 한다. 단어, 구절, 문장과 당시의 상황에서 어떤 의미였는지를 연구하여야 한다. 그리하여 해석자는 본문 비평을 통하여 본문을 자신이 해석한 언어로 개인 번역을 한다.

성서 본문의 본래의 의미를 파악하기 위하여 그동안 전개되었던 역사적 비평들, 곧 자료 비평(Source Criticism), 양식 비평(Form Criticism), 전승 비평(Tradition Criticism), 편집 비평(Redaction Criticism) 등의 연구들을 고려할 필요가 있다. 자료 비평은 성서의 자료 사용을 분석하여 자료들의 성격을 파악하고, 성서의 자료 사용 방법을 설명한다. 양식 비평은 성서의 특징지어지는 양식(Forms)을 분별하고, 그러한 양식들이 자리 잡게 된 삶의 자리(Sitz im Leben)를

14) 크레이그 블롬버그 · 제니퍼 마클리/류호영 옮김, 『신약성경 석의방법』(서울: 대서, 2012), 14-26, 535-541. 이 책은 석의의 전 과정을 구체적으로 소개하고 있다; 데이비드 R. 바우어 · 로버트 A. 트래이너/윤철호 옮김, 『귀납법적 성경 연구』(서울: 기독교문서선교회, 2014). 이 책은 성서에 대한 귀납법적 연구를 소개하고 있는데, 본문 비평으로부터 고등 비평과 정경 비평을 거쳐 실천적인 적용에 이르기까지 모든 방법을 종합적으로 활용하고 있다.

연구한다. 전승 비평은 양식 이전의 구전의 단계로 거슬러 올라가 전승들의 발전의 역사를 추적한다. 편집 비평은 성서 저자의 자료 사용과 구성 방법을 연구하여 저자의 독특한 신학적 특징을 발견한다.[15)]

이러한 역사적 비평들은 성서에 대한 통시적(通時的)인 방법으로서 성서의 본래 의미를 파악하고자 그 형성 과정을 추적하였다. 이 방법은 과학 실증주의적 이론에 기초하여 성서의 본문들에 대한 역사적이고 과학적인 설명을 제공해 준다. 그러나 이 방법에서 성서는 주체로서 하나님의 말씀이 아니라 인간이 분석하고 해석해야 할 하나의 대상으로 존재한다.

1970년대를 전후하여 성서 형성의 역사를 연구하여 본문을 해명하는 방법으로부터 이미 주어진 성서를 정경으로 인정하고 하나님의 말씀을 듣고자 하는 성서해석학적 전환이 전개되었다. 이것은 푹스와 에벨링의 '새로운 해석학'과도 연계되어 있다. 1968년 제임스 마일렌버그(James Muilenburg)가 양식 비평의 한계를 극복하기 위해 수사 비평을 제창하였고, 1970년 브레바드 차일즈(Brevard. S. Childs)는 정경 비평을 제안하여서 최종 본문을 정경으로 인정하고 그 형태와 맥락 안에 담겨 있는 신학적 의미를 찾고자 하였다. 본문의 의미를 결정짓는 것은 성서 본문의 저자로부터 다시 성서를 정경으로 읽는 독자에게로 변하였다. 이후로 구조주의 비평(Structual Criticism), 서사 비평(Narrative Criticism), 독자반응 비평(Reader-Response Criticism), 수사 비평(Rhetorical Criticism), 사회과학 비평(Social-scientific Criticism), 이데올로기 비평(Ideological Criticism), 여

15) 성서해석의 구체적인 방법론에 대해서는 마틴 마이저/김병모, 『신약성경 주석 방법론』(서울: 기독교문서선교회, 2013); 지크프리트 크로이처 외/김정훈 옮김, 『구약성경 주석 방법론』(서울: 기독교문서선교회, 2011); 스티븐 헤이네스 · 스티븐 매켄지/김은규 · 김수남 옮김, 『성서비평 방법론과 그 적용』(서울: 대한기독교서회, 2011); 권종선, 『신약성서해석과 비평』(대전: 침례신학대학교 출판부, 2005); 강성열 · 오덕호 · 정기철, 『설교자를 위한 성서해석학 입문』(서울: 대한기독교서회, 2002) 참조.

성주의적 비평(Feminist Criticism), 심리분석 비평 등 새롭고 다양한 성서해석 방법론들이 주창되었다.

정경 비평은 성서의 최종 본문을 정경으로 인정하고, 정경화의 과정과 결과를 가져온 신앙 공동체의 입장에서 성서를 해석한다. 구조주의 비평은 성서 본문의 심층구조 연구를 통해서 본문의 의미를 전달하는 체계와 방법을 발견하고자 한다. 서사 비평은 이야기 문학 이론으로서 내포 저자가 내포 독자에게 의도하고 요구하는 가치나 태도와 내포 독자의 이해를 분석한다. 독자반응 비평은 성서 본문을 해석하고 의미를 사출하는데 있어서 독자의 독서 과정을 중시하여 그 과정에서 독자의 다양한 경험과 반응을 연구한다. 수사 비평은 수사학 이론을 적용하여 본문의 저자가 어떤 수단과 방법으로 본문을 구성하여서 독자를 어떻게 설득하고 있는가를 분석한다. 사회과학 비평은 지식사회학, 종교사회학, 언어사회학, 문화인류학 등 다양한 사회과학적 이론과 모델들을 사용하여 성서 시대의 세계의 모습을 규명함으로써 그러한 컨텍스트(context)인 상황에서 산출된 텍스트(text)인 성서를 해석한다.[16)]

이러한 문학적 비평들은 성서에 대한 공시적(共時的)인 방법으로서 고등비평과 달리 현재의 성서를 최종 정경 본문으로 인정하고, 그 본문으로부터 다양한 학문적인 접근 방법의 비평을 통하여 의미를 찾고자 한다. 이 방법은 성서로부터 하나님의 말씀을 찾고자 하는 데에 훨씬 더 유리하다. 그러나 이 방법은 지나치게 방법론에 빠져서 성서 본문이 말씀하기보다 다양한 학문의 방법론이 갖는 타당성이나 본문에 대한 자기 해석을 변호하는 경향이 있다.

최근 성서해석학은 이 둘 사이의 간격을 넘어서고자 한다. 통시적인 역사

---

16) 서중석, 『복음서 해석』(서울: 대한기독교서회, 1991), 397-428. 서중석은 "사회학적 신약해석의 동향"에서 원시 그리스도교의 사회적 정황과 원시 그리스도교 공동체의 형태를 고찰한다.

적 비평과 공시적인 문학적 비평 사이의 간격을 뛰어넘고, 성서 본문 중심의 석의와 신학 주제 중심의 주석 사이의 간격을 뛰어넘고자 한다. 역사적 비평은 성서 본문이 어떻게 형성되었는지를 해명하고자 하고, 문학적 비평은 성서 본문이 왜 그런지를 말하는지를 설명해 주려고 하는데, 사실은 둘 다 본문에서 발견되는 비일관성과 모순을 비평적으로 해석하려는 공통점을 가지고 있다. 그러므로 보다 발전된 비평을 위하여 간학문적(interdisciplinary) 방법론이 동원될 필요가 있다.[17] 케빈 밴후저(Kevin J. Vanhoozer)는 현대 성서해석에서 석의와 신학 사이의 '추한 고랑'이나 포스트모던의 성서해석에서 석의와 사상 사이의 '진흙탕의 구덩이'를 넘어서기 위해 성서의 '신학적 해석'을 제안한다. '신학적 해석'은 모든 신학 분과에서 모든 성도가 하나님, 하나님의 말씀, 하나님의 일하심에 대한 관심으로 간학문적으로 접근 방법이다.[18]

장애신학의 성서해석은 현재까지의 모든 비평 방법론을 다 고려한다. 그것은 꼭 장애신학에만 해당하는 것이 아니다. 오늘날 모든 성서해석학은 성서 본문을 해석하여서 당시의 의미를 파악하고, 오늘 나/우리에게 주시는 하나님의 말씀을 분별하고, 그 말씀을 통하여 실존론적 의미를 찾아 자신의 삶에 적용하여 자신을 변화시키고, 하나님 나라를 향하여 사회를 변혁시키고자 한다. 해석의 과정에서 얻어지는 부차적인 지식들도 자신의 개선과 사회의 개혁에 중

17) 우택주, 『8세기 예언서 이해의 새 지평』(서울: 대한기독교서회, 2005), 17-46. 제1장 "구약성서해석을 위한 역사 비평의 미래" 참조.

18) 케빈 밴후저/조승희 옮김, 『구약의 신학적 해석』(서울: 기독교문서선교회, 2011), 21-45; 케빈 밴후저/이상규 옮김, 『신약의 신학적 해석』(서울: 기독교문서선교회, 2011) 참조. 케빈 밴후저(Kevin J. Vanhoozer)는 성서의 신학적 해석학을 제안하고, 성서의 각권에 대하여 최근의 해석학적 동향과 논의들을 소개한다. 버나드 앤더슨(Bernard W. Anderson)의 비유한 지적처럼 이전에 성서해석은 문자주의의 스킬라(scylla)와 역사주의의 카리브디스(charybdis)를 모두 피해야 했으나, 필자의 생각에 이제는 역사적 비평의 절벽과 문학적 비평의 절벽에 부딪히지 않고 두 조류를 이용하여 메시나(messina) 해협을 잘 항해하여 소원의 항구에 이르러야 할 것이다.

요한 자료로 사용된다. 성서해석학은 성서로부터 하나님의 말씀을 깨닫고, 그 말씀을 따라 사는 것을 목적으로 한다. 역사 비평이든지 문학 비평이든지 모든 비평 방법은 그 자체로 목적이 아니라 하나님의 말씀 사건을 위한 하나의 도구일 뿐이다.

장애신학은 성도와 교회와 사회의 '장애' 주제에 대한 관심에서 장애 경험과 더불어 성서해석학의 모든 비평 방법을 동원하여 해석한다. 최근의 비평 방법 가운데 장애신학은 그 주제와 방법론과 관련하여 이데올로기 비평, 특히 여성주의적 비평(Feminist Criticism)과 맥을 같이할 수 있다. 여성주의적 비평은 성서 본문에서 여성들에게 초점을 맞추어 성서 속에 나타난 여성의 인물과 역할을 고찰하고, 사회적 · 정치적 · 경제적 권리에 주목한다. 그러나 단나 페웰(Danna N. Fewell)의 지적처럼, 이런 연구가 불가피하고 결정적이지만 한편으로 문제점도 없지 않은데, 여성주의적 비평 내에서도 서로 상이한 연구의 목적과 방법을 가지고 있음으로 그 성격을 하나로 단정 짓기는 어렵다.[19] 장애신학도 장애라는 초점만이 공통이고, 그 방법과 해석과 실천에 있어서는 장애신학 내부에서도 상당히 다양하다.

장애신학의 성서해석은 이전의 성서해석이나 일반적인 성서해석과 전혀 다른 새로운 어떤 것이라기보다는 지금까지 진행되어 온 성서해석의 방법에 기초하여 지금까지 밝혀온 성서해석의 결과에 또 하나의 보충기록(Fortschreibung)[20]

19) 단나 N 페웰, "이념적 성서해석: 페미니스트 비평," 『성서비평 방법론과 그 적용』(서울: 대한기독교서회, 2011), 383.

20) 보충기록(Fortschreibung)은 발터 침멀리(Walter Zimmerli)에서 출발하여 크리스토프 레빈(Christoph Levin)에게서 구체화된 개념으로서 구약성서의 특성을 문학적인 양식 자료의 편집층이 아니라 신학 전개를 위하여 계속된 보충자료로 설명한다. 크리스토프 레빈/원진희 옮김, 『구약성서해석학: 구약성서 안에 있는 보충기록들』(서울: 동연, 2009), 12 참조. 필자는 이 책에서 '보충기록' 개념을 차용하여 필자의 장애신학의 성서해석학의 기본 방향으로 삼고자 한다.

을 더해 나가는 것이다. 물론 그것은 교회 공동체와 공적인 신학 토론의 자리를 거쳐야 하지만, 필자는 앞으로도 더 많은 성서해석의 보충기록들이 추가되기를 바라고 있다. 장애신학은 '장애' 주제의 성격상 일반적인 성서 본문에 대한 석의이나 다른 주제에 대한 해석에 비하여 장애인 개인의 구원, 위로, 치유, 재활, 격려를 넘어서 사회 · 정치 · 경제 · 문화 등의 불의한 억압과 차별 구조의 개혁, 그리고 교회와 사회에서 장애인의 완전한 참여와 평등으로 하나님 나라를 지향하는 성격이 강하다.

Ⅳ. 전개: 장애신학의 성서해석의 하나의 예

이 책은 성서에 나오는 장애(인)와 관련한 구절들을 선택하여 '장애'라고 하는 신학적인 관점에서 해석한 하나의 예들이다. 사람의 인지(認知)도 주관적인 관심에 따라 선택적이다. 의식적이든 무의식적이든 관심 있는 것에 먼저 주목하게 된다. 거리를 다니면 장애인의 눈에는 장애인만 유독 잘 띄게 마련이다. 장애신학의 성서해석의 본문이 우선적으로 개인적 장애에 매달리게 되는 이유이다. 그런 점에서 이 책에서는 우선 먼저 장애(인) 관련 본문들을 텍스트로 삼아 '장애'라는 주제에 관심을 가지고 하나의 해석을 시도하고자 한다.

성서의 동일 본문이 필자가 해석한 것과 반드시 동일하게 해석되어야 하는 것은 결코 아니다. 성서가 모든 사람에게 열려 있는 책이듯이 해석 또한 모든 사람에게 열려 있다. 필자는 성서해석을 통하여 풍성한 하나님의 말씀을 나누게 되기를 소망한다. 모든 성서해석은 성서 전체로부터, 성서로 성서 되게 하는 복음(정경성)으로부터, 교회의 성서해석의 전통으로부터, 공적인 신학 연구와 토론으로부터 확인되고 검증되어야 한다. 성서가 하나님의 말씀이 되기 위하여 해석자는 겸손히 성령의 감동과 인도하심을 구하여야 한다.

제1장은 야곱이 에서를 만나기 전 얍복강가에서 밤새 하나님의 사람과 씨름하다가 환도뼈(허벅지 관절)가 위골된 창세기 32장의 본문에 대한 해석이다. 야곱은 얍복강가에서 하나님의 사람과 씨름하면서 이스라엘이라는 새 이름을 얻게 되는 동시에 환도뼈가 위골되는 장애를 입게 되었다. 특히 마지막 32절에 따르면, 그 일 이후로 이스라엘 백성이 환도뼈 힘줄(허벅지 관절에 있는 둔부의 힘줄)을 먹지 않았다는 식생활의 유래를 통하여 야곱의 장애가 그의 후손들에게 생활 가운데 기억되고 있음을 알 수 있다.

장애에 대한 명칭이나 장애인에 대한 호칭이 계속 개명되고 있지만, 장애에 대한 개인의 의식과 사회적 인식이 변하지 않는 이상, 그것은 여전히 사회적 낙인으로 남아있다.[21] 고대 대부분의 사회에서 장애는 일종의 사회적 낙인이었다. 그런데 놀랍게도 얍복강가에서의 야곱의 이 장애 사건은 그의 후손에게 야곱의 장애를 '사회적 낙인'이 아니라 '신앙의 기념'으로 전수하고 있다. 오늘 우리 사회에서 장애를 어떻게 보아야 할 것인가에 대해서 앞선 생각을 제공하는데, 특히 교회 공동체 안에서 장애인을 바라보는 시각을 수정해 준다.

제2장은 구약성서, 모세 율법에서 시각장애인과 청각장애인을 직접 언급하며 그들을 괴롭히지 않고 보호해 줄 것을 명령하신 레위기 19장 14절과 신명

---

21) 우리나라에서는 오랫동안 절뚝발이, 벙어리, 귀머거리, 소경 등 통칭 '병신'으로 불리다가 '불구자'를 거쳐 한동안 '장애자'로 불리었는데, 지금은 공식적으로 '장애인'으로 부르고 있다. 이계윤은 장애를 장애(障碍)가 아니라 '장애'(長愛)로 고쳐 부르고 있다. 영어도 마찬가지이다. 오랫동안 cripple, deaf, mute, blind를 불리다가 handicapped를 거쳐 한동안 disabled로 불리었는데, 지금은 공식적으로 person/people with disability로 부르고 있다. 최근 영어권에서도 differently abled, physically challenged 등 장애를 긍정적으로 고쳐 부르는 운동이 있다. Nancy L. Eiesland, *The disabled God: Toward a Liberatory Theology of Disability* (Nashville: Abingdon Press, 1994), 25-29 참조.

기 27장 18절에 대한 해석이다. 지금이야 장애인의 존엄과 인권이 보호되고 강조되고 있지만, 불과 1세기 전만하더라도 장애인은 사회 전반에서 천대받고 무시되던 존재였다. 그런데 약 3,500년 전의 구약성서의 율법에 이미 장애인에 대한 보호 규정이 명시되어 있다는 것은 실로 놀라운 일이 아닐 수 없다.

본문은 두 가지 차원에서 강조될 필요가 있다. 첫째는 장애인을 보호하고 돕는 일이 하나님을 경외하는 일과 밀접하게 연관되어 있다는 것이다. 이것은 구약 율법에 명령으로 주어져 있다. 그것은 선택사항이나 권고사항이 아니라 꼭 지켜야 하는 의무사항이다. 심지어 이를 지키지 않을 경우 공동체적 차원에서 공개적으로 저주가 선언되었다. 둘째는 장애인을 보호하는 명령이 개인적인 도덕이나 윤리가 아니라 당시 이스라엘 공동체를 유지하는 공동체의 법령이었다는 것이다. 예나 지금이나 개인적으로 장애인을 우호적으로 대하고 친절하게 대할 수 있다. 그러나 본문은 개인을 넘어서 이스라엘 백성 공동체가 이것을 법률로 명시하고, 법의 준수를 결단하고, 법을 지키도록 서로 권면하고 감시하도록 하고 있다.

오늘 우리 사회에서도 장애인의 인권과 배려와 보호에 대한 규정이 갈수록 법률로 강화되고 있다. 이에 교회는 이러한 법을 앞서 준수하되, 억지로 하는 것이 아니라 법보다 앞선 그리스도의 사랑을 가지고 적극적으로 감당해야 한다. 조건이나 상황이나 능력에 따르지 못하는 세상의 법보다 어떤 형편에서든지 행하는 작은 사랑의 실천 하나가 장애인을 살리고 사회를 변화시킬 수 있다.

제3장은 레위기 21장의 장애인을 제사장직에서 제외한 본문에 대한 재해석이다. 오랫동안 이 구절은 장애인이 교회의 리더가 되는 것을 막고, 그러한 차별 현실을 당연한 것으로 받아들이게 하는 근거로 사용되었다. 이 본문은 시대가 바뀌었음에도 불구하고 교회와 사회 현실에서 여전히 장애인의 리더십을

가로막는 독소 구절로 존재하고 있다. 이 구절은 예수 그리스도로 말미암아 폐기된 제사법으로 더 이상 문자적 효력이 없지만, 그러나 그 정신은 갈수록 더욱 중요하게 여겨야 할 본문이다. 왜냐하면 성도의 제일 본분은 예배로서 하나님께 영광과 감사를 돌리는 것인데, 예배는 거룩한 것이기 때문이다. 예배가 거룩하기 위해서 그 예배를 집전하는 성직자도 거룩해야 하는데, 성직자의 거룩은 육체적 완결이 아니라 영적이고 도덕적인 거룩함에 있다.

이장에서는 먼저 장애와 관련하여 레위기에 사용된 용어들을 고찰한다. 레위기에는 흠, 범죄, 허물, 부정 등의 단어가 구분되어 사용되고 있는데, 본문에서 장애를 지칭하는 '흠'은 다른 단어에 비해 가치중립적 개념으로 일상적인 현상을 표현하고 있다. 다음으로 레위기 본문은 장애인 제사장을 그 신분과 자격에서 차별하지 않는다. 중한 노동과 과한 긴장을 요구하는 당시 제사장의 업무에서는 배려되고, 제사장으로서 누리는 자격과 특권은 유지되고 있다. 본문은 당시 장애인 제사장은 지성물과 성물을 먹는 일이 공식적으로 허용 되고 있음을 강조하고 있다. 본문은 오늘 교회와 사회에서 장애인 리더십이 배제나 차별이 아니라 배려와 혜택이 되어야 함을 강조한다. 장애인 목회자가 개인적으로 도덕적으로 나태하거나 영적으로 무능력한 것은 별개의 문제이다. 장애인 목회자가 장애라는 이유로 교회의 리더십에서 제한 · 배제 · 분리 · 거부 등의 차별을 받아서는 안 된다. 오히려 받은 은사를 잘 사용할 수 있는 리더십의 길을 열어 주어야 한다.

제4장은 예언서에 나타난 장애인 관련 구절을 개관하며, 특히 이사야 35장의 본문을 해석한다. 예언서는 이스라엘의 죄로 인한 하나님의 진노와 심판 그리고 하나님의 긍휼에 따른 이스라엘의 구원과 회복이라는 구조로 되어 있다. 하나님의 심판에 대한 구체적인 현실이나 표징이 여러 가지인데, 그중에 가

장 대표적인 것이 바로 인간의 장애이다. 예언된 장애는 일반적으로 상징이지만, 그러나 그것은 곧 현실이 되기도 했다. 그래서 구약성서의 전통에서는 상징과 현실의 일치 속에 장애가 곧 죄라는 '장애–죄 이데올로기'가 형성되어 지배하게 된 것이다. 왜냐하면 장애는 인간의 힘과 지식과 능력으로 치유될 수 있는 것이 아니기 때문이다.

구원과 회복에 있어서 또한 대표적인 표징이 장애 치유이다. 예언서의 장애 치유가 상징인지 현실인지의 질문은 여전히 논란의 여지가 있다. 포괄적으로 해석해서 마지막 날에 하나님이 이루실 새 하늘과 새 땅의 현실은 장애 치유보다 비교할 수 없이 훨씬 더 크다. 따라서 이 표징는 상징이지만, 상징을 넘어서 또한 현실이 되는 소망 가운데에 있다. 예언서와 묵시문학을 지나면서 유대인들은 마지막 날에 도래할 메시아의 구체적인 표징로서 장애 치유와 죽은 자의 부활을 기대하였다. 그래서 예수의 출현은 장애(인) 치유를 통하여 사람들에게 그리스도로 인정되고 추종되기에 이르렀던 것이다. 왜냐하면 장애는 인간의 힘과 지식과 능력으로 치유될 수 있는 것이 아니기 때문이다.

장애 치유라는 하나님 나라의 표징이 현실로 입증되게 된 일은 바로 예수 그리스도를 통해서이다. 마태복음 11장에서 예수는 세례 요한의 제자들에게 그의 메시아 됨을 장애인의 치유를 통하여 입증하고 있다. 예수의 치유는 육체의 회복을 넘어 영적인 구원, 관계의 회복, 사회로의 복귀, 영생, 하나님 나라 등과 관계된 전인적인 것이다. 하나님 나라에서는 장애가 치유되거나 아니면 장애가 있다고 해도 그것이 더 이상 장애가 되지 않는다. 교회가 하나님 나라의 실현과 확장을 위해서 일하는 그리스도의 몸이라고 한다면, 교회에서는 장애인을 가까이하고, 위로하고, 치유하고, 돌보고, 함께하는 것이 일상적인 현상으로 드러나야 한다.

제5장은 마가복음 2장의 한 중풍병자를 예수 그리스도에게로 인도한 믿음의 네 사람이 소개되고 있는 본문에 대한 해석이다. 본문의 배경은 장애인이 예수에게 나아가는 데에 있어서 장애물이 무엇인가를 잘 묘사해 주고 있다. 그것은 협소한 건축물, 그리고 수많은 사람들과 그들의 배려심 없는 의식이다. 지금 교회에서도 여전히 건물과 사람들 때문에 장애인이 예수 그리스도를 가까이 하기에 많은 제약을 가지고 있다.

이장은 이러한 장애인의 접근권에 관심을 가지고 특히 두 가지 장애 이데올로기에 초점을 맞추어 본문을 해석한다. 여기서 필자가 뜻하는 이데올로기란 그릇된 사고가 고착된 것으로서 기득권의 체제를 유지하기 위하여 종종 악용되기도 한다. 장애 이데올로기가 사회는 물론 교회에도 만연해 있으며, 이로 인해 차별 의식과 차별 구조가 강화되고 있다. 교회에 만연되어 있는 대표적인 장애 이데올로기는 '죄–장애 이데올로기'와 '믿음–치유 이데올로기'이다. 장애인을 보면 곧 바로 죄인으로 단정 짓고, 장애인이 고침 받지 못하면 곧 바로 그의 믿음이 없어서라고 단정 지음으로써 장애인이 교회를 멀리하고 교회를 떠나게 만들고 있다.

본문의 해석은 이에 반대한다. 무엇보다 네 사람의 믿음은 오늘 우리 교회와 사회에서 장애인을 위해 무엇을 어떻게 해야 하는지를 알려준다. 장애인을 죄인으로 보지 않고 친구로 대하고, 장애인의 불치의 책임을 장애인 당사자의 몫이 아니라 공동체를 이루는 우리의 것으로 돌리고, 믿음을 가지고 장애인을 예수 그리스도에게로 그리고 교회로 인도하고, 장애인이 그리스도에게 접근할 수 있도록 지붕을 뚫은 창의와 용기를 가질 것을 요구한다.

제6장은 예수의 치유에 대한 장애신학적 해석이다. 누가복음 7장에는 세례 요한이 예수가 그동안 기다리던 진정한 메시아인지에 대해 의심을 갖고 그

의 제자들을 보내어 확인하는 본문이 나온다. 예수는 요한의 제자들 앞에서 그가 하고 있는 사역을 직접 보게 함으로써 그의 메시아 됨을 선언한다. 예수가 그리스도인 것을 입증하는 내용은 무엇인가? 그것은 복음을 전하는 것과 함께 장애인을 고치는 치유 사역이었다. 복음서의 상당 부분이 예수 그리스도의 치유 사역을 기록하고 있다. 이것은 앞서 4장에서 소개한 대로 예언서와 묵시문학에 소개된 장애 치유에 대한 성취이다.

특히 이장에서는 장애신학의 관점에서 예수의 치유 사건을 바라볼 때에 제기될 수 있는 장애신학적 쟁점들을 고찰한다. 첫째, 예수의 치유는 육체적인 치유인가? 전인적 치유인가? 예수 그리스도의 치유는 육체의 회복만이 아니라 영혼 구원, 관계 회복, 사회로의 복귀, 영생, 하나님 나라 등을 포함한 전인적인 것이다. 인간의 육체는 치유 받은 후에도 또다시 병들고 늙고 결국엔 죽게 되어 있다. 둘째, 예수의 치유는 모든 장애인을 대상으로 하는가? 일부 장애인에게인가? 예수를 만난 모든 병자나 장애인들이 고침을 받은 것 같다. 오늘날 많은 장애 성도들이 이일로 낙심하곤 하는데, 장애가 그대로 남아 있다고 해도 예수의 메시아 됨(신성)이 손상을 입는 것도 아니고 장애인의 죄인 됨(죄)이 인정되는 것도 아니다. 예수의 치유는 모든 사람에게 가능했으나 복음서의 기록에 따르면 예수가 치유하지 않는 장애인도 추정할 수 있다. 셋째, 예수의 치유는 따르는 제자도인가? 남는 제자도인가? 예수에게 고침을 받은 모든 사람들이 예수를 따르는 제자가 된 것으로 오해하곤 한다. 그러나 복음서에 따르면, 치유의 결과로 두 가지 경우가 다 일어난다. 치유 이후에 예수를 따라 가는 제자만 있는 것이 아니다. 반드시 물리적으로 예수를 따라 가야만 제자가 되는 것이 아니다. 제자도는 장애의 유무와 관련이 없다. 비장애인들 중에도 따르는 제자도 있고 남는 제자도 있었다. 이 문제는 다음 문제와 연관된다. 넷째, 예수의 치유는 개인적인 차원에서인가? 사회적인 차원에서인가? 예수의 치유는 개인 차원의 구원만이 아니라 사회 차원에서도 하나님 나라에로의 변화를 가져온다. 예수는 따르는 제자를 통해서 세상을 변화시킬 뿐 아니라 치유된 장애인의 사회 복귀를 통하여서도 세상을 변화시키신다. 예수는 개인의 그리스도일 뿐만 아니라 사회의 그리스도이며 우주의 그리스도이시다. 하나님 나라 운동은 예수 그리스도로 말미암아 개인의 변화와 함께 그들의 증언과 삶을 통해서 사회의 구조나 법률이나 제도까지도 변혁시킨다.

이장에서 다루는 예수의 치유에 대한 장애신학의 쟁점은 그 방법과 내용과 결과에서 신학적으로 중요하다. 신학적 주제로서 장애(인) 문제가 그 자체로 어려운 과제이므로 고찰해 나아가는 것도 의미 있는 일이기도 하지만, 그와 함께 또한 이것은 오늘 우리가 살면서 직면하는 수많은 개인적 · 사회적 · 경제적 · 생태적 문제들을 대하고 해결해 나아가는 열쇠(key) 중의 하나를 제공한다. 신학적으로 장애(인)의 문제를 고민하고 논구하는 것은 오늘날 직면한 여러 난제들을 해결하는데 실마리나 좋은 본을 제공할 수 있다.

제7장은 장애인들이 선호하며 즐겨 인용하는 요한복음 9장에 대한 하나의 해석이다. 필자는 이것을 예수의 '장애 해방 선언'이라고 명명한다. 예수는 장애에 대한 당시 유대교의 율법주의적인 '장애-죄 이데올로기'를 깨어 버리셨다. 시각장애인을 치유시켜 주셨을 뿐만 아니라 그를 신앙과 제자도의 길로 인도하셨으며, 무엇보다 바리새인들을 향해 '보는 자가 오히려 시각장애인'이라고 말씀하심으로써 장애의 개념을 역전시키고, 장애에 대한 편견과 편견에 사로잡힌 사회의 인식을 깨어 버리고, 장애인과 비장애인 모두를 그러한 허위의식의 틀에서 해방시킨다.

오늘 우리는 여전히 장애인에 대한 개인적인 편견과 장애인 차별을 정당화하는 사회적인 관념에 지배당하고 있다. 그것은 비단 비장애인만 아니라 장애인도 마찬가지이다. 비장애인이 장애인을 차별하는 것을 정당하게 여기는 것처럼 사회적 편견과 관념 속에서 장애인조차 자신의 차별을 정당한 것으로 받아들이고 있다. 이러한 편견과 차별은 교육과 현실을 통해서 강화되고 재생산되고 있다. 그러나 이것은 하나님이 기뻐하지 않는 비인간화의 과정이다. 하나님 나라는 장애인과 비장애인이 차별 없이 하나님의 은혜와 사랑 안에서 함께 하나님을 영화롭게 하는 데에 있다.

제8장은 고린도후서 12장에 기록된 사도바울의 '육체의 가시'에 대한 해석이다. 사도바울은 육체의 가시를 가지고 있었다. 그 가시가 구체적으로 무엇인지는 단정할 수 없으나, '육체의 가시'라는 단어의 뉘앙스는 육체적으로 불편하게 하는 성가신 것이었음을 추정하게 한다. 그리고 '사탄의 사자'라는 단어의 뉘앙스는 그것이 바울의 선교와 목회에 어느 정도 거리끼는 것이었음을 추정하게 한다. 바울은 하나님에게 그 가시를 제거해 달라고 기도하였으나, 하나님은 오히려 "내 은혜가 네게 족하도다."라고 응답하셨다. 이에 화답하듯이 바울은 나의 약함이 오히려 하나님의 강함이라고 고백하였다. 바울의 장애는 치유되거나 제거되지 않고 그대로 남아 있었으나, 바울은 오히려 그것을 가지고 역설적이게도 복음을 전하고 증거하는데 사용하였다.

믿는 모든 이들의 육체적 치유가 아니라 오히려 믿는 이의 본이 되는 사도바울의 장애 존속이라는 현실이 오늘날 장애 성도들에게 큰 위로와 소망으로 다가선다. 장애란 세상에서는 절망의 아이콘(icon)일지 몰라도, 그리스도 안에서 장애는 하나님을 가까이 하는 은혜의 통로요 복음을 전하는 사역의 도구가 된다. 세상 사람들에게 장애가 무익이고 불리일지 모르지만, 성도에게 장애는 유익이고 유리이다. 그것은 장애의 약함이라는 현실 가운데서 하나님의 능력이라는 강함을 의지할 수 있게 하기 때문이다.

이 책의 글들은 성서에 장애(인)와 관련된 구절들에 대하여 장애(인)의 경험과 시각을 가지고 해석한 글들이다. 이 해석이 선별된 성서 본문에 대한 수많은 해석들 가운데 하나일 뿐, 결코 해석의 전부도 아니고 유일한 해석도 아니고 최고의 해석도 아니다. 이글들은 성서 본문에 대한 여러 해석들 가운데 하나의 장애신학이 시도한 성서해석의 하나의 예들일 뿐이다. 다만, 필자는 이 해석들이 장애인에게 복음과 희망과 도전과 용기와 능력이 되기를 바라고, 비장애인에게 함께함과 사귐과 섬김과 나눔의 마음과 생각과 생활이 되기를 바라고, 교회와 사회에는 장애와 비장애의 장벽과 갈등과 차별과 억압과 무관심을 넘어서 모두 함께 생명과 정의와 사랑과 기쁨과 평화의 하나님 나라로 나아가는 비전이 되기를 바란다.

V. 결어: 한계와 전망

이 책의 글들은 성서로부터 장애신학의 단초를 얻고자 장애(인)의 관점에서 '장애(인)'와 관련된 성서 본문을 선별하여 해석한 일련의 글들이다. 이 글들은 장애신학의 성서해석의 하나의 예들을 제공한다. 이 글들의 일부는 이전에 여러 세미나와 학술지를 통해 발표한 것들이다. 그래서 이 책의 글들이 내용상 다소 중첩되기도 하고 반복되기도 한다. 통계나 자료는 글을 처음 발표하던 당시의 것에서 달라진 것이 있어 일부 수정하지만, 가급적 처음 발표한 글들을 그대로 담아 필자가 성서와 더불어 장애신학을 연구해온 지난 10년간의 흐름을 담고자 한다.

장애신학이 성서해석학을 논의하고 실제로 성서를 해석하는 데 있어서 중요하게 고려해야 할 사항이 있다. 그것은 바로 성서가 장애인을 장애라는 이유로 결코 특별히 우대하거나 특별히 하대하지 않는다는 사실이다. 장애인에게 성서는 매우 특별한 책이다. 그것은 하나님의 말씀이기 때문이다. 성서는 장애인에게 복음이고, 위로이고, 희망이고, 능력이다. 그러나 그것은 꼭 장애인이어서가 아니다. 장애인만 성서를 읽고 해석할 수 있는 것이 아니다. 또한 장애(인)라는 관점이나 주제로만 성서를 읽고 해석할 수 있는 것도 아니다. 모든 사람은 자신의 삶의 자리에서 모든 주제나 관심을 따라 성서를 읽고 해석할 수 있다. 누구든지 성서 앞에 겸손하고 진실하게 다가서면, 성령의 역사 안에서 성서로부터 하나님의 존재와 사랑과 능력과 역사를 깨달을 수 있다. 장애는 인간의 현실적인 조건들 중의 하나이고, 인간을 제약하는 사회적인 조건들 중의 하나이다.

이 책은 성서를 장애신학의 관점에서 해석한 글들이다. 이 장애신학 작업은 크게 네 가지 한계를 가지고 있으며, 그것은 또한 장애신학의 네 가지 과제와 전망으로 나아가게 한다. 첫째, 이글은 장애와 관련하여 몇 개의 선별된 성서 본문들을 기초로 하여 신학 작업을 전개하였다는 것이다. 장애신학을 위한 통찰력은 성서의 몇 구절에 제한될 수 있는 것이 결코 아니다. 성서의 모든 구절과 전체의 메시지가 장애신학을 위해 훨씬 더 많은 내용을 담고 있다. 다만 그러한 방대한 작업의 시작으로서 그래도 장애가 두드러지게 부각되는 본문을 시간상 그리고 편의상 채택하게 된 것이다. 그러므로 이제 장애 성서신학은 보다 넓은 성서 본문과 성서 전체에 대한 신학적 해석 작업을 개진해야 한다.

둘째, 이글은 성서에 나타난 장애와 장애인의 삶을 해석하는 데 있어서 전통적인 장애 개념을 가지고 신학 작업을 전개하였다는 것이다. 장애에 대한 개념은 지금까지 변해 왔고 지금도 변하고 있다. 이 글은 전통적으로 장애인이라고 하는 개인적인 차원에서 장애를 바라보았다. 그래서 육체적인 장애를 가진 사람들을 중심으로 하여 그에 관한 성서 본문을 가지고 신학 작업을 전개하였다. 그러므로 이제 장애에 대한 변화된 새로운 개념으로 성서 연구를 전개하여야 한다.[22] 장애인복지학이나 장애학이 발전하면서 장애는 개인의 문제라기보다는 사회적인 문제로 인식되기 시작하였다. 심하게 표현해서 장애인이 존재한다기보다 장애 사회가 존재할 뿐이라고 말하기도 한다. 그런 점에서 이 신학적 작업은 이제 장애 개인을 넘어서 장애 사회를 위한 연구로 나아가야 할 것이다. 그런 의미에서 장애인신학보다 장애신학으로 이름 하는 것이 장애인 당사자주의에도 불구하고 보다 정당해 보인다. 그런 의미에서 장애신학이 읽어야 할 본문은 성서만 아니라 또한 모든 사회적 장애 상황이 될 것이다.

셋째, 이글은 성서에 나타난 장애인의 삶을 개인적인 차원에서 해석하는 전통적인 신학 작업을 전개하였다는 것이다. 성서는 하나님의 말씀으로서 성령의 감동을 받은 사람이 개인적인 차원에서 기록한 것으로 보이지만, 성서는 기자 개인의 삶뿐만 아니라 그가 속한 공동체의 상황이 반영되어 있다. 성서는 기자의 공동체가 처한 상황 아래에서 하나님의 말씀을 실현하고자 기록한 것이다. 그러므로 성서는 개인을 넘어 또한 신앙의 공동체로서 교회가 공동체 차원에서 사회적의 삶과 관련하여 해석하는 것으로 나아가야 한다.

넷째, 이글은 성서에 나타난 장애인의 삶을 이론적으로 해석하는 전통적인 신학 작업을 전개하였다는 것이다. 성서해석은 단순히 본문의 본래의 의미를 이해하고 파악하는 것으로 그치는 것이 아니다. 진정한 성서해석은 성서를

22) 이계윤, "장애인신학 개념," 「대한예수교장로회 장애인신학 정립을 위한 포럼 제3차 자료집」 (2012.2), 62-63.

통하여 하나님의 뜻을 분별하고 세상 가운데에서 자신의 삶을 통하여 실천하는 것이다. 그런 점에서 이글은 성서의 장애 해석과 더불어 자기 자신을 변화시키고, 장애인과 비장애인과 사회전반을 향한 개선과 변혁으로 나아가야 한다. 그 나아갈 방향과 비전은 삼위일체 하나님 나라이다. 하나님 나라는 하나님의 은혜와 사랑과 능력 안에서 삼위일체의 사귐을 따라 장애를 포함하여 모든 삶의 조건을 넘어서 서로 사랑하고 교제하는 정의와 평화와 생명의 나라이다. 이제 장애신학은 보다 현실적이며 실천적인 신학 작업으로 나아가야 한다. 장애신학의 성서해석은 하나님 나라를 향한 신앙 공동체의 구체적인 실천 운동으로 나아가야 한다.

장애신학은 이제 장애에 대한 성서해석과 함께 장애에 대한 조직신학적인 작업으로 넘어간다.

제 1 장

장애 낙인화의 전도(顚倒)

밤에 일어나 두 아내와 두 여종과 열한 아들을 인도하여 얍복 나루를 건널새 그들을 인도하여 시내를 건너하게 하며 그의 소유도 건너가게 하고 야곱은 홀로 남았더니 어떤 사람이 날이 새도록 야곱과 씨름하다가 자기가 야곱을 이기지 못함을 보고 그가 야곱의 허벅지 관절을 치매 야곱의 허벅지 관절이 그 사람과 씨름 할 때에 어긋났더라 그가 이르되 날이 새려하니 나로 가게 하라 야곱이 이르되 당신이 내게 축복하지 아니하면 가게 하지 아니하겠나이다 그 사람이 그에게 이르되 네 이름이 무엇이냐 그가 이르되 야곱이니이다 그가 이르되 네 이름을 다시는 야곱이라 부를 것이 아니요 [1]이스라엘이라 부를 것이니 이는 네가 하나님과 및 사람들과 겨루어 이겼음이니라 야곱이 청하여 이르되 당신의 이름을 알려주소서 그 사람이 이르되 어찌하여 내 이름을 묻느냐 하고 거기서 야곱에게 축복한지라 그러므로 야곱이 그 곳 이름을 [2]브니엘이라 하였으니 그가 이르기를 내가 하나님과 대면하여 보았으나 내 생명이 보전되었다 함이더라 그가 브니엘을 지날 때에 해가 돋았고 그의 허벅다리로 말미암아 절었더라 그 사람이 야곱의 허벅지 관절에 있는 둔부의 힘줄을 쳤으므로 이스라엘 사람들이 지금까지 허벅지 관절에 있는 둔부의 힘줄을 먹지 아니하더라

– 창세기 32장 22–32절

---

1) 하나님과 겨루어 이김

2) 하나님의 얼굴

* 25절 하반절

야곱의 환도뼈를 치매 야곱의 환도뼈가 그 사람과 씨름할 때에 위골되었더라 「개역성경」

야곱의 허벅지 관절을 치매 야곱의 허벅지 관절이 그 사람과 씨름 할 때에 어긋났더라 「개역개정」

| 제 1 장 |

장애 낙인화의 전도(顚倒)

– 창세기 32:22–32에 대한 장애신학적 해석 –

I. 서언

본문 창세기 32장 22–32절에 나오는 야곱의 얍복강 이야기는 전체 야곱의 이야기(창 25:19–36:43)에서 특별한 위치를 차지하고 있다. 창세기의 족장 이야기의 주제가 그렇듯이 야곱의 이야기의 주제도 하나님과의 관계로 말미암아 이루어지는 (야곱의) 축복과 번영이다. 수사학적 비평에 따르면, 야곱의 이야기는 교차대조적인 구조로 이루어져 있는데,[23] 그 교차대조의 정점이 바로 창세기 32장 22–32절의 본문이다. 야곱은 얍복강가에서 하나님을 대면함으로써 그의 인생 여정에 얽혀 있는 갈등을 해결할 실마리를 찾고, 그리하여 얍복강 사건 이후로 야곱의 이야기는 새로운 국면으로 전개된다. 그래서 왕대일은

---

* 이 글은 「기독교사상」 2003년 4월호에 처음 게재한 글이다. 발표 당시 「개역성경」의 '환도뼈'는 이후에 「개역개정」에서는 '허벅지 관절'로 번역되었다. 이글에서는 환도뼈를 주로 사용하였다.

23) 포켈만(J. P. Fokkelman), 피쉬베인(M. Fishbane), 렌즈버그(G. Rendsburg)등이 대표적인 학자들이다. 야곱 이야기의 구조에 관하여서는 왕대일, "다시 읽는 야곱 이야기(창 25:19–36:43): 그 구조(composition)와 의미(concept)," 「구약논단」 4(서울: 나단, 1998), 특히 13–30 참조.

본문을 가리켜 '야곱 이야기의 진수'[24]라고 표현하는데, 이것은 매우 적절한 표현이다.

본문은 이스라엘의 역사와 기독교의 신앙에 있어서 특별한 위치를 차지하고 있다. 이스라엘 역사에 있어서 이스라엘이라는 민족(또한 나라)의 이름은 야곱으로부터 기원하고 있다. 그리고 그가 낳은 열두 아들이 이스라엘 민족을 구성하는 열두 지파의 기본적인 구조를 이루고 있다. 기독교 신앙에 있어서 야곱은 험한 세상의 많은 문제를 짊어진 채 하나님 앞에 마주 서 있는 단독자로서 신앙인의 실존을 대변하고 있다.[25]

이글은 이렇게 특별한 위치를 차지하고 있는 야곱 이야기의 진수인 본문을 '장애신학'(theology of disability)[26]의 관점에서 해석하고자 하는 것이다. 장애신학이라는 용어의 사용이 점차 확산되고 있지만, 아직 국내외적으로 장애신학에 대한 정리된 정의나 체계가 없는 것이 현실이다.[27] 그러므로 이글은 장애신

---

24) *Ibid.*, 34.

25) 위르겐 몰트만/이신건 옮김, 『생명의 샘』(서울: 대한기독교서회, 2003), 11-12. 몰트만은 야곱의 이야기를 본문으로 삼아 자신을 포함하여 인생을 '씨름하는 사람'으로 표현하고 있다.

26) '장애인신학'이라는 용어에 대하여 일부에서 '장애인에 의한'(by the people with disability) 또는 '장애인을 위한'(for the people with disability) 신학으로 지적하는 것을 감안하여 필자는 기독교신학 내의 한 시도로서 '장애에 대한'(of disability) 그리고 '장애와 함께'(with disability) 하는 신학이라는 의미에서 '장애신학'이라는 용어를 사용하고자 한다.

27) '장애인신학' 또는 '장애신학'이라는 용어의 사용이 아직은 생소하지만 점차 확산되고 있는 추세이다. 그러나 그것들은 대개 학문으로서의 신학적 성찰 없이 사용되고 있다. 그에 따라 '장애신학'의 필요성과 함께 그 학술적인 정립을 위한 논의와 시도가 계속되고 있다. 예를 들어, 일본 NCC의 장애인과 교회문제위원회는 『장애인신학의 확립을 지향하여』에서 장애신학을 확립하기 위하여 여러 시도들을 하였다. 일본 NCC 장애인과 교회문제위원회 엮음/KNCC 장애인운동위원회 옮김, 『장애인신학의 확립을 지향하여』(서울: 한국기독교교회협의회, 1994); 아이에스랜드는 그녀의 책 *The Disabled God*에서 그 동안의 장애 입히는 신학(Disabling Theology)에 대립하여 장애에 대한 새로운 신학적 비전과 교회의 현실을 변혁하기 위한 장애 해방 신학(A Liberatory Theology of Disability)을 시도하였다. Nancy L. Eiesland, *The Disabled God: Toward a Liberatory Theology of Disability* (Nashville: Abingdon Press, 1994); 대한예수교장로회 총회상담소가 발행하였던 자료집 「상담과 선교」에서 윤철호는 모든 인간이 가지

학을 간략하게 '장애의 경험과 상황을 하나의 재료로 사용하는 기독교 신학 내의 한 시도'라고 잠정적으로 규정함으로써 글을 시작하고자 한다.

장애신학의 관점에서 본문을 해석할 때, 본문이 담고 있는 야곱의 얍복강 사건은 그 동안 거의 관심을 두지 못하였던 숨겨진 성격, 곧 하나의 '장애 발생 사건'이라는 성격이 부각된다. 즉 야곱의 사건은 이스라엘 민족의 기원의 사건이며 야웨 신앙의 사건인 동시에 또한 하나의 장애 발생의 사건이다. 이글은 얍복강가에서 일어난 야곱의 사건을 장애 발생 사건으로 설명하며, 오늘날 장애의 문제를 다루는 사회학적 해석의 틀인 낙인 이론을 소개하며, 그 틀을 통하여 본문을 조명하여 보고자 한다. 그럴 때에 본문의 야곱의 이야기는 대부분의 사회에 만연해 있는 낙인화가 아니라 오히려 '장애-부정적인 낙인화'가 '장애-긍정적인 기념화'로 전도(顚倒)되고 있음을 이글은 밝히려고 한다. 이글은 이러한 신학적 논증을 통하여 오늘날 장애의 문제에 대한 사회적인 의식의 방향성을 얻고자 한다.

고 있는 장애성을 보편화하여 모든 기독교의 구원신학이 장애인신학이라고 주장하였다. 윤철호, "구원론적 관점에서 본 장애인신학," 「상담과 선교」 4(1997년 3월); 임성빈은 장애인신학이 편협한 경험의 당파성을 넘어서서 포괄적이며 하나님 중심적인 신학으로의 모색을 시도하였다. 임성빈, "장애인신학의 올바른 방향모색," 「상담과 선교」 5(1997년 4월); 한국기독교교회협의회(NCCK)에서는 수차례의 장애인신학 세미나를 열고 그 결과물로『장애인 차별과 교회』(서울: NCCK, 2008)와 『장애 너머 계신 하나님』(서울: 대한기독교서회, 2012)을 출간하였다; 세계밀알연합도 수차례의 장애인신학 포럼을 열고 그 결과물로 『신학으로 이해하는 장애인』(서울: 세계밀알, 2009)과 『성경과 장애인』(서울: 세계밀알, 2013)을 출간하였다; 대한예수교장로회(통합) 총회 사회봉사부는 2011년 4월부터 2013년 4월까지 총회 장애인신학 정립을 위한 포럼을 5차에 걸쳐 진행하였다; 근자에 국내에서 발간된 장애에 대한 가장 체계적이고 종합적인 신학 서적은 김홍덕의 『장애신학』(대전: 대장간, 2010)이다.

Ⅱ. 장애 발생 사건으로서 야곱의 얍복강 사건

장애신학의 관점에서 볼 때, 본문은 이스라엘의 기원을 이루는 한 족장의 이야기이며 하나님 앞에서 서 있는 전형적인 신앙인의 이야기인 동시에, 창세기(물론 성경 전체)에서 구체적으로 소개되는 최초의 장애 발생 사건이기도 하다. 본문에 앞서 장애와 관련한 창세기의 언급을 찾아볼 수 있다. 이계윤은 본문의 야곱의 이야기에 앞서, 사라를 '불임의 장애'로, 이삭을 '노인성 시력장애'로, 레아를 '시력장애'로 소개한 바 있다.[28] 그런데 이들의 경우는 구체적인 장애 발생의 사건이라기보다는 현대의 확장된 장애 범주에 맞추어서 구약 인물에 관한 단편적인 장애 언급에 해당한다.

야곱은 아버지 이삭과 형 에서를 속이고 외삼촌 라반의 집에 피해 있다가 20년이 지난 이후에 고향으로 돌아오는 길이었다. 그는 형 에서의 보복에 대한 공포 가운데 자신의 재물과 처자식을 앞서 보내었다. "그리고 야곱만이 홀로 얍복강가에 남아 있었다. 그때 어떤 사람이 나타나 야곱과 더불어 밤새 씨름을 하였다. 그 사람이 자기가 야곱을 이기지 못함을 보고 야곱의 환도뼈를 쳤다. 그리하여 야곱의 환도뼈가 그 사람과 씨름할 때에 위골되었다"(창세기 32장 24–25절).

'환도뼈'란 히브리어 יָרֵךְ(예레크)로 다리에서 무릎의 위쪽에 해당하는 부분이다.[29] 「개역성경」에서 이 단어는 환도뼈, 허벅다리, 다리 등으로 번역되었고, 「개역개정」에서 이 단어는 허벅지 관절, 허벅지 등으로 번역되었다. 보다 정확하게 말한다면, 환도뼈/허벅지 관절이란 '넓적다리의 상단과 엉덩이 사이에 움

---

28) 이계윤, 『장애를 통한 하나님의 역사』 (서울: 한국밀알선교단출판부, 2002), 14(사라), 22(이삭), 27(레아).

29) 김경래, "신체와 관련된 히브리어 관용어 연구," 「구약논단」 3(1997), 31.

푹 들어간 곳으로 엉덩이로 걸을 때 움직이는 자리'이다. 그것은 오늘날의 일상적인 의학 명칭으로 말한다면, '고관절'에 해당한다.[30] 본문은 어떤 사람이 야곱과 씨름하다가 야곱의 환도뼈를 '쳐서'(25절) 야곱의 환도뼈가 위골되었다고 장애 발생의 원인을 소개하고 있다. 여기서 '치다'는 히브리어로 נָגַע(나가)이다. נָגַע는 강한 물리적 충격이 가하여졌다는 의미의 '타격하다'(strike)로 해석되기도 하고, 물리적인 충격보다는 영적인 영향력이 가하여졌다는 의미에서 '대다/터치하다'(touch)로 해석되기도 한다.[31] 어떤 사람이 야곱의 환도뼈를 치자, 그로 인해 야곱의 환도뼈가 '위골되었다/어긋났다'(25절), 즉 '뼈가 틀어져 빠졌다'고 기록하고 있다. 「개역성경」에 '위골되었다', 「개역개정」에 '어긋났다'로 번역되어진 히브리어는 וַתֵּקַע(와테카)이다. 창세기 32장 25절의 히브리어 וַתֵּקַע는 두 가지의 해석이 가능하다. 하나는 'was dislocated'(탈골되었다)는 것이고, 다른 하나는 'was benumbed'(마비되다, 감각을 잃게 되었다)는 것이다. 룬트(J. A. Lund)는 팔레스타인 탈굼의 번역을 근거로 ותקע는 '마비되었다'로 해석되어야 한다고 주장한다.[32] 본문 32절 "그리하여 이스라엘 사람들이 큰 힘줄을 먹지 않았다"는 언급을 고려한다면, ותקע는 뼈가 뒤틀어졌다고 보기 보다는 심줄이 손상당하였다고 보는 것이 훨씬 더 일관성이 있어 보인다. 실제로 두 가지 해석은 다 가능하기에 야곱의 장애 발생 사건의 정확한 의학적 규명은 어렵다. 어떠한 원인이든지,

---

30) 'coxal articulation' 또는 'hip joint' 로 '엉덩관절' 또는 '대퇴관절'이라고 부르기도 한다.

31) Victor P. Hamilton, *The book of Genesis: chapters 18-50*(Grand Rapids: Wm B. Eerdmans Publishing Co., 1995), 330–331 참조. 해밀톤은 이 두 가지 중 어떤 하나를 결정하는 것이 쉽지 않음을 인정한다.

32) Jerome A. Lund, "On the interpretation of the Palestinian Targumic reading wqht in Gen 32:25," *JBL 105-1*, 99–103. 팔레스타인 탈굼(Palestinian targums)에서 히브리어 watteqa'는 wqht'으로 바뀌어지는데, 그것은 어원 qhy로부터 나온 3인칭 여성 단수 접속 어미이다.

31절은 그로 인해서 야곱이 '다리를 절었다'(31절), 즉 기능상 보행에 장애를 갖게 되었다고 기록하고 있다. 야곱의 장애 발생은 신체의 외형적 장애뿐 아니라 실제적으로 신체의 기능적 장애를 일으킨 사건이다.

그러므로 야곱의 장애는 선천적이 아닌 후천적인 장애로, '어떤 사람'의 타격에 의해 고관절 손상이 발생하여 기능상의 보행 장애를 가져온 일종의 지체장애이다. 야곱이 다리를 절었던 기간이 그의 생애의 일시적이었는지 아니면 그의 평생이었는지는 분명하지 않다. 그러나 고대의 의술의 수준과 야곱의 경우 본문에서 적절한 치료가 이루어졌다는 구절을 찾을 수 없기에 아마도 이후로 평생 보행의 장애를 갖게 되었을 것이라는 상상을 가능케 한다. 특히 그로 인하여 "이스라엘 사람들이 지금까지 환도뼈/허벅지 관절에 있는 둔부의 힘줄을 먹지 않게 되었다"(32절)는 구절은 야곱이 평생 보행상의 장애를 가졌음을 암시한다고 할 수 있다.[33)]

Ⅲ. 장애 해석의 틀로서 낙인 이론

여러 분야의 관심과 다양한 관점에 따라 장애에 대한 정의가 다소간의 차이가 있는 가운데, 세계보건기구(WHO)가 비교적 체계적이며 포괄적으로 장애를 정의하였다. 세계보건기구는 자체의 보건 관행에 기초하여 장애를 손상

33) 이것은 매우 조심스러운 추정이다. 그러나 장애인 선교와 신학과 운동의 관점에서 본문을 보려는 많은 사람들은 너무나 단정적으로 이 본문을 야곱의 평생 장애로 전제하는 경향이 있다. 이계윤, 『장애를 통한 하나님의 역사』, 24-26; 나이또 토시히로/박천만 · 김경란 옮김, 『구약성서에서 본 장애자』(서울: 알돌기획, 1989), 22-29; 폰 라트도 야곱이 장애인이 되었다고 보는 입장에 서있다. 게르하르트 폰 라트, 『창세기』, 국제성서주석(서울: 한국신학연구소, 1983), 362.

(Impairment), 기능 제약(Disability), 그리고 불리(Handicap)의 세 가지로 분류하여 정의하였다. (1) 손상은 심리학적, 생리학적 또는 해부학적 기능이 일부 상실되었거나 비정상적인 상태, (2) 기능 제약은 (손상으로 인하여) 인간에게 정상적이라고 생각되는 방법이나 범위에 속하는 행동 능력의 일부가 결여되거나 결여되어 있는 상태, (3) 불리는 손상이나 기능 제약으로 인하여 연령, 성, 사회, 문화적 요인에 따라 그 개인에게 정상적인 역할 수행을 제약하거나 방해하는 불이익 상태를 의미한다.[34] 손상과 기능 제약으로서의 장애는 비교적 가치평가 없이 현대의 재활의학에 의해 많이 회복되어 가는데 반하여, 사회적인 불리로서의 장애는 사회마다 그 편차가 심하며 의술의 진보를 따라가지 못하고 있다. 또한 장애 개념에 있어서 사회적 불리로서의 장애 이해는 사회학적인 연구와 사회적인 운동이 활발해지면서 보다 더 비중 있는 차원으로 다루어지고 있다. 장애에 대한 접근은 의학적 치료나 교육학적 양육이라는 장애인 개인에게 초점을 맞추던 추세에서 벗어나 점차 장애를 사회적 문제로 인식하고 그에 따라 사회학적 접근이 진행되었다.[35] 장애는 더 이상 장애인 개인의 문제가 아니라 하나의 사회적 문제이며 사회적 작용이다.

어빙 고프만(Erving Goffman)의 영향력 있는 낙인 이론(theory of stigma)에 나타난 예증을 통하여, 장애를 사회적 상호작용으로 보는 사회학적인 분석이 진일보하게 되었다. 고프만은 낙인을 육체적인 속성, 특성, 또는 종족의 혈연(인종, 민족

---

34) 세계보건기구(WHO)는 장애 개념을 손상, 기능장애, 사회적 장애(ICIDH) –〉 손상, 활동, 참여 (ICIDH–2) –〉 기능, 장애, 건강(ICF)로 거듭 수정 확장시켰다. 권유경 · 김용득, "장애의 개념과 등급," 『한국 장애인복지의 이해』(서울: 인간과 복지, 2005), 87–132; UN인권위원회 엮음/이익섭 옮김, 『인권과 장애』(서울: 한국 DPI, 1992), 41. Impairment, Disability, Handicap은 달리 '신체적인 손상', '기능적인 장애', '사회적인 장애', 또는 '손상', '손실', '제약'으로 번역되기도 하지만, 세 가지 모두 다 '장애'라는 말로 번역되기도 한다.

35) Nancy L. Eiesland, *The disabled God*, 49–67. 제3장 "몸 정치학" 참조.

또는 종교)에 기초하여 한 인간 존재를 불신하게 만드는 사회적으로 구성된 현상으로 규정한 첫 번째 사람이다.[36] 고프만에 따르면, '낙인'(stigma)이란 고대 그리스 사람들이 어떤 사람들의 도덕적 상태와 관련하여 비일상적인 나쁜 점을 들추어내려는 의도에서 고안한 신체적인 표식이다. 그 표식은 그 사람의 몸에 그려지거나 불로 새겨졌으며, 그 표식을 지닌 사람은 노예, 죄인, 또는 반역자로 알려지게 되었다—그들은 흠 있는 사람이며, 종교적으로 더러운 사람이며, 그래서 (특히 공적인 장소에서는) 기피해야 할 사람들이다.[37] 장애인들도 대부분 사회에서 낙인찍힌 부류에 속하여 왔다.

고프만에 따르면, 이러한 낙인은 사회적으로 구성된 관계들이다. 낙인은 낙인찍힌 개인의 사회생활을 부정적으로 결정하고, 다른 사람들에게는 그 사람에 대하여 부정적으로 반응하도록 선입견을 심어주는 지배적인 이데올로기로서 역할을 감당한다. 장애인은 그에 따라 그 사람의 본질적인 정체성에 대한 고려 없이 그 사회가 용인하는 정상이 아닌 부정적이고 낯선 존재가 되어 버린다.[38] 사회는 낙인을 기술하는 특별한 용어들을 전개하는데, 그 용어들은 낙인당하는 사람들을 평가 절하시킨다.[39] 또한 사회는 이러한 낙인화 작업을 통하

36) Sarah J. Melcher, "Visualizing the Perfect Cult: The Priestly Rationale for Exclusion," in *Human Disability and the Service of God*(Nashville: Abingdon Press, 1998), 57. 멜쳐는 바로 자신의 이 논문에서 낙인(stigma)을 레위기 13-14장과 21장 16-24절을 해석하는 틀로 사용하고 있다.

37) Erving Goffman, *Stigma: Notes on the Management of spoiled Identity*(Englewood Cliffs: Prentice Hall, 1963), 1. 이 책은 김용환에 의하여 『오점: 장애의 사회심리학』(춘천: 강원대학교 출판부, 1995)으로 번역되었다. 김용환은 'stigma'를 개인에게 부여되는 낙인의 부정적인 영향을 강조하기 위하여 '오점'으로 번역하였으나, 이글에서 필자는 낙인 행위가 사회적 상호작용임을 강조하기 위하여 '낙인'으로 번역하여 사용하였다.

38) *Ibid.*, 1-14 참조. 고프만은 이렇게 낙인화되어 왜곡된 정체성을 'spoiled identity'라고 부른다.

39) 장애인에 대하여는 '병신', '불구자', '문둥이' 등 많은 부정적인 용어들로 낙인화가 전개되어 왔다. 장애인에 대한 용어에 관하여서는 Nancy L. Eiesland, *The Disabled God*, 제1장 "용어의 정립"을 참조.

여 장애인에게 새로운 부정적인 특징들을 부가시킨다. 그리하여 사회는 낙인화 작업을 통하여 장애인들의 사회생활을 제약하거나 배제하거나 추방하며, 그리고 사회 공동체로 하여금 이러한 장애인의 소외를 합법화한다. 최근의 장애에 대한 사회학적인 접근은 이러한 사회적 작용을 분석하고, 이러한 낙인 이데올로기로부터의 해방과 장애인의 사회적 참여를 위한 사회적 운동으로 이어지고 있다.

Ⅳ. 야곱의 장애에 나타난 낙인화의 전도

장애 낙인화라는 사회학적인 해석의 틀에서 볼 때, 본문 창세기 32장 22-32절에 소개된 얍복강가에서 일어난 야곱의 장애 발생 사건은 이후에 어떻게 전개되고 있는가? 본문의 이야기는 고대의 대부분의 사회에서 일반적인 장애 낙인화의 작업이 오히려 전도되고 있음을 발견하게 된다. 야곱이 장애라는 낙인을 통하여 성서의 역사에서 부정적인 이미지로 남아있거나 이스라엘의 중심 역사에서 배제되고 사라지는 것이 아니라, 오히려 장애 사건을 통하여 성서와 이스라엘 역사의 중심인물로 더욱 부각되며 기억되고 있다.

1. 이스라엘 개명을 통한 낙인화의 전도

창세기에서 어떤 사람이나 사물의 이름은 매우 중요한 의미를 가지고 있다. 이름은 그 존재를 지칭하는 명칭일 뿐만 아니라, 그 존재의 현존 자체를 의미하며 그 존재의 삶을 대변하고 있다. 야곱은 얍복강에서 '어떤 사람'과 밤새 씨름을 하다가 환도뼈(허벅지 관절)가 위골된 이후에도 그 사람에게 축복하고 갈 것을 요구하였다. 그 사람은 야곱에게 이름을 물었다. 그리고 야곱의 이름을 이스라엘로 바꾸어 부르도록 하였다. 앞서 지적한 대로 이름이 그 존재와 삶을 내포하고 있다고 할 때, 이름이 개명된다고 하는 것은 그의 존재와 삶이 변화를 맞게 될 것을 암시한다.

야곱(יַעֲקֹב)이란 이름의 본래 뜻은 '간사한 자', '속이는 자'이다. 얍복강가에서 이스라엘이라는 새 이름을 얻기까지, 야곱이 살아왔던 삶의 방식은 본래의 이름 그대로 속이는 자의 삶이었다. 야곱은 형을 속이고, 아버지를 속이고, 외삼촌을 속였다. 그리고 얍복강을 건너기 전 그는 또다시 형을 속이고자 여러 가지 수단을 동원하였다. 그러나 '어떤 사람'과의 씨름에서 그는 이스라엘이라는 새로운 이름을 얻게 되었다. 본문은 이스라엘(יִשְׂרָאֵל)이란 이름의 뜻을 '하나님과 더불어 겨루어 이기었다'라고 밝히고 있다(28절).[40] 야곱은 이전의 부정적인 이름에서 하나님과 겨루어 이기었다는 새롭고 긍정적인 이름을 갖게 되었다.

본문에 대하여 사람들은 24절의 '어떤 사람'(אִישׁ)과 그리고 28절의 '하나님'(אֵל)이 실제로 누구인가를 질문한다. 24절에 야곱과 싸운 어떤 사람에 대하여서 여러 가지의 해석들이 있다. 미드라쉬는 전통적으로 신적 존재인 천사라고 대답하여 왔다. 하나님 옆에서 찬양하는 천사라는 해석도 있는 반면,[41] 에돔

40) Robert Coote, "The meaning of the name Israel," *Harvard Theological Review* 65(1972), 137–146. 쿠테는 어원 sry가 크게 세 가지의 의미로 사용되고 있다고 설명한다. 첫째는 어떤 것을 얻기 위하여 '싸우다'(to strive)이고, 둘째는 '자르다'(to cut)이며, 셋째는 '비추다'(to shine)이다. '자르다'의 의미로부터 또한 '결정하다'(to decide, to determine), 그리고 더 나아가 '심판하다'(to judge)에 이르기까지 의미가 확장되었다.

41) 강문호, 『미드라쉬 I: 창세기따라 전설따라』(서울: 한국가능성계발원, 1996), 192. 사실 이 책은 번역서인데, 그 출처가 불분명하다.

민족의 수호천사라는 해석도 있다.[42] 베스터만(C. Westermann)은 고대 가나안의 전설의 흔적이 남아있는 강이나 시내 같은 특정 지역을 지키는 '수호신'(또는 강귀신에서 기원)이라고 해석하였고,[43] 슈미트(Werner H. Schmidt)의 연구에 따르면 가나안의 '엘'신이라는 해석도 있다.[44] 브리스만(L. Briesmann)은 '어떤 사람'이란 말 그대로 사람의 표상으로서 야곱의 마음속에 떠오른 '어떤 타자의 악마화'라고 해석하였다.[45] 그러나 이 질문은 성서 본문이 드러내지 않으려 하는 부분에 대한 분별력 없는 인간의 호기심에 불과하다. 왜냐하면 그의 이름을 묻는 야곱의 질문에 그 '어떤 사람'은 자신의 이름을 가르쳐 주기는커녕 의도적으로 감추시기 때문이다. "어찌하여 내 이름을 묻느냐?"(29절). 이글은 기독교의 전통적인 해석을 따라 야웨 하나님 또는 그 하나님을 대리하는 신적 존재로 인정하고 논의를 계속한다.

야곱에게 이스라엘이라는 새로운 이름이 주어지는 반면, 야곱이 '어떤 사람'의 이름을 묻는 데에는 답이 없다. 이 결과는 이름과 관련하여 실제로 야곱이 그 '어떤 사람'을 이긴 것인가에 대하여 의문을 제기한다. 이름을 지어준다는 것은 물론이고 이름을 안다는 것은 상위 내지 지배의 위치를 반영하고 있기 때문이다. 그래서 이진희는 「표준새번역」의 난외주처럼,[46] 이스라엘이라는 어의 속에는 '하나님과의 대면'이 중심이지 '하나님을 이겼다'는 내용은 없다고 해

---

42) 이진희, 『유대인과 함께 읽는 창세기』(서울: 쿰란출판사, 2002), 335.

43) C. Westermann, *Genesis 12-36*(Mineapolis: Augusburg, 1985), 515-517.

44) 베르너 슈미트/강성열 옮김, 『역사로 본 구약신앙』(서울: 나눔사, 1989), 49-50.

45) L. Brisman, *The voice of Jacob - On the Composition of Genesis*(Bloomighton & Indianapolis: Indiana University Press, 1990), 87.

46) 「표준새번역」은 28절 본문을 다음과 같이 번역하였다: 그 사람이 말하였다. "네가 하나님과도 겨루어 이겼고, 사람과도 겨루어 이겼으니, 이제 너의 이름은, 야곱이 아니라, 이스라엘이다." 그러나 28절에는 다음과 같이 난외주가 붙어 있다: '하나님과 겨루다' 또는 '하나님이 겨루시다.'

석한다.[47] 과연 야곱이 이긴 것일까? 야곱이 하나님의 사자를 끝까지 놓아 주지 않은 것을 이긴 것이라고 할 수 있을까? 그러나 '어떤 사람'이 야곱의 환도뼈를 쳤을 때, 야곱은 붙들고 있던 손을 놓았다. 결국 건강을 잃고 대적자의 이름도 모르기 때문에, 실제로 패한 존재는 야곱이지 그 '어떤 사람'은 아니다. 샌포드(J. A. Sanford)에 따르면, 이 거룩한 적수가 간단하게 야곱을 건드려서 야곱의 허벅지를 다치게 했다는 것은 사실 그가 이 씨름에서 인간 적수를 언제라도 이길 수 있다는 것을 의미한다고 해석하였다.[48] 그럼에도 불구하고 본문에서 그 '어떤 사람'은 야곱을 축복하며 세워주신다. 그렇게 해서 얻게 된 이스라엘이라는 이름은 결국 연약한 인간에게 하나님이 주시는 은혜인 것이다.

이스라엘 민족이 이스라엘이라는 이름을 부르며 그 이름으로 존재하는 한, 그들은 얍복강가에서 하나님의 사자와 대면하여 겨루다가 환도뼈가 위골된 야곱을 학습하고 기억할 것이다. 야곱에게 있어서 장애는 낙인화되어 수치스러운 것으로 감추어지는 것이 아니라 오히려 민족의 조상으로 부각되며 기억되는 것이다.

2. 브니엘 성소를 통한 낙인화의 전도

야곱은 얍복강가에서 밤새 '어떤 사람'과 씨름을 하였다. 그 과정에서 그는 환도뼈를 다쳤지만, 이스라엘이라는 이름을 얻었으며 그 '어떤 사람'으로부터

47) 이진희는 이스라엘을 '하나님을 이긴 사람'이라기보다는 '하나님을 본 사람'으로 해석한다. 전통적으로 유대인들이 그렇게 해석하여 왔으며, 히브리어로 이스라엘이 이쉬(사람), 라아(보다), 엘(하나님)의 합성어로 볼 수 있으며, 또한 본문 32장 30절이 연관되어 있다고 보기 때문이다. 이진희, 『유대인과 함께 읽는 창세기』, 337-338.

48) 존 샌포드/엄성옥 옮김, 『하나님과 겨룬 자』(서울: 은성, 1988), 61-62.

축복을 받았다. 그리고 나서 야곱은 그 곳의 이름을 브니엘(פניאל)이라고 불렀다. 브니엘의 뜻은 직역하면 '하나님의 얼굴'이다. 본문은 브니엘이라는 지명에다 "내가 하나님과 대면하여 보았으나 내 생명이 보전되었다"는 의미를 담았다(30절). 그리고 야곱이 브니엘을 지날 때에 해가 돋았다. 야곱이 그곳의 이름을 브니엘이라 부르며 그가 그곳을 지날 때에 해가 돋아 야곱을 비춘 것은 야곱이 그의 인생에서 암울하고 어려운 긴 밤을 하나님 앞에서 인내하고 하나님으로부터 은혜를 받아 해결 받았음을 의미한다.[49]

그런데 그 곳의 이름을 브니엘이라고 불렀다는 언급은 구약성서 학자들에 의해 '히에로스 로고스'(hieros logos) 형식의 이야기로 분류된다. 히에로스 로고스란 '어떤 성소가 어떻게 생겨나게 되었는지를 전하려는 의도로 특정 성소와 연관해서 전해지는 이야기'(Heiligtumslegende)를 가리킨다.[50] 야곱의 이야기에는 여러 히에로스 로고스가 등장한다: 벧엘(28:10–22), 마하나임(32:1–2), 브니엘(32:22–32), 세겜(33:18–20), 벧엘(35:1–7). 본문의 이야기는 그 중에서 왜 요단 동편 브니엘에 성소가 세워지게 되었는가에 대하여 설명하고 있다. 모든 성소는 그 곳을 신적인 계시의 장소로 증명해 주는 근거를 필요로 하는데, 히에로스 로고스는 그곳을 방문하는 사람들에게 '내가 왜 이 곳에 와 있는가?'라는 질문에 대한 답변을 제공함으로써 순례자들의 행동을 정당화시켜 주며, 동시에 그 제의 장소가 다른 성소들에 대해서 갖는 정당성을 확보해 준다.[51] 이 '히에로스 로고스'라는 양식의 학문적인 규정 자체가 이미 성소에 대하여 전해 내려온 전승의 역사가 있음을 내포하고 있다. 홈그렌(F. C. Holmgren)은 본문을 이스라엘 왕정 초

---

49) 장일선, 『브니엘의 아침햇살』(서울: 전망사, 1990), 23–26 참조.

50) G. W. Coats, *Genesis with an Introduction to Narrative Literature*, 318.

51) 베르너 슈미트, 『역사로 본 구약신앙』, 45.

기(아마도 다윗과 솔로몬 시대)에 옛 선조를 '뒤돌아 봄'(look-back)의 대표적인 예로 보았다.[52] 그것은 브니엘이라는 이름이 왜 생기게 되었는가에 대한 설명이다.

브니엘 성소에 온 이스라엘의 후손들은 브니엘이라는 장소가 생겨난 유래와 그 정당성을 질문하였으며, 질문하며, 그리고 또한 질문할 것이다. 그리고 본문에 소개하고 있는 야곱의 얍복강가의 씨름과 환도뼈를 상한 야곱의 장애와 하나님을 만난 은혜를 기억하게 될 것이다. 특히 본문 31절 "그가 브니엘을 지날 때에 해가 돋았고 그의 허벅다리로 말미암아 절었더라"는 구절은 성소 브니엘의 유래에 관한 구절에 이어 야곱이 환도뼈/허벅지 관절을 다쳐 절게 되었다는 장애의 사실을 주지시키고 있다. 그렇다고 해서 본 구절에서 야곱의 장애가 전면적으로 부정적인 의미로만 기념되는 것은 아니다. 오히려 그 곳에서 하나님을 만났다는 사실이 중요하게 기념되는 가운데 야곱이 다리를 저는 것이 오히려 부분적으로 긍정적인 의미를 떠올리게 한다.

3. 일상생활을 통한 낙인화의 전도

야곱의 장애 사건에 대한 낙인화의 전도는 이스라엘로의 개명과 브니엘의 성소화를 넘어 이스라엘의 민족 문화 속에도 스며들어 있다. 본문의 32절은 야곱의 장애 사건에 대한 이스라엘 민족의 기념이 그들의 식생활 문화에 스며들어 있음을 알게 한다. 야곱은 얍복강가에서 어떤 사람과 씨름을 하다가, 그 사람이 야곱의 환도뼈를 쳐서 그 뼈가 위골되었다. 본문은 이스라엘이라는 이름의 기원이나 브니엘이라는 성소의 기원으로 민족사적이고 종교적인 내용을

52) Fredrick C. Holmgren, "Holding your own against God!: Genesis 32:22-32 (in the context of Genesis 31-33)," *Interpretation 44* (1990), 7-8.

담고 있다. 그런데 본문의 제일 마지막 구절에서 다른 새로운 언급을 하고 있다.[53] 즉, 야곱이 환도뼈를 상한 사건으로 인하여 그 이후 이스라엘 민족이 환도뼈 큰 힘줄을 먹지 않게 되었다는 것이다(32절).

이스라엘 사람들은 짐승고기의 환도뼈 큰 힘줄을 먹지 않는다. 본문의 환도뼈 큰 힘줄은 히브리어 גִּיד הַנָּשֶׁה(기드 한나쉐)로 엉덩이의 힘줄(nervus ischiadicus)에 해당하는 고기를 말한다. 이스라엘 사람들은 일상적인 식사에서나 또한 제사 이후의 식사에서나 짐승의 환도뼈 힘줄을 먹지 않는다. 본문에 따르면 이러한 음식 문화의 기원이 바로 야곱의 장애와 직접적으로 연관되어 있다.[54] 폰 라트는 후대 이스라엘 사람들이 가축을 도축할 때 특이한 제의적 관습에 따라 선조의 환도뼈 상처를 경외하는 마음으로 생각하였다고 지적한다. "이스라엘이라는 이름을 얻게 된 그 밤에 있었던 일들 가운데 선조가 환도뼈에 상처를 입고 절게 되었다는 사실이 특별히 기억되어 보전되었다."[55] 웬함(Gorden J. Wenham)은 아브라함의 이름이 개명되면서 제정된 할례예식과 마찬가지로, 이 문화가 민족의 선택을 상기시킨다고 보았다. 환도뼈 힘줄을 먹지 않음으로써 이스라엘 민족은 계속하여 야곱이 하나님을 만나 하나님으로부터 궁극적인 승리와 축복의 약속을 받은 것을 기억하였다.[56] 그리고 또한 폰 라트의 주석에 따르면, 본문에서 야곱이 절게 되었다는 언급이 제의적 춤, 곧 절름발이 춤(열왕기상 18:26)의 기

---

53) 대부분의 주석이 본문에서 이스라엘과 브니엘의 명명에 초점을 맞추고 있을 뿐, 33절은 상대적으로 소홀하게 다루고 있다.

54) S. H. Smith, "Heel' and Thigh': The Concept of Sexuality in the Jacob–Esau Narratives," *Vetus Testamentum 40* (1990), pp. 466–469. 스미쓰는 야곱의 이야기에서 신체가 가지고 있는 성적인 개념을 분석하였는데, 본문에 사용된 gyd hanash가 '생식에 관련된 힘줄'(life–sinew) 또는 '남성의 힘줄'(male–sinew)을 의미하기에 식용을 금기시하였다는 해석에 동의하고자 하는데, 본문은 분명하게 야곱의 씨름 사건과 연관시키고 있다.

55) 게르하르트 폰 라트, 『창세기』, 362.

56) Gorden J. Wenham, *Genesis 16-50*, WBC(Dallas: Word Books Publsher, 1984), 297–298.

원이 되는지는 정확히 결정지을 수 없다고 결론짓지만,[57] 그러한 추정의 가능성은 열려 있다.

환도뼈(ירך)는 단순히 신체적인 명칭을 가리키는 것을 넘어서 이스라엘의 언어문화에서 중요한 용례들을 가지고 있다. ירך(예레크)은 창세기에서 본문 외에 두 가지 용례로 사용되었다. 먼저, 창세기 46장 26절에서 ירך은 יצאי ירכו라는 관용구에 포함되어 사용되었다. יצאי ירכו는 '야곱의 허벅다리에서 나온 사람'이라는 의미로 「개역개정」에서는 '야곱의 몸에서 태어난 자'로 번역되어 있다.[58] 이스라엘의 후손이라는 말 자체가 달리 야곱의 환도뼈라는 단어와 합성되어 일컬어지고 있다. 다음으로 창세기 24장 2절과 9절 그리고 47장 29절에서 ירך은 שמיד תחת ירך라는 관용구에 포함되어 사용되었다. 「개역성경」에서는 '환도뼈 아래에 넣다', 「개역개정」에서는 '허벅지 아래에 넣다'로 번역하였는데, 이것은 고대 이스라엘에서 맹세할 때 하는 동작이다. 이스라엘의 문화에서 맹세의 언어와 동작이 환도뼈라는 단어와 결합되어 있다. 환도뼈라는 단어는 이스라엘의 문화의 여러 차원에 스며들어 있다. 히브리어의 이 관용적 표현이 무엇에 기인하는가를 정확히 증명할 수는 없다. 그러나 그 관용적 표현 속에서 야곱의 장애 사건에 대한 기념을 떠올릴 가능성은 열려 있는 것이다. 본문에서 환도뼈가 기념되는 것은 야곱의 장애를 단초로 하는 이스라엘 명명의 기원에 대한 기념이며 브니엘 성소에 대한 기념이며 그들의 조상 야곱에 대한 기념이다.

---

57) 게르하르트 폰 라트, 『창세기』, 362.

58) 출애굽기 1장 5절에 나온 יצאי ירכו를 「개역성경」에서는 '야곱의 혈속'으로, 「개역개정」에서는 '야곱의 허리에서 나온 사람'으로 번역하였다.

Ⅵ. 결어

야곱이 얍복강가에서 어떤 사람과 밤새 씨름을 하고 이스라엘이라는 새로운 이름을 얻게 된 일련의 사건에는 하나의 장애 발생 사건이 담겨있다. 야곱은 고관절이 상하여 보행에 장애를 갖게 되었다. 고대로부터 대부분의 사회는 낙인화의 작업을 통하여 장애를 부정한 것으로 고착화시키고, 장애인을 부정한 사람으로 보도록 하는 인식을 정당화시키고, 그리하여 장애인을 사회의 공동체적인 삶으로부터 배제시키거나 격리시켜 왔다. 그러나 성서와 이스라엘의 역사에서 야곱의 장애는 낙인화되어 배제되거나 무시된 것이 아니라, 오히려 민족 공동체(이스라엘의 이름)와 예배 공동체(브니엘 성소) 가운데 기억되고 있으며 (음식)생활 문화 가운데 스며들어 있다. 역사적으로 대부분의 사회에서 일반적인 경향이었던 장애 낙인화가 오히려 전도되고 있다.

그러므로 성서가 담고 있는 장애에 대한 여러 시각들[59] 중에서 특히 본문은 오늘날 장애와 장애인의 문제에 접근하는데 특별히 사회적 의식에 관심을 불러일으키는 긍정적인 시각을 제공해 준다. 얍복강가에서의 야곱의 장애 사건에 대한 낙인화의 전도는 이스라엘의 야웨 신앙의 산물이며 동시에 야웨 신앙 안에서 지향해야 할 장애에 대한 성서적인 시각이다.[60] 본문은 장애 사건을

59) 박정세는 성서에 나타난 인간의 장애를 고난의 문제와 마찬가지로 크게 세 가지의 서로 다른 입장이 있다고 정리한다: 1. 인간의 죄에 따른 하나님의 징벌로서 장애, 2. 장애인의 인권에 대한 보호, 3. 고난 받는 하나님의 종의 모습으로서 장애인. 박정세, "장애인 선교 서설,"「현대와 신학」21(서울: 연세대학교 연합신학대학원, 1997), 167-168 참조.

60) 성서에는 낙인에 해당하는 stigma가 단 한번 나온다. 갈라디아서 6장 17절 "이 후로는 누구든지 나를 괴롭게 하지 말라 내가 내 몸에 예수의 흔적을 가졌노라"에서 '흔적'(στίγματα, 스티그마타)이 바로 그것이다. 여기서 바울이 '스티그마타'라는 용어를 사용한 것도 당시 그리스 로마의 언어문화 속에서 볼 때에 일종의 낙인화의 전도(顚倒)이다.

신앙 안에서 신앙 사건으로 해석하고 정리하는 것의 한 모범을 보여주고 있다. 장애는 모든 사람에게 열려 있으며 모든 사람은 장애와 더불어 살아가고 있다. 모든 사람은 하나님 앞에서 살아야 하며, 사회는 장애인을 부정적인 이데올로기로 낙인화시킬 것이 아니라 정당한 사회 구성원이 되도록 도와주어야 한다.

장애 낙인화의 전도가 자칫 모든 사람의 모든 장애에 대하여 정당한 분석이나 방향 없이 미화시키거나 영웅화시킬 위험성을 안고 있지만, 그럼에도 불구하고 아무런 의식도 없이 장애 낙인화에 젖어 있는 사회에 대하여 새로운 인식으로 나아가게 한다.[61] 얍복강가의 야곱 이야기에서 야곱의 장애는 야곱이 하나님을 만남으로 축복을 받았다는 주제에 가리어져서 그리 큰 주제가 아닐 수 있다. 오히려 야곱의 장애는 야곱 이야기 전체의 주제에서 부분적이며 지엽적인 것일 수 있다. 그러나 그렇다고 해서 야곱의 장애가 결코 간과할 수 있는 주제는 아니다. 그러기에는 장애에 대한 특별한 의식을 기울이지 않았던 그 동안의 해석에 비하여 성서 본문이 담고 있는 중심 주제에 야곱의 장애가 관련되어 있는 의미가 매우 크다.

61) 본문에서 야곱의 이스라엘로의 개명이 인간 야곱의 물리적인 승리가 아니라 전능하신 하나님이 주신 은혜라는 사실을 기억한다면, 장애 미화나 장애 영웅주의의 위험은 사라지고 오히려 장애를 통한 야웨 신앙이 강화된다.

제 2 장

구약의 장애인 보호 규정에 대한 장애신학적 접근

너는 귀먹은 자를 저주하지 말며 맹인 앞에 장애물을 놓지 말고 네 하나님을 경외하라 나는 여호와이니라

– 레위기 19장 14절

맹인에게 길을 잃게 하는 자는 저주를 받을 것이라 할 것이요 모든 백성은 아멘 할지니라

– 신명기 27장 18절

| 제 2 장 |

구약의 장애인 보호 규정에 대한 장애신학적 접근

– 레위기 19:14와 신명기 27:18에 대한 주석적 고찰 –

I. 서언

건전한 사회라면 장애인의 인권에 관심을 갖고 장애인을 보호하고자 노력하는 것은 매우 당연한 일이다. 그것은 비단 장애인만을 위한 것이 아니라 또한 비장애인을 위한 것이고 나아가 사회 전체의 구성원과 공동체를 위한 일이다. 선진 복지국가로 갈수록 장애인의 인권 보장과 권리 증진을 위해 노력하고 있다. 이러한 현대사회의 장애인의 인권 보호는 어디로부터 오는 것인가?

인간의 권리에 대한 개념은 고대로부터 찾아볼 수 있으나, 구체화되기는 중세의 자연법(Natural Law)에서 인간의 자연권(Natural Rights)을 거쳐 인간의 권리(Rights of Man)로 전개되었다가 20세기에 이르러서야 비로소 인권(Human Rights)이라는 용어로 사용되기 시작하였다.[62] 현대의 인권은 이전의 인간의 권리와 비교하여 특히 인권의 보편성과 평등성을 강조한다. 이러한 인권의 보편성과

62) 이종은, 『평등, 자유, 권리』(서울: 책세상, 2011), 545; 조효제, 『인권의 문법』(서울: 후마니타스, 2002), 50-52.

평등성을 성서와 기독교로부터 찾을 수 있다. 성서가 인권의 근거이고 기원이며 보고이다. 기독교가 들어가는 곳에는 인간의 존엄과 권리가 부각되게 된다. 그것은 기독교가 근본적으로 인간에 대한 사랑과 인간의 행복한 삶을 그 중심에 담고 있기 때문이다.

성서는 모든 사람에 대하여 일반적이고 보편적인 인권의 개념을 제공하고 있다. 성서는 모든 사람이 '하나님의 형상'(Imago Dei)을 따라 창조되었다고 말씀한다(창 1:27–28). 고대 근동에서 하나님의 형상이란 왕과 같이 고귀한 신분에만 허락되었던 것인데, 성서는 특정인만 아니라 모든 사람이 똑같이 하나님의 형상을 따라 창조되었다고 말씀하심으로써 모든 인간의 존엄과 모든 인간의 평등을 선언한다. 이것은 하나님의 형상의 탈신화화, 탈신격화를 의미한다.[63] 장애인도 예외가 아니다. 장애인도 사람이다. 장애인도 하나님의 형상을 따라 지음 받은 동등한 존재이다.

인간 일반의 존엄과 인권에 대한 구절 외에 특별히 장애인을 보호하는 구절들이 구약성서에 들어 있다. 그 대표적인 구절이 바로 구약성서의 레위기 19장 14절 "너는 귀먹은 자를 저주하지 말며 맹인 앞에 장애물을 놓지 말고 네 하나님을 경외하라 나는 여호와이니라"와 신명기 27장 18절 "맹인에게 길을 잃게 하는 자는 저주를 받을 것이라 할 것이요 모든 백성은 아멘 할지니라"이다.

이 구절들은 구약성서의 토라(Torah), 곧 모세 율법에 속한 구절들이다. 구약 율법은 이스라엘 백성에게 하나님의 백성으로 살아가야 할 삶의 목적, 방향, 태도, 그리고 구체적인 삶의 지침을 제시한다. 그것은 내용상 하나님께 드리는 거룩한 제사에 관련한 규정들과 하나님의 백성으로서 살아야 하는 거룩한 생

63) 김균진, 『기독교 신학 II』(서울: 연세대학교 출판부, 2009), 325.

활에 관련한 규정들로 구성되어 있다. 구약성서의 율법은 인류의 역사에서 인간의 존엄과 권리를 형성하는 데 중요한 역할을 감당하여 왔는데, 특별히 본문의 두 구절이야말로 613개의 모세 율법 가운데 장애인의 존엄과 권리를 언급한 중요한 구절들이다. 이글에서는 이 두 구절을 주석하면서 본문의 의미를 찾아 오늘 한국 사회와 교회 속에 조명하며 하나님 나라를 향하여 그 적용을 모색해 보고자 한다.

Ⅱ. 인권의 역사와 기독교

장애인에 대한 기독교적 이해의 중요한 한 차원은 '인권'(Human Rights)이다. 이것은 개인 전도의 차원을 넘어서 하나님 나라 운동이라는 차원에서 사회의 모든 구성원들을 포함하는 보편적인 가치에 따르는 것이다. 인류의 역사는 모든 사람의 보편적 인권을 추구해 온 역사라고 해도 틀린 말이 아니다.

역사적으로 1215년 영국 대헌장(Magna Carta)으로 권리보장이 처음 성문화된 이래 인권에 대한 논의는 중세로부터 전개된 기독교적 인간 이해와 함께 17~18세기의 계몽주의의 자연법을 기초로 해서 활발하게 전개되었다. 1679년 인신의 자유에 대한 절차적 보장을 강화한 영국의 인신보호법(Habeas Corpus Act), 1689년 명예혁명의 결과로 제정된 권리장전(Bill of Rights), 1776년 인권을 천부적인 자연권으로 규정한 미국의 버지니아 권리장전(Virginia Bill of Rights)과 자연법적 인권에 기초해서 생명과 자유와 행복 추구의 권리를 천부적 권리로 선언한 미국 독립선언(Declaration of Independence), 그리고 1789년 프랑스 시민혁명

의 결과로 인간과 시민의 권리선언이 채택되었다.[64]

19세기 인권의 확장은 시민 의식과 노동문제와 연관되어 확장되었는데, 무엇보다도 영국에서 참정권 확장이라는 선거법 개정에서 그 확장의 일면을 찾아볼 수 있다. 영국은 1832년 선거법에서는 중산 계급 이상의 성년 남자에게만 선거권을 인정하였는데, 1867년과 1884년의 2, 3차 선거법 개정을 통해 도시 노동자와 농촌 노동자에게로 선거권을 확장하였고, 1918년 4차 개정으로 30세 이상의 여성에게도 선거권 피선거권을 확장하였고, 1928에 이르러서 21세 이상 모든 여성에게 남성과 동등한 참정권을 부여하였다.

20세기에 들어서 인권의 문제는 온 세계의 보편적인 문제가 되었다. 특히 1945년에 출범한 국제연합(UN)은 인권에 대한 논의를 활발히 하며, 인권의 내용을 담은 국제법규들을 채택함으로써 지금까지 인권 논의를 주도해 오고 있다. UN은 1948년 세계인권선언(Universal Declaration of Human Rights)을 발표하였다. 이 세계인권선언은 인권에 관한 UN 헌장의 규정을 구체화하고 현실화할 목적으로 채택한 것이다.[65] 이후로 UN은 1965년 인종차별 철폐 협약, 1966년 사회권 규약, 1966년 자유권 규약, 1979년 여성차별 철폐 협약, 1984년 고문 방지 협약, 1989년 아동 권리 협약, 1990년 국제 이주노동자 권리 협약, 2006년 장애인 권리 협약 등 인권과 관련한 여러 국제 문건을 채택하였다.[66]

UN은 장애인과 관련하여 1971년 정신지체장애인 권리선언(Declaration on the Rights of Mentally Retarded Persons), 1975년 장애인 권리선언(Declaration on the

64) 인권의 역사 개관을 위해서는 오병선, "인권의 개념과 역사적 발전," 『인권의 해설』(서울: 국가인권위원회, 2011), 11-29 참조.

65) 박종보, "인권의 내용," 『인권의 해설』(서울: 국가인권위원회, 2011), 59-60.

66) 홍성필, "유엔과 국제 인권보호 체제," 『인권의 해설』, 184-220.

Rights of Disabled Persons)을 발표하였다.[67] 그리고 UN은 1981년을 "세계 장애인의 해"로 선포하였고, 장애인의 완전한 참여와 평등을 위해 1982년 장애인에 관한 세계 행동 계획(World Programme of Action concerning disabled person)을 채택하였고, 세계 장애인 10년(Decade of Disabled Persons: 1983-1992)을 추진하였다. 1991년 UN 인권위원회는 장애인의 인권 문제를 조사하여 "인권과 장애"(Human Rights and Disability) 문건으로 보고하였다.[68] 그리고 2006년 UN은 장애인 권리 협약(Convention on the Rights of Persons with Disabilities)을 채택하고 2008년 발효하여 회원국들로 하여금 준수토록 하고 있다.[69]

UN의 세계인권선언 제1조는 "모든 사람은 태어날 때부터 자유롭고 존엄성과 권리에 있어 평등하다."고 밝히고 있다. 기독교는 성서에 기초해서 사람의 존엄과 인권이 하나님으로부터 부여된 것이라고 보고 있다. 기독교는 사람의 존엄과 인권을 사람 스스로가 만들어서 스스로에게 부여한 것으로 보지 않는다. 사람에게는 그럴만한 자격이나 능력이 있지 않다. 모든 인간은 이기주의적이고 자기중심적인 죄인일 뿐이다.

성서와 기독교의 인권은 삼위일체 하나님을 전제로 하고 있다. 하나님과 인간 사이의 연결점은 '하나님의 형상'(Imago Dei)이다. 인간이 존귀한 것은 하나님이 인간을 자신의 형상과 모양을 따라 창조하였기 때문이다. 하나님의 형상이 무엇인가에 대해서는 전통적으로 많은 논란이 있어 왔는데,[70] 하나님의 형

---

67) 김성재, "장애인의 인권과 그 보장 방안," 『현대사회와 인권』(서울: 나남출판, 1998), 313-322. 김성재는 1975년 제 30차 UN 총회에서 결의한 장애인 권리 선언을 소개하고, 한국 사회의 적용을 모색하고 있다.

68) UN 인권위원회 엮음/이익섭 옮김, 『인권과 장애』(서울: 한국DPI, 1992), 5, 10.

69) 류은숙, 『인권을 외치다』(서울: 푸른숲, 2009), 193-197. 장애인은 모든 사람이 누려야 할 권리에서 배제되어 있다. 2006년 UN의 장애인 권리 협약은 보편적으로 설계된 사회를 꿈꾸며 장애인의 완전한 참여와 평등을 목표로 하고 있다.

70) 최순진, "'하나님의 형상과 모양'에 따른 인간 창조 의미의 고찰," 『신학으로 이해하는 장애인』(서울: 세계

상을 피조세계에서가 아니라 창조주로부터 찾는다면, 그것은 삼위일체 하나님의 사랑의 사귐 안에 기초하고 있다.[71] 하나님의 형상은 특정인이나 특정 계층에만 해당하는 것이 아니라 모든 인간에 해당한다.

UN의 장애인권리협약 제1조는 협약의 목적으로 "장애인의 모든 인권과 기본적인 자유를 완전하고 동등하게 향유하도록 증진, 보호 및 보장하고, 장애인의 천부적 존엄성에 대한 존중을 증진한다."고 밝히고 있다. 기독교는 성서에 기초해서 장애인도 하나님의 형상을 따라 지음 받은 고귀한 존재로 보고 있다. 기독교는 장애인의 존엄과 인권을 존중하는 것과 함께 실생활에서도 해치거나 차별하지 않고 보호하고 배려할 것을 가르치고 실천해 왔다.

기독교에서 사람은 인종, 지역, 성, 장애 등 세상적인 어떤 조건으로도 소외되거나 차별될 수 없다(롬 10:12, 갈 3:28). 기독교는 지금껏 모든 인간의 존엄과 권리를 위해 노력해 왔는데, 그 역사는 가난한 사람, 여성, 어린이, 외국인, 장애인 등 시대마다 소수자들을 위한 권익 확장을 통하여 전개되어 왔다. 이들을 존중하고 귀히 여겨서 보호하고 돌볼 것을 명령하거나 그 본을 보여주는 이야기들이 성서 속에 들어 있다. 그러므로 성서는 인간 사랑의 책이고, 인권의 책이고, 인간 보호의 책이고, 인간 구원의 책이다.

세계적으로 장애인의 인권이 본격적으로 논의되기 시작한 것은 불과 30~40년 밖에 되지 않는다. 국내의 역사나 분위기도 비슷하다. 한국기독교회협의회(NCCK)는 이 땅의 인권 운동을 앞서 주도하여 왔는데, 장애인의 인권을 위해서도 여러 시도와 운동을 전개하여 왔다.[72]

밀알, 2009), 57-69.

71) 하나님의 형상에 대한 장애신학적 해석에 대해서는 최대열, "신학적 인간학에서 본 장애(인)," 『함께 불러야 할 노래』(서울: 한국장로교출판사, 1999), 119-125 참조.

72) 한국기독교교회협의회 엮음, 『한국교회 인권 선교 20년사』(서울: NCCK, 1994). 1974년 한국기독교교회협

다음으로 장애인과 관련한 두 본문, 곧 레위기 19장 14절과 신명기 27장 18절을 주석하며 고찰하고자 한다. 먼저 두 본문에 대하여 본문이 속한 책의 주요 내용을 알아보고, 본문이 속한 위치와 의미를 살펴보고, 단어와 구절을 분석하고, 특이한 강조점을 견줄만한 병행구절과 더불어 살펴보고, 끝으로 이러한 주석적 작업을 통하여 드러나는 신앙적 교훈을 신학적으로 정리해 보고자 한다.

Ⅲ. 레위기 19장 14절에 대한 주석

레위기는 지루하고 난해하다는 선입견과 달리 이스라엘 공동체의 정체성과 관련하여 매우 중요한 책이다. 레위기는 출애굽한 이스라엘 백성이 하나님의 거룩한 백성으로서 공동체를 유지하고 그 삶을 영위하기 위한 실질적인 지침서이다. 레위기의 전반부는 출애굽의 동기인 하나님께 제사 드리는 공동체로서 제사에 관한 규정들이고, 후반부는 거룩한 백성이 현실의 실생활에서 거룩한 삶을 살도록 하는 지침들이다. 현대 기독교의 용어로 표현하자면 전반부는 하나님 나라 공동체의 제의로서 예배와 관련된 것이고, 후반부는 하나님 나라의 백성으로서 실생활에 있어서의 윤리적 삶과 관련된 것이다.

본문 레위기 19장 14절은 좁게는 레위기 19장의 '거룩한 삶'에 속해 있으며, 보다 넓게 18-29장의 '거룩한 백성의 삶'의 단락에 속해 있다. 레위기 19장

의회의 인권위원회는 이 땅의 민주화와 평화통일과 인권을 위해 수많은 일들을 정리하였다. 그 가운데에는 큰 비중은 아니지만 장애인의 인권을 위한 일들도 있다; 권오성, "장애인의 평등과 참여의 세상을 위하여," 『장애인 차별과 교회』(서울: NCCK, 2007), 6-7. 권오성은 한국기독교교회협의회가 1985년부터 전개해 온 장애인 사역들을 소개하였다.

의 외형상 드러나는 구조적인 특징은 18장과 마찬가지로 "나는 (너희 하나님) 여호와니라"(אֲנִי יְהוָה, 아니 야웨)라는 하나님의 자기소개 구절이 반복되고 있다는 것이다. 특히 19장에서는 무려 16번이나 단락의 후렴구처럼 등장하고 있다(3, 4, 10, 12, 14, 16, 18, 25, 28, 30, 31, 32, 34, 36, 37절). 그래서 레위기 19장을 구분할 때에 이 반복구절에 따라 구분하기도 한다. 서론에 이어서 16문단으로 이루어진 세 단락(각각 4, 4, 8개의 문단으로 구성)으로 나눌 수 있다.[73)]

레위기는 19절을 경계로 전반부와 후반부로 구분되며, 19장 1-2절 상반절과 19장 37절은 각각 도입구와 결어로서의 역할을 하고 있다.[74)] 레위기에서 거룩한 백성의 삶의 최고 정수는 레위기 19장 18절 하반절로 요약된다. "네 이웃 사랑하기를 네 자신 같이 사랑하라 나는 여호와이니라"(레 19:18b). 본문 14절은 그 내용상 세 번째 단락에 속한다. 이 세 번째 단락은 점증적인 구조로 되어 있어서 점점 고조되어서 18절에 이르러 최고조로 달하게 된다. 전정인은 반복적으로 가중 사용되고 있는 '이웃'을 가리키는 단어의 분석를 근거로 해서 이 단락이 18절에 이르러 최고조에 도달하고 있다고 주장한다.[75)] 14절은 18절의 절정으로 가는 중에 장애인 또한 돌보고 함께해야 할 구체적인 하나의 이웃으로 부각된다. 13절과 14절은 다섯 개의 부정명령과 한 개의 긍정명령으로 구성되어 있으며, 14절은 명령문이 바깥에 놓이고 목적어가 안으로 들어가도록 배열한 교차법을 사용하고 있다.[76)]

본문에는 두 부류의 장애인이 등장한다. 하나는 귀먹은 자(חֵרֵשׁ, 헤레쉬), 곧 청각장애인이고, 다른 하나는 맹인(עִוֵּר, 이웨르), 곧 시각장애인이다. 귀먹은 자

73) 전정진, 『레위기 어떻게 읽을 것인가』(서울: 성서유니온선교회, 2004), 202-204.

74) 김진명, "레위기 19장의 정경적 전개에 관한 주석적 연구," 장로회신학대학교 박사학위논문, 111.

75) 전정진, 『레위기 어떻게 읽을 것인가』, 208-209.

76) 김진명, "레위기 19장의 정경적 전개에 관한 주석적 연구," 87.

와 맹인은 성서는 물론 고대로부터 현대에 이르기까지 사회에서 대표적인 장애인이다. 이 두 장애는 일종의 감각 장애로 최근 의료 기술의 발달로 상당 부분에서 치료가 가능하게 되었고, 의료공학의 발달로 상당 부분에서 보조 기구로 대체가 가능하게 되었지만, 여전히 대표적인 장애로 심각한 사회적 차별을 경험하고 있다.

본문은 귀먹은 자를 저주하지 말라고 명령한다. 본문의 תְקַלֵּל(테칼렐, 저주하다, קָלַל)은 욕하고, 놀리고, 조롱하고, 악담하는 것을 의미한다.[77] 그것을 하지 말라는 것이다. 본문은 맹인 앞에 장애물을 놓지 말라고 명령한다. 본문의 장애물로 번역된 מִכְשֹׁל(미크숄)은 כָּשַׁל(카샬, 비틀거리다)에서 유래한 단어로 '걸려 넘어뜨리게 하는 것'을 의미한다. 귀먹은 자를 저주하지 말라는 것과 맹인 앞에 장애물을 놓지 말라는 것은 두 부류의 장애인 당사자로서는 자신들의 장애로 인하여 사태를 파악하지 못할 수도 있다. 청각장애인으로서는 어떤 사람이 자신에게 무슨 말을 하는지 모를 수 있고, 시각장애인으로서는 어떤 사람이 자신 앞에 어디에 무엇을 가져다 두었는지 모를 수 있다. 현실에서 장애인은 대부분 그 차별의 분위기와 의도를 느끼고 짐작한다. 물론 비장애인과 그 주위의 사람들은 당연히 잘 알고 있다. 그러므로 이 명령은 장애인 당사자 보다 비장애인과 이스라엘 백성 전반에 대하여 하는 명령이다. 이 명령으로 장애인은 공동체에서 당연히 인정받고 보호받고 누려야 할 자신의 존엄과 인격과 권리와 배려를 공감하게 된다. 이 구절은 무엇이 일어나는지 알지 못하거나 지각하지 못하는 사람들을 착취하지 말라는 의미이다. 언약의 구성원들은 그들의 '형제를 키지

77) 그래서 이환진은 '저주하다' 보다는 '욕하다'나 '모욕하다'로 번역하는 것 더 좋을 것 같다고 의견을 제시한다. 이 말 속에는 '가볍게 여기다', '가볍게 취급하다'는 뜻이 들어 있다. 이 말의 반대말은 존중하다(כָּבֵד, 카바드), 축복하다(בָּרַךְ, 바라크)이다(창 12:3, 삼상 2:30, 삼하 6:22, 19:22 참조). 이환진, 『레위기 (II)』, 대한기독교서회 창립 100주년 기념주석(서울: 대한기독교서회, 2013), 75-76.

는 자'이다.[78]

이 명령 다음에 "네 하나님을 경외하라 나는 여호와이니라"는 말씀이 이어진다. "네 하나님을 경외하라"(וְיָרֵאתָ מֵּאֱלֹהֶיךָ, 웨야레타 메엘로헤카)는 32절과 더불어 이곳에만 등장하고 있다. 특히 וְיָרֵאתָ(웨야레타)에 붙은 등위접속사 ו(와우, 그리고)는 앞서 언급한 청각장애인과 시각장애인을 저주하고 괴롭히지 말라는 구절과 하나님 경외를 등등하게 다루고 있다. 그리고 여기에 사용된 מֵּאֱלֹהֶיךָ(메엘로헤카)는 하나님의 이름에 전치사 מִן(민)이 결합되어 있다. 이러한 형태는 19장 32절과 25장 17, 36, 43절에서도 나타나는데, 이 구절들은 모두 이스라엘 백성 가운데 경제적, 신체적 약자에 해당하는 사람들을 위한 규정들이다.[79]

"나는 여호와이니라"(אֲנִי יְהוָה, 아니 야웨)는 레위기 19장에 나오는 16개의 조문 모두에게 적용되고 있다. 이 구절들은 매 조문마다 등장하는데, 이것은 거룩한 삶의 조항들을 지켜 살아야 하는 동기와 이유를 제공하고 상기시킨다. 하나님 경외는 성서 전체, 좁혀서 레위기 전체의 주제이다. 거룩한 제사도, 거룩한 생활도 모두 하나님을 경외하는 동기에서 하나님을 경외하는 목적으로 하는 것이다. 성도의 삶 전체가 하나님 경외에로 초점이 맞추어진다. 그리고 다시금 이 명령을 하는 분이 바로 여호와 자신임을 분명히 하고 있다.

레위기의 거룩한 삶이 하나님의 구원과 거룩함으로부터 시작된다는 것을 상기할 때에 주목할 만한 특징이 있다. 그것은 19장 14절과 32절에 나타난다. 32절은 14절과 가장 동일한 구조와 형식을 가지고 있는 구절이다. "너는 센 머리 앞에서 일어서고 노인의 얼굴을 공경하며 네 하나님을 경외하라 나는 여호

78) 앨런 로스/김창동 옮김, 『거룩과 동행』(서울: 디모데, 2009), 499; 필자는 자신 앞에서 무슨 일이 일어나고 있는지 알지 못하는 장애인을 놀리거나 괴롭히거나 차별하지 말라는 이 구절은 오늘날 특별히 지적장애나 자폐성장애를 가지고 있는 발달장애인들을 위하여 확대 적용되어야 한다고 생각한다.

79) 김진명, "레위기 19장의 정경적 전개에 관한 주석적 연구," 88.

와이니라"(레 19:32).

(14절) לא־תקלל חרשׁ ולפני עור לא תתן מכשׁל ויראת מאלהיך אני יהוה
너는 귀먹은 자를 저주하지 말며 맹인 앞에 장애물을 놓지 말고
네 하나님을 경외하라 나는 여호와이니라

(32절) מפני שׂיבה תקום והדרת פני זקן ויראת מאלהיך אני יהוה
너는 센 머리 앞에서 일어서고 노인의 얼굴을 공경하며
네 하나님을 경외하라 나는 여호와이니라.

이 두 구절은 "나는 (너희 하나님) 여호와니라"라는 하나님의 자기소개절 앞에 특별히 "네 하나님을 경외하라"(וְיָרֵאתָ מֵּאֱלֹהֶיךָ, 웨야레타 메엘로헤카)라는 구절이 더 붙어 있다. 그런 관점에서 본다면 이 하나님의 자기소개절 또한 거룩한 삶을 이끌어 오는 동기절(motive clause)이기도 하다. 레위기 19장에서 16번이나 반복되는 동기절 앞에서 14절과 32절은 "네 하나님을 경외하라"라는 구절을 두어 그 동기를 한층 더 강화시키고 있다.

장애인 보호와 노인 공경의 율법 규정은 다른 거룩한 삶의 율법 규정들에 비해 훨씬 더 근본적으로 하나님 경외와 관련되어 있음을 강조하고 있다. 이것은 19장 1-2절의 서론을 주목한다면 십계명의 서론보다도 더 정교하게 강조된 구조임을 알 수 있다. 모세 율법을 포함하여 성서는 가난하고 비천하고 약한 자들을 잘 돌보라고 말씀하고 있다. 그것은 신앙과 무관한 처세나 도덕이 아니라 근본적으로 신앙에 기초하고 있으며 신앙과 매우 밀접하게 연관되어 있는 것이다.

예수의 나사렛 선언(눅 4:18-19)은 이사야의 말씀(사 61:1-2)을 인용하여 그의 사역이 가난하고 병들고 장애 입고 소외된 사람에게 복음을 전하고 치유하는 것을 밝히고 있다. 누가복음 10장 25-37절은 율법과 영생이라는 신앙적 주제가 어려움을 당한 이웃을 구체적이고 현실적으로 도와주는 것과 연결된다. 마태복음 25장 31-46절의 마지막 날의 심판이 어려운 이웃을 예수님과 동일시하여 그들을 도와준 것으로 판가름하고 있다.[80] 금식은 매우 신앙적인 것인데, 하나님이 기뻐하는 금식은 압제 당하는 자에게 자유를 주고 가난한 자를 구제하는 것이다(사 48:3-7). 경건이 매우 신앙적인 것인데, 진정한 경건은 환난 중에 있는 고아와 과부를 돌보는 것이다(약 1:26-27). 장애인을 돌보고 노인을 공경하는 것은 하나님 신앙에 근거하고 있는 신앙적인 행동이며, 신앙적인 삶이다.

본문은 기독교인에게 있어서 장애인을 보호하는 것이 하나님과 밀접하게 연관되어 있음을 분명히 드러낸다. 기독교 공동체에서 장애인 사랑은 신앙에 뿌리를 둔 것으로서 특별히 실천을 강조하고 있다. 교회는 하나님의 거룩한 백성, 그리스도의 몸, 성령의 전으로서 장애인을 보호해야 할 의무를 가지고 있다. 이것은 세상과 비교하여 더 앞서거나 더 잘해서가 아니라 하나님의 백성이며 신앙인이기에 절대적으로 부가되어지는 의무 규정이다. 사회의 장애인 복지 정책이나 일반인들의 장애인에 대한 봉사가 교회나 교인들보다 앞설 수 있다. 이것은 비교의 문제가 아니라 하나님 나라 백성인 기독교인으로서의 그리고 교회 공동체로서의 정체성에 관한 문제이다. 자기 정체성(Being, Identity)에 따라 그에 합당한 삶(Doing, Life)이 나온다.

---

80) 김명용, 『이 시대의 바른 기독교 사상』(서울: 장로회신학대학교 출판부, 2001), 137-143. 김명용은 기독교의 하나님 신앙은 현실에서 구체적으로 가난한 이웃에 대한 사랑, 정의, 평화, 창조세계에 대한 책임과 밀접하게 연결되어 있다고 강조한다.

Ⅳ. 신명기 27장 18절에 대한 주석

신명기는 모세오경의 마지막 책으로 이스라엘 백성의 가나안 입성을 앞두고 모세가 마지막으로 전한 설교들이다. 모세는 이스라엘 백성을 출애굽 시키시고 광야 생활 가운데 함께 하시며 인도하신 분이 하나님이시며, 그러므로 가나안 땅에 들어가서도 오직 하나님만 경외하고 그의 율법을 지켜 살 것을 설교하고 있다. 신명기는 세 편의 설교의 형식으로 구성되어 있는데, 그 내용은 모세 율법과 그것을 준수할 것에 대한 권고와 명령과 그에 따른 축복과 저주가 주를 이루고 있다.

신명기는 크게 모세가 전한 세 번의 설교에 따라 구분될 수 있다. 첫 번째 설교 말씀들(드바림, 1:5-4:43), 두 번째 설교 율법(토라, 5:1-28:68), 그리고 세 번째 설교 언약의 말씀(디브레 핫브리트, 29:1-30:20)과 모세의 노래와 마지막 보도(31-34장)이다. 본문 신명기 27장 18절은 넓게 보면 모세의 두 번째 설교에 속하고, 좁게 보면 율법의 후기(26:16-28:68)로 추가적인 훈계와 경고, 축복과 저주를 담고 있다. 신명기에서 모세의 설교 가운데 가장 길고 중심이 되는 설교는 두 번째 것으로 모세 율법의 주요 내용이 들어 있는데, 그것이 중심 내용은 26장으로 끝나고, 27~28장은 26장까지의 율법에 대한 후기이다.

신명기 27-28장은 세겜에서의 계약 갱신 의식을 소개한다. 여기에는 고대 근동 계약의 특징들이 반영되어 있다. 고대 근동에서는 계약 조건에 동의하고 나면, 그 협정을 기록하고, 종교 의식으로 언약을 비준하여, 앞으로 그 조건에 전적으로 헌신할 것을 기대하는 과정을 거쳤다. 27장에서 모세는 그 언약을 기록하고(27:1-4, 8), 언약의 여호와께 제물을 드리는 특별한 축제를 개최하라는(27:5-7) 명령을 받는다. 그는 이스라엘 사람들에게 그 언약에 찬성할 것인지 혹은 반대할 것인지 결단하도록 요구해야 했고(27:9-26), 그들은 그 선택이 축복인지 저주인지 알고 결단해야 했다(28:1-19:1). 레이몬드 브라운(Raymond Brown)은 이러한 구조에 따라 본문을 분석하였다.[81]

27장 15-26절은 12개의 저주들로 구성되어 있다. 폰 라트(Gerhard von Rad)는 이것을 '세겜의 12계명'이라고 부르기도 하였는데, 십계명과 마찬가지로 사람들이 쉽게 기억할 수도 있도록 짧고 분명한 문구로 되어 있다.[82] 레이몬드 브라운(Raymond E. Brown)의 지적에 따르면, 이것들은 언약조항을 위반할 수 있는 방식에 대한 구체적인 예들로, 어떤 것은 십계명에 관한 것이고, 어떤 것은 사회적으로 옳지 않은 행동이며, 어떤 것은 거룩하신 하나님께 가증하며 사악한 도덕적 범죄나 추악한 비정상적 성적 행위이다.[83] 로날드 클레멘츠(Ronald Clements)의 지적에 따르면, 이것은 레위 제사장들에 의해 공식적으로 선포되도록 계획된 것으로서 그 내용은 12부류의 반사회적이고 반종교적인 행동을 다루고 있다.[84]

본문에 등장하는 장애인은 맹인(עִוֵּר, 이웨르), 곧 시각장애인이다. 성서에서 대표적인 장애인은 맹인과 다리 저는 사람, 곧 시각장애인과 지체장애인이다. 시각장애인에 대한 보호규정은 레위기의 성결법에도 기록되어 있다(레 19:14). 본문의 '길'은 히브리어 בַּדָּרֶךְ(밧데레크)이다. 이것은 길을 뜻하는 דֶּרֶךְ(데레크)에 정관사 בְּ(베쓰)가 붙어서 '그 길'을 의미한다. 그 길이 어디로 가는 길인가는 분명하지 않지만, 문맥상 일반적으로 사람들이 다니는 일상적인 길로 해석된다. 그럼

81) 레이몬드 브라운/정옥배 옮김, 『신명기 강해』(서울: IVP, 1997), 385-401; 이영미, "신명기 신학," 『토라의 신학』(서울: 동연, 2010), 187-188.

82) 장일선, 『신명기』, 대한기독교서회 창립 100주년 기념주석(서울: 대한기독교서회, 1993), 405-408.

83) 레이몬드 브라운, 『신명기 강해』, 390.

84) 로날드 클레멘츠/정석규 옮김, 『신명기』(서울: 한들출판사, 2002), 67.

에도 불구하고 마태복음 15장 14절과 연관하여 예수를 통하여 하나님에게 이르는 구원의 길, 영생의 길, 하나님의 말씀을 따라 살아가는 복의 길, 의의 길, 신학적으로 하나님의 뜻을 이루고 하나님께 영광을 돌리는 하나님 나라를 향한 길로 해석할 수 도 있다(신 30:15–16, 잠 10:17, 요 14:6).

מַשְׁגֶּה(마쉬께, 잃게 하는 자)는 שׁגה(솨가) 동사의 사역형으로 의도를 가지고 '실수하게 하다', '그릇 가도록 하다'는 의미를 가지고 있다. 그러므로 본문은 악한 의도를 가지고 시각장애인으로 하여금 길을 잃게 만드는 사람은 저주를 받을 것이라고 말하라고 하는 것이다. 어쩌다가 길을 잃게 하는 것도 잘못이지만, 악의적으로 길을 잃게 하는 사람은 마땅히 저주를 받을 것이라고 말해야 한다.

אָרוּר(아루르)는 저주를 받을 것이라고 해야 한다는 뜻이다. 하나님의 백성이라고 한다면 '마땅히', '당연히' 그렇게 말해야 한다는 것이다. 이것은 이스라엘 백성 모두가 지켜야 할 규약이다. 거기에 더해서 제사장이 그렇게 말하면, 모든 백성은 그에 대하여 '아멘'(אָמֵן)이라고 화답하라는 것이다. 아멘이란 '진실로 그렇다.'는 인정과 함께 '진실로 그렇게 되기를 원한다.'는 기원과 '진실로 그렇게 되도록 하겠다.'는 의지가 담겨 있다. 그러므로 이스라엘 공동체가 아멘이라고 화답하는 것은 그 율법 조항에 대한 강한 동의와 기도와 결단이 담겨 있는 것이다.

12개의 구절은 모두 율법 뒤에 공동체의 동의를 요구하고 있다. 즉 "모든 백성은 아멘할지니라." 그리고 이러한 저주 구절에 대한 강조는 본장을 마치는 제일 마지막 절인 26절에 다시 한 번 반복하여 강조하고 있다. "이 율법의 모든 말씀을 실행치 아니하는 자는 저주를 받을 것이라 할 것이요 모든 백성은 아멘 할지니라." 이 강조는 공동체적 결의이며 이로써 하나의 공동체성을 확립하고 있다. 하나님은 계약 공동체에서 불행하고 연약한 사람들을 특별히 보살펴 주는 분이다. 그래서 계약 공동체는 모든 동족에게 공정하고 따듯하게 대하여야 한다. 시각장애인이 비록 그를 알아보지 못하고, 그를 법정에 세우지 못한다고 하더라도, 계약 정신의 공정성과 자선을 위해한 자는 하나님의 저주를 받아야 한다고 계약 공동체가 결단하는 것이다.[85]

신명기 27장에서 이스라엘 공동체 차원에서 공개적으로 금지하고 정죄하는 12개의 구절들을 살펴볼 때에 내용상 18절과 19절은 같은 범주에 들어갈 수 있다. 15절과 16절이 각각 우상숭배와 부모 경홀, 17, 24, 25절이 이웃 관련, 20-23절이 부적절한 성관계로 구분할 수 있다면, 18절과 19절은 당시 이스라엘 사회에서 보호받지 못하고 소외와 불이익을 당할 수밖에 없는 부류에 관한 조항들이다.

ארור משׁגה עור בדרך ואמר כל־העם אמן (18절)

맹인에게 길을 잃게 하는 자는 저주를 받을 것이라 할 것이요
모든 백성은 아멘 할지니라

ארור מטה משׁפט גר־יתום ואלמנה ואמר כל־העם אמן (19절)

객이나 고아나 과부의 송사를 억울하게 하는 자는 저주를 받을 것
이라 할 것이요 모든 백성은 아멘 할지니라

이 두 구절은 모세 율법에서 십계명에 속한 조항이라기보다는 사회적 약자를 위한 조항들이다. 모세 율법 가운데서 장애인을 지목하여 언급하는 것은

85) 장일선, 『신명기』, 407.

본문의 두 조항(레 19:14, 신 27:18)에 불과하지만, 모세 율법의 전반에는 근본적으로 사회적 약자들을 보호하고 돌보라는 명령이 자리 잡고 있다. 장애인을 직접 언급하지 않았을 뿐이지, 구약성서에서는 가난한 사람들과 그리고 소외 계층의 대표로 고아와 과부와 나그네들을 돌볼 것을 여러 번 반복하고 있다(출 22:22, 신 10:18, 14:29, 16:11, 14, 24:17-21, 26:12-13, 시 146:9, 렘 22:3, 슥 7:10, 말 3:5). 이것은 당시 고대 이스라엘 사회에서 우선적으로 드러나는 약자가 고아와 과부와 나그네였는데, 이들은 가난하기도 하였지만 당시 사회에서 보호자가 없는 부류의 사람들이었다.

12개의 저주 구절에서 이스라엘 공동체가 공개적으로 '아멘'을 한다는 사실은 매우 중요하다. 그만큼 이 조항들은 공동체의 정체성과 실제 생활을 위해서 지켜져야 하고 강조되어야 하는 것들이다. 사회 전반이 아니라 최소한 거룩한 하나님의 백성에게 사회적 약자를 돌보는 일은 시행하면 복을 받을 수 있는 선택사항이 아니라 시행하지 않으면 저주를 받게 되는 의무사항이다. 해도 되고 안 해도 되는 것이 아니라 반드시 해야 하는 의무 규정이다. 그리고 그것을 공동체가 함께 확약하며 불이행에 따른 저주를 공인하고 있는 것이다. 공동체가 함께 공식적으로 저주한다고 하는 사실은 바로 이것이야말로 공동체를 유지하는데 매우 중요한 일임을 드러내고 있다.

V. 장애인을 위한 법과 교회

비록 두 조항에 불과하지만, 레위기 19장 14절과 신명기 27장 18절은 장애인과 관련한 성서 구절이라는 점에서 매우 중요한 본문들이다. 두 본문은 모두 장애인의 인권을 존중하며 장애인을 보호할 것을 명령하고 있다. 장애인 보호 명령은 야웨 신앙에서 비롯된 것이다. 신앙과 무관한 연민이나 동정에서 비롯된 것이 아니라 하나님의 백성으로서 자연스럽고 당연한 삶이다. 그리고 장애인을 돌보는 일은 개인적인 차원의 것이 아니라 공동체적 차원의 것이다. 이스라엘 백성 전체가 이 율법에 함께 동의하고 결단하고 있다. 마지막으로 두 본문은 모두 모세 율법, 곧 고대 이스라엘 당시 사회의 실정법이라고 하는 사실이다.

한국은 1981년 처음 '심신장애자복지법'을 제정하였고, 이것은 1989년에 '장애인복지법'으로 개정한 이래 지금까지 여러 차례 개정을 거듭하여 왔다. 장애인복지법은 장애인의 인간다운 삶과 권리 보장을 위한 법으로서 장애 발생 예방과 장애인의 의료 · 교육 · 직업재활 · 생활환경개선 등에 관한 사업을 정하여 장애인 복지 대책을 종합적으로 추진하며, 장애인의 자립생활 · 보호 및 수당 지급 등에 관하여 필요한 사항을 정하여 장애인의 생활 안정에 기여하는 등 장애인의 복지와 사회활동 참여 증진을 통하여 사회통합에 이바지할 목적을 가지고 있다.[86] 이후 장애인 복지를 위하여 계속해서 장애인과 관련한 법들이 제정되었고, 필요에 따라 개정되기를 거듭하여 왔다.[87]

특히 2007년 '장애인차별금지법 및 권리구제 등에 관한 법률'(장애인차별금지법 또는 장차법 약칭)이 2007년 제정되어 2008년 4월부터 시행되었다. 이 법은

86) '장애인복지법' 제1조(목적). 한국장애인개발원, 『장애인 관련 법령집』(서울: 한국장애인개발원, 2010), 9.

87) 대표적인 예로 1990년 '장애인고용촉진 등에 관한 법률' 제정, 1994년 '특수교육진흥법' 개정(1977년 특수교육진흥법 제정), 1997년 '장애인 노인 임산부 등의 편의증진보장에 관한 법률' 제정, 2007년 '장애인차별금지법 및 권리구제 등에 관한 법률' 제정, 2007년 '장애인등에 대한 특수교육법' 제정, 2008년 '중증장애인생산품 우선구매 특별법' 제정, 2010년 '장애인연금법' 제정, 그리고 2014년 '발달장애인 권리보장 및 지원에 관한 법률' 제정이 이루어졌다.

모든 생활영역에서 장애를 이유로 한 차별을 금지하고, 장애를 이유로 차별받은 사람의 권익을 효과적으로 구제함으로써 장애인의 완전한 사회참여와 평등권 실현을 통하여 인간으로서의 존엄과 가치를 구현함을 목적으로 한다.[88] 이 법은 고용, 교육, 재화와 용역의 제공 및 이용, 사법 · 행정절차 및 서비스와 참정권, 모 · 부성권, 성 등, 가족 · 가정 · 복지시설, 건강권 등의 생활상의 다양한 영역에서 정당한 사유 없이 장애인을 제한 · 배제 · 분리 · 거부하여서는 안되고, 오히려 정당한 편의제공을 할 것을 주요 골자로 하고 있다. 장애인차별금지법은 그 제목이 밝히고 있듯이 장애인 차별을 금지하도록 한 법으로서 한국 사회에서는 매우 도전적인 법이다. 그만큼 한국 사회가 장애 차별적 상황임을 전제하고 있는 것이며, 또한 그만큼 강력한 의지의 표현이기도 하다.

장애인차별금지법이 제정 · 발효되면서 한국 교회 또한 이에 대처하는 여러 논의들이 개진되었다. 교회의 입장에서 수용하기 곤란한 여러 독소 조항들에 대한 이견도 있었고, 한국 교회의 열악한 현실에서 준수하기 어려운 한계도 있었고, 행여나 장애인으로부터 받게 될 고발 고소와 사회로부터 받을 수 있는 비난 지탄에 대한 우려도 있었고, 무엇보다 교회가 장애인차별금지법을 준수하고자 하는 권고와 노력도 있었다.[89]

성서는 장애인차별금지법보다 앞서 장애인을 차별하지 말고 보호할 것을 말씀하고 있다. 레위기 19:14와 신명기 27:18의 두 구절은 장애인을 장애로 인하여 차별하지 말 것을 말씀하고 있다. 야고보서 2장 1절과 9절은 교회 안에서 외모로 차별하지 말 것을 강력하게 말씀하고 있다. "내 형제들아 영광의 주 곧

88) '장애인차별금지 및 권리구제에 관한 법률' 제1조(목적). 『장애인 관련 법령집』, 231.

89) 장애인차별금지법의 시행과 관련하여 교회 차원에서의 검토와 논의와 노력에 대해서는 이계윤, "장애인 차별 금지법과 교회," 『장애인 차별과 교회』(서울: NCCK, 2007), 11-65와 박종운, "장애인차별금지법의 이해와 적용," 「제13회 장애인선교지도자 세미나 자료집」(서울: 한국장애인사역연구소, 2009), 9-88 참조.

우리 주 예수 그리스도에 대한 믿음을 너희가 가졌으니 사람을 차별하여 대하지 말라"(약 2:1). "만일 너희가 사람을 차별하여 대하면 죄를 짓는 것이니 율법이 너희를 범법자로 정죄하리라"(약 2:9). 여기에 사용된 '차별'이라는 헬라어 단어 προσωποληψία(프로소폴렙시아)는 πρόσωπον(프로소폰)과 λαμβάνω(람바노)의 합성어로서 차별하여 대하거나 차별적으로 대하는 것을 뜻한다. πρόσωπον은 얼굴, 외모에서 유래한 단어이다. 그래서 이전의 개역성경에서는 '외모로 취하다'로 번역하였다. 야고보서 구절에서도 마찬가지로 차별하지 않는 삶은 신앙과 밀접하게 연관되어 있다. 예수 그리스도를 믿는 믿음을 가졌으면 사람을 외모로 차별하지 말라는 것이다. 만약 사람을 외모로 차별하면 그것은 죄라고 규정하고 있다. 성서는 세상적인 기준에 따른 인간의 어떤 차별도 허용하지 않는다.[90] 사람은 인종, 피부색, 지역, 성, 계급, 장애 등으로 인하여 차별 받을 수 없다.

하나님의 백성으로서 이스라엘 공동체에 주어진 율법이나 교회 공동체에 주어진 말씀은 세상의 어떤 법보다 앞선다. 기독교인이 장애인을 차별하지 말고 보호해야 하는 것은 사회법의 강제성과 구속력으로 인해 법률을 어길 경우에 미칠 처벌이나 사회적 지탄 때문이 아니다. 장애인을 존중하고 돌보는 것이 본질적으로 기독교의 신앙과 관련된 것으로서, 신앙인의 정체성과 관련하여 공동체에서 준수해야 할 실생활이기 때문이다. 성서는 하나님의 말씀으로서 사회에서 제정되고 발효된 어떤 법보다 근본적이고 앞서 있다. 사회의 법이 아무리 정교하고 치밀하다 하더라도 인간이 만든 법은 독소 조항이나 유권해석에 따라 전혀 다른 적용이 발생할 수 있으므로 성서의 정신에 비추어 보아야 한다.

90) 신명기 1:17, 사도행전 15:9, 로마서 3:22, 10:12, 골로새서 3:11, 야고보서 2:1, 4, 9.

사실은 법이 문제가 아니라 인간이 문제이다. 인간이 자기중심적인 탐욕에 빠져있다면 제아무리 좋은 법이라 하더라도 악법으로 악용되기 마련이고, 설령 세밀하지 못한 법이라 하더라도 사람이 사랑과 섬김으로 이웃과 공동체를 생각한다면 좋은 법이 될 것이다. 그러므로 완전한 법률이나 강력한 강제보다도 사랑의 마음과 섬기는 자세가 중요하다. 장애인 자녀를 둔 가정의 부모형제나 장애인을 돌보는 생활공동체가 장애인을 존중하며 돌보며 희망을 품는 것은 시설이나 지원이 완벽하고 풍족해서가 아니라 사랑이 있기 때문이다. 사랑은 어떤 불편이나 불리나 역경도 견뎌내고, 오히려 그 사랑의 관계와 사랑의 과정을 즐거워하고 행복하게 한다.

교회는 사랑의 공동체이다. 교회는 어려운 형편과 열악한 상황 가운데서도 서로 존중하며 사랑하며 돕는 사랑의 공동체가 되어야 한다. 이 세상 어디에도 모든 것이 완벽하게 갖추어진 공동체는 없다. 오직 사랑만이 모든 것을 덮고 모든 것을 견디며 모든 것을 이기게 한다(고전 13:4-7, 벧전 4:8-10). 교회는 사랑의 공동체로서 장애인차별금지법을 준수하고, 더 나아가 세상 가운데 하나님 나라의 모델로서 그 실현을 보여 주어야 한다.

마지막으로 본문을 통하여 법제화의 중요성을 고려해 볼 수 있다. 법률의 제정은 상징적 의미와 실효적 의미가 있다. 입법화와 법제화는 현실적 실효와 구속력 이전에 공동체 차원에서의 관심을 촉구하고, 공동체의 방향을 제시하고, 의지를 표현한다. 법률이 제정되고 발효됨으로써 구성원들의 삶에 구체적으로 적용되어 사회가 질서 있게 운영되는 것과 아울러 구성원들의 의식도 전향적으로 바뀌게 된다. 버나드 레빈슨(Bernard M. Levinson)은 신명기 저자가 전수

된 율법의 개정을 통하여 혁신을 이루었다고 분석하였다.[91] 한국 교회는 장애인의 인권과 복지에 관한 법률을 모범적으로 준행하되, 그에 앞서 하나님 나라 백성으로서 믿음과 소망과 사랑으로 장애인을 대하여야 한다. 한국 교회는 장애인을 섬기고, 돕고, 보호하고, 배려하고, 격려하는 일과 관련하여 여러 조항들을 구체적으로 적용 실천해 나가야 한다.

Ⅵ. 결어: 신앙에 기초한 사랑의 공동체

구약성서에 장애인 보호 규정이 구체적으로 명시되어 있다는 사실은 매우 의미 있는 일이다. 구체적인 규정이 없다고 해도 율법의 정신은 하나님 사랑과 이웃 사랑으로 요약되는바, 장애인에 대한 사랑과 배려와 존중으로 해석하거나 적용하는 것은 그리 무리가 되는 일이 아닌 지극히 자연스런 것이지만, 그래도 구체적으로 장애인에 대한 보호를 지목하여 규정한 것은 매우 시사 하는 바가 크다. 이것은 오늘날 장애인의 인권과 복지와 견주어 볼 때에 분명히 성서의 앞선 생각이다.

레위기 19장 14절과 신명기 27장 18절의 두 본문은 몇 가지의 중요한 점을 오늘날 우리에게 교훈하고 있다. 첫째, 하나님은 장애인을 긍휼히 여기고 사랑한다. 하나님은 그의 모세 율법을 통하여 이스라엘 백성들에게 장애인을 존중하고 보호하고 배려할 것을 명령하였는데, 이것은 오늘날 모든 기독교 공동체에도 동일하게 적용되는 하나님의 말씀이다.

---

91) 버나드 레빈슨/이영미 옮김, 『신명기와 법 혁신의 해석학』(서울: 한신대학교 출판부, 2009), 21-23.

둘째, 율법의 모든 조항이 그렇듯이 장애인 보호 규정도 그 기원이 신앙에서 비롯된 것이다. 특히 레위기 19장 14절 하반절의 "네 하나님을 경외하라 나는 여호와이니라"는 상반절의 "너는 귀먹은 자를 저주하지 말며 맹인 앞에 장애물을 놓지 말고"의 동기이며 근거이며 목적이 된다. 하나님을 경외하는 하나님의 백성은 당연히 장애인을 해치지 않고 돌보아야 한다.

셋째, 율법의 모든 조항이 그렇듯이 장애인 보호 규정도 개인적인 차원에서의 윤리를 넘어서 공동체 차원에서의 윤리이다. 특히 신명기 27장 18절의 하반절 "모든 백성은 아멘 할지니라"는 상반절 "맹인에게 길을 잃게 하는 자는 저주를 받을 것이라 할 것이요"의 공동체적 합의이며 의지이며 결단이 된다. 하나님의 백성 공동체/기독교 공동체는 당연히 장애인을 해치지 않고 돌보아야 한다.

넷째, 본문의 장애인 보호 규정은 이스라엘 백성을 향하여 율법으로 주어진 것이다. 개인적인 신앙이나 양심이나 도덕에서 행하는 것이 아니라 공동체의 기강을 세우고 운영해 나아가는 기본 제도로서 법률이다. 장애인의 인권이나 복지를 개인적인 차원에서 동정이나 시혜가 아니라 사회적인 차원에서 법제화와 실효화하는 것은 중요하다. 법제화는 사회가 준수해야 할 공동체적 규약으로서 공동체가 나아갈 방향을 제시하며 의지를 표현한다. 법제화는 실제로 법률이 강제력을 가지고 있어서 불이행시에 그에 해당하는 처벌과 징계가 있음을 의미한다.

본문 두 구절들에 대한 주석적인 접근은 이 율법 조항들이 모두 신앙에 기초하고 있으며 공동체적인 합의와 이행을 촉구하고 있다. 오늘날 우리 사회에 있어서 기독교인들의 신앙에 기초한 장애인 사랑과 교회 공동체 차원에서의 장애인 보호는 기독교적인 정체성에 기초해서 이루어져야 한다. 기독교인으로서 하나님을 사랑하기에 장애인을 사랑하고 보호하고 도와주어야 하고, 교회 공동체로서 하나님의 말씀에 따라 장애인을 사랑하고 보호하고 도와주어야 한다.

시대가 바뀌어서 장애인에 대한 규정이 확장되고 세분화되었으며 그 방법이나 범위도 달라지고 다양화되었다. 본문에 대한 구체적인 적용은 시대와 장소와 문화에 따라 다를 수 있다. 본문 구절들은 오늘날 우리 한국 사회에 있어서는 최소한 장애인의 접근과 이동, 사회와 정보에 대한 참여와 이용에 있어서 차별이 아니라 편의를 제공해 주는 것으로 적용될 필요가 있다. 교회는 먼저 장애인이 교회에 접근하고, 교회 생활을 하고, 교회 사역을 하는데 불편이나 차별이 없도록 하고 보다 적극적으로 정당한 편의를 제공해 주어야 한다. 그것은 교회가 장애인을 사랑하고 포용하는 공동체로서의 본질을 가지고 있기 때문이고, 장애인 선교와 장애인 목회의 동기이며 목적이기 때문이다.

성도가 하나님 나라의 백성이라고 한다면, 그가 속한 사회에서는 그를 통하여 하나님 나라의 법이 준행되어야 한다. 교회가 하나님 나라의 공동체라고 한다면 거기에는 반드시 하나님의 사랑의 법이 준행되어야 한다. 하나님 나라의 공동체로서 교회는 장애인과 함께하는 교회가 되어야 한다. 교회는 믿음과 소망과 사랑으로 장애인을 영접하고, 환대하고, 존중하고, 보호하고, 배려하고 격려하여서 동등한 교회의 일원으로서 함께 교회를 구성하고 사역하는 믿음의 공동체가 되어야 한다.

제 3 장

장애인의 제사장직 제외 규정에 대한 재해석

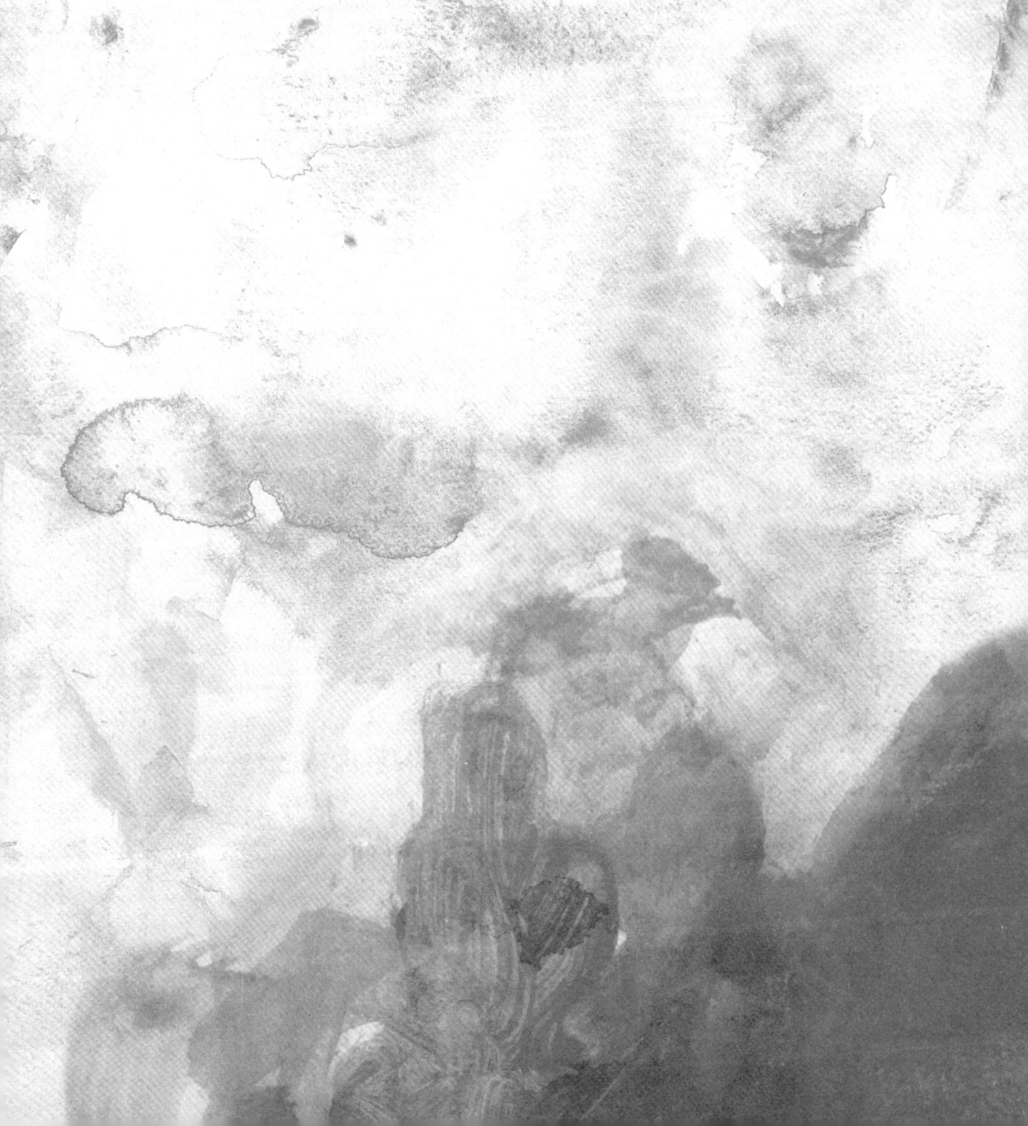

여호와께서 모세에게 말씀하여 이르시되 아론에게 말하여 이르라 누구든지 너의 자손 중 대대로 육체에 흠이 있는 자는 그 하나님의 음식을 드리려고 가까이 오지 못할 것이니라 누구든지 흠이 있는 자는 가까이 하지 못할지니 곧 맹인이나 다리 저는 자나 코가 불완전한 자나 지체가 더한 자나 발 부러진 자나 손 부러진 자나 등 굽은 자나 키 못 자란 자나 눈에 백막이 있는 자나 습진이나 버짐이 있는 자나 고환 상한 자나 제사장 아론의 자손 중에 흠이 있는 자는 나와 여호와께 화제를 드리지 못할지니 그는 흠이 있은즉 나와서 그의 하나님께 음식을 드리지 못하느니라 그는 그의 하나님의 음식이 지성물이든지 성물이든지 먹을 것이나 휘장 안에 들어가지 못할 것이요 제단에 가까이 하지 못할지니 이는 그가 흠이 있음이니라 이와 같이 그가 내 성소를 더럽히지 못할 것은 나는 그들을 거룩하게 하는 여호와임이니라 이와 같이 모세가 아론과 그의 아들들과 온 이스라엘 자손에게 말하였더라

– 레위기 21장 16-24절

| 제 3 장 |

장애인의 제사장직 제외 규정에 대한 재해석

– 레위기 21:16–24에 대한 장애신학적 변증 –

I. 서언

성서에는 여러 패러다임(paradigm)의 장애인관들이 들어있다. 그중에 중요한 세 가지는 장애를 죄의 결과로 보는 관점, 장애인을 보호하는 관점, 장애를 하나님의 일을 이루는 도구로 보는 관점이다. 이 관점들은 성서의 일부분씩을 차지하는 것이 아니라 성서 전체를 관통하는 관점들이다.

첫째, 장애를 인간의 죄에 따른 하나님의 징벌로서 보는 관점은 성서의 사회 문화적 배경이 되는 관점이다(민 12:1–10, 신 28:20–35, 왕하 5:20–27). 이 관점은 형태는 달라도 지금껏 대부분의 사회에서 지배적이었던 관점이다. 둘째, 장애인을 보호해야 한다는 관점은 성서 전체에 흐르고 있는 이웃 사랑과 약자 보호의 구체적인 예이다(레 19:14, 신 27:18). 이 관점은 인류의 역사에 있어서 장애인의 인권 보호를 위한 중요한 근거가 되어 왔다. 셋째, 장애를 신앙의 성숙이나 하

* 이글은 필자가 「한국조직신학논총」 30호(2001년 9월)에 게재한 글이다.

나님의 영광을 드러내는 도구로 보는 관점은 기독교의 복음적인 해석이다(요 9:3, 고후 12:9). 이 관점은 장애를 부정적으로 보거나 동정적으로 보는 것이 아니라 오히려 긍정적으로 보는 기독교의 독특한 관점이다.

성서의 장애에 대한 여러 관점들 가운데 사회에서 여전히 지배적인 동시에 또한 지양되어야 할 관점이 첫 번째 관점이다.[92] 성서에서 이 관점의 절정을 이루고 있는 것으로 대표되는 본문들 중의 하나가 레위기 21장 16-24절이다. 이 구절은 육체에 장애가 있는 아론의 자손이 제사를 드리기 위해 제단에 가까이 하지 못하게 할 것을 명령하고 있다. 이 구절은 그동안 주로 문자적으로 해석되어 장애인이 교회의 성직이나 지도자의 위치에 접근하는 것을 원천적으로 봉쇄하거나 아니면 적어도 그러한 접근을 부정적으로 바라보도록 하는 근거로 사용되어 왔다. 실제로 이 구절이 신학을 지망하거나 성직의 길을 가려고 하는 장애인들에게 절망을 안겨주었고, 장애인들이 교회에 접근하는데 걸림돌이 되었고, 기독교인이 아닌 사회 일반인들에게도 기독교에 대하여 장애 차별적인 종교라는 인식을 심어 주었다.[93]

그럼, 이 구절을 어떻게 보아야 할 것인가? 오늘날에도 이 구절을 문자적으로 해석하여 장애인의 접근을 차단하거나 봉쇄해야 할 것인가? 아니면 고대 이스라엘의 제사법에 대한 규정으로 현대에는 더 이상 어울릴 수 없는 것으로 폐기 처분해야 할 것인가? 본문에서 성서의 권위를 제거하지 않으면서 본문에

---

92) 김성원, 『장애도 개성이다』(서울: 인간과 복지, 2005), 314-317. 김성원은 이 관점의 극복을 가리켜 재활신학의 일차적인 난제로 '장애인에 대한 성서해석학의 딜레마'라고 표현하였다.

93) 유원철, "흠 있는 자의 제사장직," 『함께 불러야 할 노래』(서울: 한국장로교출판사, 1999), 82-83과 이재서, 『내게 남은 1%의 가치』(서울: 토기장이, 2008), 109, 121 참조; 대한예수교장로회(통합)의 경우 1971년판까지의 「헌법」에는 목사의 자격으로 '신체가 건강한 자'라는 조항이 들어가 있었다. 이성웅, 『헌법정치론』(서울: 한국장로교출판사, 2008), 173.

새겨진 장애 차별을 제거할 방법은 없는가? 레위기의 정신을 고려하여 오히려 오늘날 교회와 사회를 위한 보다 적절한 해석의 가능성을 찾아 볼 수는 없는가?

이글은 레위기의 정신에 따라 오늘날 교회의 장애인 리더십을 위하여 본문을 재고해 보고자 한다. 따라서 이글은 장애신학의 구성을 위하여 성서해석학적 관심을 가지고 본문에 접근하며 장애-변증적 성격을 갖는다.[94] 이를 위하여 먼저 레위기의 정신과 본문의 위치를 고찰하고(Ⅱ), 본문에 열거된 소위 '제사장직 제외 규정 장애 목록'을 재검토하고(Ⅲ), 그에 따라서 본문을 중심으로 장애-변증적 논거들을 개진하고자 한다(Ⅳ). 그리하여 본문이 적어도 문자 그대로 오늘날 적용될 수 없으며, 오히려 그 근본정신에 따라 사회 문화적으로 달리 적용해야 할 것을 주장한다. 본문이 장애 차별적인 본문으로 기독교의 장애관을 대표하는 것이 아니라 오히려 당시의 사회 문화적 배경 속에서 장애 배려적인 본문으로 사용될 수 있으며 장애신학의 구성에 기여할 수 있음을 논구하고자 한다.

Ⅱ. 레위기의 정신으로서 거룩

1. 레위기에 대한 이해

레위기는 기독교인들이 매우 어려워하는 책이다. 그것은 내용이 지루하

94) 장애신학 구성을 위한 성서해석학적 시도의 예로 최대열, "예수의 장애 해방선언: 요한복음 9장을 토대로 한 장애(인)신학의 시도," 「한국조직신학논총」 17(2006)와 채은하, "구약성경에 나타난 장애인의 현실과 장애인 신학의 한 시도," 「구약논단」 27(2008) 참조.

고 난해하기도 하지만, 무엇보다도 현대 기독교인의 삶과 상당한 거리를 가지고 있기 때문이다. 특히 레위기의 내용인 고대 이스라엘의 제사법은 예수 그리스도 이후 기독교 공동체에서 더 이상 시행되지 않는 율법이다. 그러면 레위기는 더 이상 아무런 의미나 가치가 없는 폐기된 율법서일뿐인가? 결코 그럴 수는 없을 것이다. 레위기는 여전히 살아 계신 하나님의 말씀으로 기독교 공동체 안에서 그 의미와 기능을 가지고 있다.

박준서에 따르면, 구약성서의 율법은 크게 세 가지로 구분할 수 있다. 첫째로 신앙의 원칙에 관한 것으로 문자 그대로 준수해야 할 율법이 있다(신 6:4-5). 둘째로 이스라엘 공동체의 생활에 관한 율법으로 축자적으로가 아니라 변화된 문화적 상황에 맞게 적용해야 하는 율법이 있다(신 23:24-25). 셋째로 고대 이스라엘의 종교 의식에 관한 율법으로 이제 기독교인이 더 이상 지키지 않아도 되는 해방된 율법이 있다(히 9:11-10:18).[95] 레위기의 제사법은 이 세 가지 중 어디에 해당할까? 제사법은 세 번째의 폐기된 율법의 예로 자주 인용되지만, 레위기의 정신은 계승되어 오늘날 새롭게 적용되어야 한다. 현대인들이 보기에 불편한 성서 구절을 재해석하고 그 정신을 밝혀 새롭게 적용하는 일의 확장이야말로 오늘날 성서의 정경성을 확보하는 길이다.

고대 이스라엘의 제사법은 문자적으로 따지자면 현실적으로 폐기된 법에 가깝지만, 그러나 예배 신학으로서 그 내용과 의미를 고려할 때 이것은 오히려 재해석되고 적용되어야 하는 것이며 예수 그리스도의 십자가의 대속적 죽음을 이해하는데 전이해를 제공하는 것이다. 김중은은 예배론적 관점에서 하나님의 백성이 거룩을 유지하는 방법이 제사 예배인데, 레위기가 그 제사 예배의 올바

95) 박준서, 『십계명 새로 보기』(서울: 한들출판사, 2001), 25-28.

른 원리와 실천을 가르쳐 주고 있다고 보았다.[96] 전정진은 기독론적 관점에서 레위기를 예수 그리스도의 구속의 의미를 온전히 파악하는 전제가 된다고 보았다.[97]

레위기의 제사법이 현실적으로 폐기된 법이라고 말하는 것은 오늘날 기독교인 중에는 레위기에 기록된 대로 소나 양이나 비둘기를 잡아 드리는 제사법을 지키는 사람이 더 이상 아무도 없기 때문이다. 예수 그리스도로 말미암아 고대 이스라엘의 제사는 이제 기독교 공동체의 예배로 대치되었다. 제사법이 문자적으로 폐기되었다고 한다면, 본문 레위기 21-22장에 기록된 제사장에 관한 규정도 문자적으로는 폐기되었다고 보는 것이 당연한 일이다. 오늘날 기독교 성직자 중에 혈통적으로 유대인, 그중에서도 레위 지파 아론의 자손인 경우는 거의 없다. 기독교에서는 혈통적으로 유대의 레위 지파 아론의 후손이 아니라 예수 그리스도로 말미암아 소명을 받고 그에 응답하여 일정한 교육과 훈련 과정을 거쳐 안수를 받음으로써 성직자가 된다. 그러므로 문자적으로 레위 지파가 아닌 것처럼, 문자적으로 장애가 있기에 성직에 접근할 수 없다는 것은 지나치게 문자주의적인 해석이다. 또한 오늘날 성직자가 되는 자격에 있어서 레위기의 규정 중에서 레위 지파의 혈통은 적용하지 않고, 신체상 장애 규정만 적용한다는 것은 매우 편향적인 해석이다.

2. 제사장의 거룩 조항

레위기는 크게 1-16장과 17-27장의 두 부분으로 나눌 수 있다. 전반부

96) 김중은, 『거룩한 길 다니리- 설교를 위한 레위기 연구』(서울: 한국성서학연구소, 2001), 203.
97) 전정진, 『레위기: 어떻게 읽을 것인가』(서울: 성서유니온선교회, 2004), 17.

는 출애굽의 동기(출 3:18)에서 천명하듯이 이스라엘이 하나님께 제사 드리는 거룩한 공동체로 살기 위해 지켜야 할 제사 규례들을 기술하고, 후반부는 이스라엘이 하나님의 거룩한 백성으로 살기 위해 지켜야 할 규례들을 기술하고 있다. 그렇다고 해서 이 둘이 별개의 것은 아니다. 오히려 이 둘은 자연스럽게 연결되는 데, 하나님께 예배드리는 이스라엘 공동체는 거룩한 하나님의 백성으로 그들의 생활 또한 거룩해야 하는 것이다(롬 12:1-2).

본문(레 21:16-24)이 속한 레위기 17-26장은 '거룩'이라는 말이 반복되고 있어서 소위 '성결법전'(Holiness Code)이라고 불린다.[98] 레위기는 이스라엘 백성을 향해 '거룩'을 이룰 것을 요구하고 있다(레 19:2, 21:7-8, 24:9, 25:12). 이스라엘 백성은 여호와 하나님의 선택받은 백성이기 때문이다. 그 가운데서도 제사장은 거룩하신 하나님께 드리는 거룩한 제사를 담당하는 거룩한 존재로서 일반 이스라엘 백성보다 더한 '거룩'을 요구받고 있다. 거룩(성결 또는 정결)은 레위기의 세계에서는 중요한 문제이다. 거룩한 제사장들은 성과 속 그리고 정결과 부정을 구분해야 했기 때문이다. 레위기에서 제사장과 직접 관련된 구절은 '제사장들을 위한 제사 지침'(6:8-7:38), '제사장 제도의 설립과 시행'(8:1-10:20), 그리고 본문의 '제사장에 관한 규례'(21:1-22:33)이다. 본문은 거룩을 요구받는 이스라엘 백성 중에서 최고의 '거룩'을 요구받고 있는 제사장에 관한 규례이다.

레위기 21-22장은 여섯 번에 걸쳐 반복되고 있는 "나는 너희를 거룩하게 하는 여호와니라"라는 공식구로 단락을 구분할 수 있다(레 21:8, 15, 23, 22:9, 16, 32). 레위기에서 이 공식구는 단 한 번의 예외로 20장 8절에 사용되었을 뿐이다. 이 반복구야말로 레위기의 정신이며 주제이다. 본문 레위기 21장은 크게 세 가지

98) 채홍식, "성결법전(레 17-26)의 형성에 관한 고찰 – 레 19:13-18절을 중심으로," 「구약논단」 8 (2000), 59-82 참조.

문제에서 보다 높은 수준의 '거룩'을 요청받고 있는데, 그것은 첫째 제사장의 죽은 자와의 접촉 금기, 둘째 제사장의 결혼 배우자의 제한, 그리고 셋째 육체적 장애로 인한 제사장직의 제한이다.[99] 본문(레 21:16–24)은 소위 '장애인의 제사장직 제외 규정'이라고 이름 할 수 있다. 아론의 자손 중 육체적 흠이 있는 사람은 하나님께 제물을 드리기 위해 제단에 나올 수 없도록 규정하고 있기 때문이다.

Ⅲ. 제사장직 제외의 장애 목록

먼저 본문에 열거된 육체적 장애의 목록을 고찰하고자 한다. 본문에 소개된 목록은 고대 이스라엘에서 소위 '장애 범주'에 해당할 수 있는 중요한 전거이다. 본문에는 12개의 증상이 열거되어 있다.

맹인(עִוֵּר אִישׁ, 이쉬 이웨르)은 성서에서 가장 많이 언급되는 장애인으로서 오늘날 시각장애인에 해당한다. 다리 저는 자(פִּסֵּחַ, 피세아흐) 역시 성서에서 많이 언급되는 대표적인 장애인으로 오늘날 지체장애인에 해당한다. 맹인과 다리 저는 사람은 구약성서에서 가장 자주 등장하는 대표적인 장애인이다(삼하 5:6,8, 욥 29:15, 렘 31:8).

코가 불완전한 자(חָרֻם, 하룸)는 '격리시키다,' '파괴하다'의 뜻을 가진 동사 חָרַם(하람)에서왔는데, 어원에서부터 장애 차별적인 사회적 배경을 가지고 있지만, 사실 이 단어가 구체적으로 어떤 상태를 가리키는지는 명확하지 않다. 일반적으로 뒤틀리거나 부러지거나 갈라진 코나 낮은 코로 해석되어 왔고, 확대하

99) 존 하틀리/김경렬 옮김, 『레위기』, WBC(서울: 솔로몬, 2006), 693–694.

여 얼굴이 일그러진 사람이나 보기 흉한 사람을 가리키는 것으로 번역한다. 「공동번역」은 '얼굴이 일그러졌든지', 「새번역」은 '얼굴이 일그러진 사람', 「현대인의 성경」은 '코가 비뚤어진 자'로 번역하였다. 이것은 오늘날 안면장애에 해당한다.

지체가 더한 자(שָׂרוּעַ, 사루아)는 '길게 뻗치다', '수가 넘치다'란 뜻의 שָׂרַע(사라)에서 파생된 단어로 이 역시 구체적으로 신체의 어떤 상태를 가리키는 지는 명확하지 않다. 일반적으로 신체의 일부, 특히 손가락이나 발가락이 더한 사람 등의 신체가 기형인 사람을 의미하는 것으로 번역된다. 「공동번역」은 '사지가 제대로 생기지 않았든지'로 번역하고 있다. 발 부러진 자(שֶׁבֶר רָגֶל, 쉐베르 라겔)는 '상한 발'을 가리키는데, 그 상했다는 것이 구체적으로 무엇인지는 불명확하다. 손 부러진 자(שֶׁבֶר יָד, 쉐베르 야드)도 발 대신 손일뿐, 내용은 발 부러진 자와 마찬가지이다. 오늘날 지체장애로 구분할 수 있으나, 만약 그것이 골절이라고 한다면 구약시대 의술로는 평생 부러진 팔다리로 살아야 했으나 오늘날은 대개의 경우 완치된다.

등 굽은 자(גִבֵּן, 기벤)는 척추가 굽은 지체장애인을 가리킨다. 「칠십인역」과 「라틴어역」이 '등 굽은 자'(hunchback)로 번역하였으나, *NEB*는 고대 유대인 전승을 살려 '일그러진 눈썹'(misshapen eyebrows)으로 번역하였다. 키 모자란 자(דַּק, 다크)는 '적은,' '가는'의 뜻을 가지고 있어 키가 비정상적으로 작은 왜소증을 가진 사람으로 해석되나 또한 비정상적으로 마른 사람도 포함할 수 있다. 그러나 *NEB*는 「칠십인역」과 「라틴어역」을 따라 '눈병'으로 번역하였다.[100)]

눈에 백막이 있는 자(תְּבַלֻּל בְּעֵינוֹ, 테발룰 베에노)는 눈에 어떤 결함을 가지고 있는 시각장애인에 해당하는데, 여기서 תְּבַלֻּל(테발룰)는 기능상 손상 입은 시력으로 해석되기도 하나 대개 외관상 흰 막이 껴있는 신체적 결함을 강조한다. 그래서

100) 서명수, "구약성서에 나타난 장애," 『장애인 차별과 교회』(서울: NCCK, 2008), 158.

「공동번역」은 '눈에 백태 낀 자'로, 「새번역」은 '눈에 백태가 끼어 잘 보지 못하는 사람'으로 번역하였다.

습진(גָּרָב, 가랍)은 피부 질환으로 가려움증 또는 피부염증이나 딱지나 옴이나 곪아 터진 발진의 의미로 이해된다. 아토피성 피부병으로 보기도 한다. 버짐이 있는 자(יַלֶּפֶת, 얄레페트)는 딱지나 비듬이나 동전 버짐이나 백선 등으로 해석된다. 여기서 특히 중요한 사실 하나는 본문의 습진과 버짐이 레위기 13-14장에 언급되고 있는 악성 피부병(צָרַעַת, 차라아트)과 달리 취급되고 있다는 점이다. 구약시대 당시의 의술로 습진이나 버짐은 치료가 어려워 항상 지니고 있는 것으로 간주된 반면, 레위기 13-14장의 악성 피부병은 치유가 가능하였거나 치유가 일어났던 것으로 추정된다.[101)]

고환 상한 자(מְרוֹחַ אָשֶׁךְ, 메로아흐 아쉐크)는 생식 능력의 장애를 의미하지만, 먼저는 외관상 생식기의 장애를 가리킨다. 본문의 אָשֶׁךְ(아쉐크)는 하팍스 레고메나(Hapax Legomena)로 신명기 23장 1절의 '고환이 상한 자'와 동일한 것으로 볼 수 있다.

본문의 이 목록들은 구약시대 당시 이스라엘 사회에서는 분명히 치유 불가능하여 평생 지니고 살아야 할 육체적 장애의 목록이다. 그러나 본문의 이 목록이 오늘날에도 동일하게 장애 목록으로 적용되기에는 어려움을 가지고 있다. 우선 첫째로 본문의 목록 중에는 구체적으로 무엇을 가리키는지 그 내용을 파악하기 어려우며,[102)] 둘째로 구약시대와 현대사회의 장애 범주가 의학적 발전

---

101) 레위기 13-14장의 צָרַעַת (차라아트)를 「개역개정」은 '나병'으로 번역하고 있으나, 이는 오늘날 말하는 '한센병'과는 다른 것으로 추정된다. 첫째로 레위기 13-14장에서 사람이 צָרַעַת에서 치유가 가능하다는 점에서, 둘째로 צָרַעַת가 사람만이 아니라 옷이나 가구나 집에도 발생한다는 점에서 오늘날 말하는 '한센병'과 차이가 있다. 그래서 「공동번역」이나 「새번역」은 이것을 '악성 피부병'으로 번역하고 있다.

102) 다음의 주석들 모두 본문에 실린 목록들에 해석이 여러 가지이며 임의적일 수밖에 없음을 나타내고 있다.

과 사회적 관심에 따라 변하였기 때문이다.

목록의 장애를 굳이 오늘 한국의 장애 범주에 적용한다면,[103] 맹인과 눈에 백막이 있는 자는 시각장애인으로, 다리 저는 자와 지체가 더한 자와 발 부러진 자와 손 부러진 자와 등 굽은 자와 키 못 자란 자는 지체장애인으로, 코가 불완전한 자는 안면장애로 규정할 수 있다. 그러나 발 부러진 자나 손 부러진 자는 현대 의학에서는 정도에 따라 완치가 가능하므로 장애 범주에서 제외될 수 있다. 당시 고대 근동의 의술로는 발이나 손 부러진 것이 치료가 어려운 경우가 많아서 그대로 장애 상태로 살았던 것이다. 습진이나 버짐이 있는 자는 피부 질환에 속하며 오늘날 치료 가능하므로 장애 범주에는 속하지 않는다. 다만 매우 희귀한 피부 질환이나 한센병으로 인한 피부 질환은 장애의 범주에 고려할 수 있다. 고환 상한 자는 지체장애의 범주에 속할 수 있으나, 외관상으로 잘 드러나지 않는다. 그러나 오늘날의 장애 범주에 적용시키기에 애매한 것도 있고, 현대 의술로 완치 가능한 것도 있다. 그러므로 본문의 목록이 오늘날 장애인을 성직에서 제외 규정하는 직접적인 장애 목록이 될 수는 없다.

본문의 목록과 관련하여 고려할만한 중요한 현상은 성서의 대표적인 장애 중의 하나인 농아(청각장애와 언어장애)가 본 장애 목록에 없다는 사실이다(레 19:14, 사 35:5와 비교). 또한 정신장애나 정서장애도 빠져 있다. 사실 오늘날 모든 장애가 사회적 차별을 가지고 있지만, 여러 장애들 중에서 사회적으로는 신체

Gordon J. Wenham, *The Book of Leviticus*(Michigan: W. B. Eerdmans Publishing Company, 1979), 292; 존 하틀리, 『레위기』, 344; 마르틴 노트/이상화 옮김, 『레위기』, 국제성서주석(서울: 한국신학연구소, 1984), 191.

103) 장애 범주는 시대마다 나라마다 변화하여 왔다. 2014년 현재 한국의 장애 범주는 모두 15가지로 다음과 같다: 지체장애, 시각장애, 청각장애, 언어장애, 지적장애, 뇌병변장애, 자폐성장애, 정신장애, 신장장애, 심장장애, 호흡기장애, 간장애, 안면장애, 장루장애, 간질장애이다. 보건복지부는 2014년 7월부터 공식적으로 간질장애를 뇌전증장애로 개명하여 사용하고 있다.

장애보다는 지적장애나 정신장애가 더 큰 낙인과 차별을 경험하고 있다.[104] 당시에 장애나 질병은 본문에 열거된 것보다 훨씬 많았을 것으로 추정되는데, 왜 이 목록만 제사장에서 배제되는 흠으로 간주되었을까 하는 의문이 제기된다.

서명수는 레위기 22장 21-24절에 기록된 제사의 제물이 될 수 없었던 흠 있는 짐승의 목록에서 그 답을 찾는다. 서명수는 본문(레 21:18-20)의 목록이 제사장의 신체적 조건이나 제사장직 수행의 기능면에서 처음 비롯된 것이 아니라 먼저 제사의 제물로 드릴 수 없는 흠 있는 짐승에 맞추어서 제사장의 신체적 조건을 설정한 데서 비롯된 것으로 보고 있다. 제사장이 바치는 제물은 흠이 없는 것이어야 하기 때문에(레 1:3, 10, 22:17-24), 신체적 흠을 가진 제사장은 제사를 주관할 수 없게 한 것이다.[105]

이재서는 여기에 언급된 장애인들은 중증 장애를 가진 사람들로 민첩한 행동이 힘들거나 제물을 정결하게 다루기에는 적절하지 않은 건강 상태를 가지고 있어서 상당한 물리력을 필요로 하는 당시의 제사 업무를 수행하기가 실제로 어려운 측면이 있다고 보았다. 그러므로 그러한 신체적 상황에 있는 그들에게 제사 직무의 수행을 강요하지 않은 것은 오히려 그들에게 대한 보호의 측면이 강하다고 해석하였다.[106]

채은하는 의술의 전문성을 갖추지 못한 제사장이 그 부정의 상태를 육안으로 진단해야 하고 또 동물을 옮기고 죽이는 일과 같은 강도 높은 노동력을 요구하기 때문에 처음에는 신체적으로 장애를 지닌 제사장을 보호하고 그의 제사 의무를 면제해 주기 위해 제사직에서 제외시켰을 것으로 보았다. 그리고 거

104) 박수경, 『장애의 사회적 의미와 사회통합』(서울: 집문당, 2008), 138-139.
105) 서명수, "구약성서에 나타난 장애," 158-159.
106) 이재서, "구약성경에 나타난 장애관련구절 분석," 『신학으로 이해하는 장애인』(서울: 세계밀알, 2009), 41.

기에 하나님께 드리는 제사에 필요한 동물이 외적으로 흠 없는 것이어야 한다는 조건처럼 제사를 드리는 제사장도 외관상 시각적으로 비장애인을 원하시는 것으로 확대 적용한 것으로 보았다.[107]

본문의 이러한 목록 결정은 제사장의 완전함의 외적 표현과 제사장직 수행의 기능에 따른 것이다. 청각장애나 정신장애보다 시각장애나 지체장애가 외관상 훨씬 더 분명하게 드러나기 때문이고, 또한 희생 제사를 수행하는데 기능상 제약을 더 많이 받기 때문이다. 본문의 장애 목록은 오늘날과 달리 당시 고대 이스라엘에서는 매우 중대한 질병이나 장애로 육체적 완전성에서는 현저한 결격으로 부각되었던 것들이다. 그리고 이러한 육체적인 불완전성은 레위기 전체에 흐르고 있는 거룩한 백성의 무흠성의 외관적 표현에 정면으로 상충되는 것으로 인정되었다. 거룩한 제사를 수행할 제사장의 완전성의 외관적 표현으로 외형적 신체장애가 부각되었으며, 거룩한 제사를 수행할 제사장의 현실적인 기능의 면에서 본문의 장애들이 선택되었을 것이다.

Ⅳ. 본문에 대한 장애-변증적 논거

1. 흠과 부정의 차이

본문 레위기 21장 16-24절에서 가장 중요한 주제는 "(아론의 자손 중) 흠이 있는 자는 (하나님께 음식을 드리려고 제단에) 가까이 하지 못 한다"는 것이다. 이 주

107) 채은하, "구약신학의 관점에서: 너희는 거룩하라 – 정결과 부정의 원리를 넘어서," 『장애인 차별과 교회』 (서울: NCCK, 2008), 151-152.

제는 본문에서 17, 18, 21, 23절에 계속해서 반복되고 있다. 그리고 그 흠이라는 것은 육체적인 흠으로 앞서 살펴본 대로 그 목록이 소개되어 있다. 여기서 중요한 단어는 '흠'(מוּם, 뭄)이다. מוּם은 몸에 있는 '결점'이나 '오점'을 뜻하는 말로 주로 다쳐서 생긴 상처를 가리킨다.[108] 본문에서 언급된 소위 장애인과 관련된 구절들은 모두 흠으로 표현하고 있는데, 본문에 4번 사용되고 있다. 레위기에서 본래 흠이라는 단어는 주로 제물과 관련하여서 흠 없는 제물로 바칠 것을 말씀하고 있다(1:3, 10, 3:1, 6, 4:3, 23, 28, 32, 5:15, 9:2, 3, 14:1, 22:19, 20, 21, 25). 오직 본문 레위기 21장에서만 흠이란 단어가 사람과 관련하여 사용되고 있다. 그런 점에서 제사장의 장애 목록(레 21:18-20)이 제물의 장애 목록(레 22:22-24)에서 왔다는 서명수의 주장은 설득력이 있다.

흠이란 단어는 분명히 부정적인 뉘앙스를 가진 단어이다. 레위기에는 '흠' 외에도 부정적인 단어들이 여럿 등장하는데, 그 대표적인 것들이 '허물'(אָשָׁם, 아셈)과 '범죄' (חַטָּאת, 하타트)와 '부정'(טָמֵא, 타메)이다. 레위기에 따르면 계명을 어기거나 범죄를 하거나 부정한 것을 접하게 되면 허물이 된다(4:2-3, 13, 22, 5:2-4, 15, 17). 여기서 특히 중요한 것이 '부정'(טָמֵא, 타메)이다

레위기에는 여러 가지 부정들이 소개되고 있다. 레위기 11장 1-23절은 사람이 먹을 수 있는 정결한 동물과 먹어서는 안 되는 부정한 동물이 열거되고 있고, 11장 24절부터 15장까지는 인간의 정결한 상태와 부정한 상태를 명문화하여 제의적 정결을 통해 거룩의 조건을 갖추도록 설명하고 있다. 정결한 음식과

---

108) 이환진, 『레위기(II)』, 대한기독교서회 창립 100주년 기념 성서주석(서울: 대한기독교서회, 2013), 119. Ludwig Koehler and Walter Baumgartner, *The Hebrew and Aramaic Lexicon of the Old Testament* (Leiden: Brill, 2001) 재인용; AD 190년경 구전되던 랍비 율법을 집대성한 미쉬나에는 성소에서 제의를 집행할 수 없는 제사장의 신체적 결함이 되는 이 '흠'에 대하여 더욱 상세하게 기록하고 있다. 발터 윙크, "하나님 앞에 거룩하고 흠 없이- 장애와 정상," 「기독교사상」(1993.8), 173-174.

신체적인 정결을 넘어서 죽은 사람(민 19:1-22)이나 죽은 동물과 부정한 동물들(레 11:1-47)을 만지거나 몸에 닿게 되어도 부정한 사람이 되고, 또한 악성 피부병과 곰팡이(레 13-14장)에 의해 접촉된 사람도 부정하고, 여성의 경우 생리(레 12장)와 출산할 경우 그리고 남성의 경우 성적인 유출(레 15장)이 있을 경우에도 일시적이지만 부정적인 사람이 된다. 이들은 일정한 시간이 경과하거나 분리 격리되거나 또는 제사를 통하여 부정한 상태를 벗어나 거룩하게 될 수 있다.[109]

또한 레위기에는 또 다른 형태의 부정이 있는데, 이것은 율법을 어기고 죄를 범하여 부정에 이르는 것이다. 예를 들면 성범죄(레 18:24-29)나 우상숭배(레 19:31, 20:1-3)나 살인(민 35:33-34)과 같은 부정이다. 이러한 부정은 단순히 일시적인 분리나 격리에 그치는 제의적 부정이 아니라 땅을 더럽히는 심각한 범죄적 부정이다. 이러한 부정은 다른 사람에게 전염되는 것이 아니지만 일정한 시간의 경과나 목욕이나 속죄의 제사만으로 정결하게 되지 않고, 오히려 그에 따른 처벌을 초래하기도 하며 그러한 부정으로 인하여 공동체가 고통을 당하게 되기도 한다.[110]

레위기에서 '흠'과 '허물'과 '죄'와 '부정'은 모두 다 부정적인 뉘앙스를 가지고 있다. 그러나 흠과 나머지 것들을 구별할 필요가 있다. 흠은 비교적 가치중립적인 것인데 반해, 허물과 범죄와 부정에는 상당한 가치 편향 또는 가치 평가가 들어있다. 즉 흠은 주로 원인이 불분명하며 이미 주어진 조건이나 상황인데 반해, 허물은 대개 율법을 어기는 데에서부터 비롯된다. 주어진 율법 계명을 범하거나 율법에서 정한 부정한 것을 접하거나 부정한 일을 하여 허물을 얻게 된다(5:13, 15, 17, 18).

109) 채은하, "구약성경에 나타난 장애인의 현실과 장애인 신학의 한 시도," 31.
110) *Ibid.*, 31-32.

흠과 부정의 대조는 또한 그 해소나 해결에 있어서도 차이가 난다. 레위기는 이스라엘 백성이 거룩하신 하나님의 백성으로서 거룩한 삶을 살도록 하기 위한 것으로서 그 내용은 거룩한 제사와 거룩한 규례로 구성되어 있다. 레위기는 이스라엘 백성이 거룩에서 벗어나 부정에 이르렀을 경우에 그들을 위하여 거룩을 회복할 정결의 길을 열어 놓고 있다. 그 정결의 길이 바로 제사, 특히 속죄제와 속건제이다. 그럴 때에 허물은 제사를 통하여 속죄가 가능하다. 레위기에 따르면, 부지중에 범죄 하였든 부정한 것을 접하여 허물을 얻었든 그것은 제사를 드려 속죄할 수 있다(레 4:2, 26, 31, 35, 5:5, 6, 10, 13, 15-16, 18, 6:7, 19:22). 그러나 흠은 그렇지 못하다. 흠은 제사를 통하여 없어지거나 정결케 될 수 있는 것이 아니다. 그러므로 사실 레위기에서 거룩(정결)을 위해 다루는 주제는 흠이 아니라 허물, 죄, 부정인 것이다. 레위기는 장애를 부정적인 것으로 보는 것이 아니라 허물과 죄를 부정적으로 보고 있다.

허물이 죄악과 연관된 가치 편향적 단어라고 한다면, 흠은 비교적 가치중립적 단어이다. 본문에서 육체적 장애로 인한 제사장의 제외 목록에서도 이들을 흠 있는 사람으로 명명하고 있지, 허물 있는 사람이나 부정한 사람이나 죄인으로 명명하지 않는다. 이것은 레위기에서 장애와 죄와의 무조건적인 연속성을 단절시키고 있는 것이다.

그럴 때에 문제가 되는 구절이 레위기 13-14장의 악성 피부병(צָרַעַת, 차라아트)에 관한 것이다. 본문에서 이 병은 부정으로 언급되고 있다(레 13:3, 8, 11, 14, 15, 22, 27, 30, 36, 44, 45-46, 51, 55, 14:44, 46). 그런데 여기서 중요한 사실은 21장의 본문과 달리 14장에서 악성 피부병은 정결이 가능한 것으로 언급되고 있다는 점이다(레 14:4, 7, 8, 11, 19-20, 28, 29, 31, 14:48, 53). 그러므로 레위기에서 언급된 악성 피부병은 오늘날의 한센병과 구분할 필요가 있다. 오늘날 한센병도 장애 범주와 약간의 차이를 두고 있지만, 그 후유증으로 인한 장애는 한센병과 동일시 되고 있는데, 레위기의 악성 피부병은 옷이나 가구나 집에도 발병이 가능하고 치유와 정함이 가능한 것을 보면 오늘의 한센병과 전적으로 동일시될 수는 없다.[111)]

흠과 부정의 차이는 흠 있는 제사장과 부정한 제사장에 대한 대우의 차이에서도 분명하게 드러난다. 부정하게 된 사람은 결코 성물을 먹을 수 없었으며 정결하게 된 이후에야 성소에 접근이 가능하며 성물을 먹을 수 있었다(레 22:1-9). 그러나 본문에서 흠 있는 제사장들은 허물이나 부정이 아니므로 성물을 먹는데 어떠한 제한이 없었다. 달리 말하면 그 흠은 레위기에서 해결하고자 하는 죄나 부정이 아니라는 사실이다.

2. 장애인 제사장의 성물 섭취의 의미

본문에서 중요한 구절은 이러한 흠이 있는 아론의 자손들이 제단에 봉사하러 나오는 일에서는 제외되었지만, 이들이 정결 상태를 유지하는 한에 있어서(레 22:1-9) 제사장들에게 주어지는 성물을 먹을 수 있도록 허락되었다는 사실

111) 레위기에 반영된 당시 고대 이스라엘 사회에서 악성 피부병은 일반 장애와 달리 질병으로 취급되고 있다. 그렇다고 해서 이글에서 오늘날 교회의 장애인 리더십을 논의하는데 악성 피부병이나 한센병을 제외시키거나 장애 범주 간에 차별을 두고자 하는 것이 결코 아니다. 다만 본문을 둘러싸고 있는 당시 고대 이스라엘의 사회 문화 속에서 악성 피부병은 장애라기보다는 질병으로 취급되고 있음을 지적하려는 것뿐이며, 오늘날 실제로 장애인 리더십의 문제를 취급함에 있어서 악성 피부병은 당시 레위기 13-14장이 보여주고 있듯이 당시 사회 문화 속에서 가장 차별적인 질병으로 취급되고 있으므로 장애 차별의 문제에 포함되어야 한다; 사라 멜처(Sarah J. Melcher)는 레위기 13-14장과 레 21:16-24에서 낙인화 과정이 일어나고 있다고 보고 있는데, 후자가 훨씬 더 온건하다고 지적하였다. Sarah J. Melcher, "Visualizing the Perfect Cult: The Priestly Rationale for Exclusion," *Human Disability and the Service of God*(Nashville: Abingdon Press, 1998), 58.

이다(레 2:3, 10, 6:10-11, 22).[112] 육체적 장애를 가진 아론의 자손들이 제사장으로서 제단에 봉사하는 일이 제한되었음에도 불구하고 제사장으로서 성물에 대한 특권은 유지되었다. 그래서 그나 그의 가족이 경제적 빈곤에 처하거나 다른 직업을 가지고 생계에 종사하도록 강요되지 않았다.[113] 그는 여전히 성전 식탁에서 먹는 것이 허락되었고, 성전 운영비로부터 생계에 필요한 모든 것을 제공받았다.[114] 당시 장애 차별적인 사회 문화적 배경에서 이것은 장애인 제사장에 대한 큰 배려 중의 하나로 볼 수 있다.

이어지는 레위기 22장 1-16절은 제사장의 성물을 먹는 규례를 언급하고 있다. 아론의 자손 중에서 그의 몸이 부정한 사람은 정결하기 전에는 그 성물을 먹을 수 없었다. 만약 먹으면 하나님 앞에서 끊어지는 것이었다. 여기서 부정한 사람의 예는 악성 피부병자와 유출병자, 시체의 부정에 접촉된 자나 설정한 자나 사람을 부정하게 하는 벌레에 접촉된 모든 사람과 무슨 부정이든지 사람을 더럽힐 만한 것에 접촉된 자들이었다(레 22:4-5). 그런 점에서 레위기 22장의 목록은 21장의 열거된 흠의 목록과는 별개의 것이다. 사실 불결한 사람, 곧 죄 있는 사람은 성물을 먹을 수가 없었다. 제사장도 불결한 것에 감염되었을 경우, 예를 들어 시체를 만지거나 부정한 것에 접촉했을 경우에는 반드시 정결을 취하고 와서 제사와 성물에 참여하게 되어 있었다. 그런 점에서 제사장의 장애는 이미 언급하였듯이 부정이나 죄와는 다른 성격의 것이다.

레위기 10장 12-13절에 따르면, 지성물을 먹을 수 있는 사람은 오직 아론의 자손뿐이었고, 아론의 자손은 지성물을 마땅히 받을 권리가 있었다. 이종

112) Gordon J. Wenham, *The Book of Leviticus*, 292.

113) 존 하틀리, 『레위기』, 692, 694.

114) 발터 윙크, "하나님 앞에 거룩하고 흠 없이," 174.

록은 성경 어디를 보아도 흠이 있다고 해서 제사장이 되지 못한다는 규정은 없으므로 장애인도 제사장이 될 수 있었다고 보았다.[115] 제사장 집안에서 태어난 사람은 육체적인 장애가 있어도 제사장으로 임명을 받았으며, 하나님께 바쳐진 가장 거룩한 음식(지성물)과 거룩한 일반 음식(성물)을 다른 제사장들과 같이 먹을 수 있었다. 이 점에 있어서는 어떤 차별도 없었다. 그러므로 육체에 흠이 있는 제사장이 음식제사를 드리는 것을 금지한 것은 당시의 제의에 대한 독특한 인식과 하나님의 거룩성과 공동체의 정체성을 강화하려는 제의적 산물일 뿐, 그것이 장애인 제사장에 대한 본질적인 차별을 의미하는 것은 아니다.[116] 달리 말하면 본문은 제사장의 지위는 유지하나 제사장의 직무는 정지시킨 것이라 말할 수 있다.

본문에서 장애인에 대한 제사장직의 장애 차별적인 요소를 발견할 수 있다. 그럼에도 불구하고 먼저 당시 장애 차별적인 문화 속에서 장애인 제사장에 대한 종교적이고 생활적인 배려를 찾아볼 수 있다. 장애인 제사장의 장애가 종교적 부정으로 취급되지 않으며 장애인 제사장의 장애가 사회적 축출로 취급되지 않고 있다. 본문에서 무엇을 먼저 볼 것인가는 중요한 것이다. 본문에서 장애 차별을 보기에 앞서 장애 차별적 문화 속에서 먼저 장애 배려를 볼 수 있다. 그런 점에서 본문은 '장애인의 제사장직 제외 규정'이라고 불리기에 앞서 '장애인의 제사장직 배려 규정'이라고도 불릴 수 있다.

---

115) 이종록, "구약성경은 장애인들에 대해서 무슨 말을 하는가? - 레위기 21:16-24를 중심으로," 「교육교회」 215 (1994.6), 28.
116) 서명수, "구약성서에 나타난 장애," 160.

3. 부정과 정결의 육체적 이분법을 넘어서

육체적 흠의 목록이 부정의 목록이 아니고 흠이 있는 제사장이 성물을 먹을 수 있다고 하더라도 레위기 전체에 흐르고 있는 육체적 장애인 제사장에 대한 부정적인 뉘앙스는 지울 수 없다. 채은하는 육체적 흠이 있어도 제사장의 신분이 그대로 유지되었다고 하지만 제사장으로서 제의에 참여할 수 없다면, 제사장의 신분으로 단지 생계를 유지한다는 것은 결국 다른 제사장들에게 의존하면서 그들의 자선이나 동정을 기대할 수밖에 없음을 의미하며, 이런 점에서 육체적 장애를 가진 제사장은 역시 사회-종교적 차별을 겪었다고 해석하였다.[117] 그래서 채은하는 이 본문에서 장애인 제사장의 제사권 박탈과 차별을 주장한다.[118] 제사장이 어떠한 조건이나 대우에도 불구하고 제사를 드릴 수 없다면, 그것은 제사장으로서 그의 존재와 정체성이 무시되는 것이다.

어떠한 변증적 해석에도 여전히 해소되지 않는 이러한 장애 차별의 근원은 어디에서 온 것인가? 본문에서 발견할 수 있는 장애 목록에 대한 이해와 장애 배려적인 의미에도 불구하고 레위기 전체를 흐르고 있는 정결과 부정의 이분법이 본문을 지배하고 있다. 레위기에서 육체적인 완전성은 거룩이라는 이념의 외적인 표현이다. 더글라스(Mary Douglas)는 거룩의 이념은 외형상 신체적으로 온전한 몸으로 표현되었고, 이 온전함은 또한 사회적 상황에서 완전함을 의미하는 것으로 확장되었다고 설명하였다.[119]

육체적인 장애는 외형상 제사장으로서의 완전함을 표현하기에 부적합하

117) 채은하, "구약성경에 나타난 장애인의 현실과 장애인 신학의 한 시도," 36-39.
118) *Ibid.*, 36-37.
119) Mary Douglas, *Purity and Danger: An Analysis of the Concepts of Pollution and Taboo*, 51-54, *Human Disability and the Service of God*, 56 재인용.

여서 제사 기능을 감당하기에도 부적합한 불완전한 사람으로 표현된다. 그것은 단순히 기능상의 문제가 아니라 육체적 불완전이 성소와 제사를 모독한다는 이념에 기초하고 있다. 이와 유사한 제한은 바빌론 문헌에서도 발견된다. "(그러나) 점쟁이 아들은 귀족의 혈통이 아니고, 모양이나 신체도 온전하지 못하였다. 사팔눈, 벌어진 치아, 절단된 손가락....온 몸의 피부병....(그런 사람)은 새마쉬와 하다드의 계명을 볼 수가 없다."[120)]

게르스텐베르거(Erhard Gerstenberger)에 따르면, 레위기 21장은 여러 성서 번역들이 이의를 제기하고 있는 바와 같이 결코 완전한 '제사장법'도 아니고 히타이트 문헌에 발견되는 '직업 설명서'도 아니다. 오히려 이것은 거룩한 회중의 이미지에 맞추어진 것이고, 그 거룩은 거룩한 제사를 드리는 회중에게 부여된 것이다.[121)] 발터 윙크(Walter Wink)에 따르면, 흠 없는 희생 동물이나 흠 없는 제사장에 대한 요구는 하나님의 거룩함에 대한 이스라엘 백성들의 의식에 그 직접적인 기원을 가지고 있다.[122)] 달리 말하여 이스라엘이 당시 고대 근동의 문화 속에서 거룩한 공동체를 구성하기 위한 이미지로서 장애가 없는 완전한 제사장의 이미지를 부각시킨 것에 따른 것이다.

이것은 레위기 전체를 관통하고 있는 정결과 부정이라는 이원론적인 구조 때문이다. 헨트리치(Thomas Hentrich)는 *본문의 형성*에 있어서 장애인을 제한하는 편집의 역사가 있었다고 추정하였다. 일반인들에게 장애인을 성전에 들이지 말라는 단순한 간청(레 21:19, 20, 23)에서 장애를 가진 제사장이 하나님께 제물을 바칠 수 없다는 조항이 추가되었다. 즉 장애인의 성전 출입 불가 주제에

120) Erhard Gerstenberger, *Leviticus: a commentary*, tran. by Douglas W. Stott(Kentucky: Westminster John Knox Press, 1996), 317.

121) *Ibid.*, 318.

122) 발터 윙크, "하나님 앞에 거룩하고 흠 없이," 175.

서 장애인 제사장의 제사 금지 주제로 확장된 것이다. 그리고 그 다음으로 장애인 제사장의 성전 접근 금지까지 확장된 것으로 보았다(레 21:17, 18, 21a, 23b).[123] 이것은 편집자가 육체적 장애가 함의하는 불완전과 불결이 거룩으로 상징되는 성전과 성전 제사의 이미지를 해칠 것을 염려하여 의도적으로 장애인을 배제시킨 노력의 결과라고 할 수 있다. 함택에 따르면, 편집자들이 만약 장애를 불결이나 죄 혹은 징벌이나 불완전을 함의하는 은유로 보지 않고 육체적 장애를 단지 실존론적인 아픔이나 고통으로 보았다면 성전의 거룩성을 유지할 목적으로 장애인을 배제하지는 않았을 것이라고 주장하였다.[124]

레위기를 관통하고 있는 이러한 정결과 부정의 이분법은 또한 *본문의 해석*에도 계속해서 영향을 미쳤다. 앞서 언급하였듯이 이 12항목이 구체적으로 무엇을 가리키는지 정확하지 않다. 그것은 달리 말해 시대마다 끊임없이 그것이 구체적으로 무엇인지 지목해 줄 것을 요청받게 한다. 그래서 후기 유대교에서는 본문의 12항목이 142항목으로까지 확대 해석되었다.[125] 사해문서에서는 악성 피부병에 걸린 사람이나 육체적 장애를 가진 사람들을 예배예식에서 배제시켰음을 발견할 수 있다. 이 쿰란문서들은 구약성서의 정결의 기준에 강경한 경향을 띠고 그 공동체의 특별한 상황에 적용시기 위해서 재해석하고 있다.[126] 김홍덕에 따르면, 본문에 대한 해석으로서 유대의 장애 정책은 세부 사항에서 다소간의 이견을 가지고 있긴 하지만, 오랜 세월 예배 공동체의 존엄성

123) Thomas Hentrich, "Masculinity and Disability in the Bible," *This Abled Body: Rethinking Disabilities in Biblical Studies*, ed. Hector Avalos, Sarah J. Melcher, and Jermy Schipper(Atlanta: Society of Biblical Literature, 2007), 82–84.

124) 함택, "구약성서에 나타난 장애 해석에 관한 조망," 『신학으로 이해하는 장애인』(서울: 세계밀알, 2010), 85.

125) Jacob Milgrom, *Leviticus 17-22*, Anchor Bible(Doubleday: Yale University Press, 2008), 1825.

126) Sarah J. Melcher, "Visualizing the Perfect Cult: The Priestly Rationale for Exclusion," 67–68과 채은하, "구약성경에 나타난 장애인의 현실과 장애인 신학의 한 시도," 38.

을 유지하려는 데에 맞추어서 시행되어 왔다.[127)]

본문은 레위기 전체를 흐르고 있는 정결과 부정의 이분법의 영향 아래에 있다. 종교에서 성과 속, 정결과 부정이 존재하는 것은 당연한 것이다. 이것은 서로 분리되고 대치되어 있는 동시에 또한 상호교통이 가능하며, 세상 속에 혼재하고 있다. 그러기에 종교에서 사람은 성과 속, 정결과 부정 사이에서 상호이동이 가능하다. 문제가 되는 것은 그것을 표현하는 은유와 이미지이다. 본문은 고대 이스라엘 사회에서 정결과 부정의 시각적인 형상화로서 육체적인 장애의 이미지를 사용하고 있는데, 오늘날 변화된 사회 문화적 상황에서 장애에 대한 그러한 이미지는 더 이상 유지되기 어렵다.

그래서 채은하는 진정한 거룩을 위하여 정결과 부정의 원리를 넘어설 것을 주창한다. 많은 경우 거룩의 의미는 정결과 부정의 구분과 같이 제의적이고 정적인 상태를 의미하는 것으로 이해해 왔다. 그러나 진정한 의미에서 거룩은 정결과 부정의 원리를 넘어서 야웨 하나님의 계명을 준수해야 이룩할 수 있다는 것이다. 채은하에 의하면, 구약성서에서 거룩은 두 가지 의미를 포함하는데, 하나는 부정한 사람이나 동물이나 물건으로 피함으로써 거룩성을 획득하는 것이고, 다른 하나는 하나님의 계명을 지키고 순종함으로써 거룩하게 되는 것이다.[128)]

그러므로 이글에서 가장 중요한 논점은 본문의 문자적 적용 보다는 구약시대 성전과 제의가 가지고 있는 은유와 이미지를 넘어서 오늘날 새롭게 적용하는 일이다. 당시로서는 육체적 장애의 불완전성과 성전의 완전성은 전면적으로 배치된다. 육체적 장애의 불완전성과 성전 제의를 수행해야 할 제사장의

---

127) 김홍덕, 『장애신학』 (대전: 대장간, 2010), 220-232.

128) 채은하, "구약성경에 나타난 장애인의 현실과 장애인 신학의 한 시도," 35-36.

완전성은 전면적으로 배치된다. 현실적으로 불완전성의 대표인 육체적 장애를 가진 완전성의 대표인 제사장이 존재하는 것이다. 그러므로 해결은 장애인 제사장의 경우 장애인은 배격하면서 제사장직은 수호해야 할 과제를 안게 되며, 그 해결책으로 택한 방법이 바로 레위기 21장 본문의 절충안이다. 그러나 현대에는 더 이상 그러한 육체적 장애와 제의적인 부정의 동일시가 허락되지 않는 사회 문화적 분위기이다.

논제가 문자가 아니라 은유와 그 이미지라고 한다면, 은유와 이미지는 시대적으로 변화 가능한 것이다. 구약시대의 장애와 부정을 자연적으로 연결시키던 은유와 이미지의 고리를 끊고, 새로운 은유와 이미지를 창출해야 한다. 신약시대에 이르러 예수 그리스도로 말미암아 이 장애-부정적인 은유와 이미지는 해체된다. 예수는 성전에 가까이 할 수 없었던 장애인을 오히려 가까이 하시고 치유하셨다. 그는 구약의 정결법을 거부하고 율법의 완전주의를 비판하였다.[129] 예수는 최고의 거룩을 지닌 존재이다. 그러나 그것은 육체적인 완전함이라기보다는 영성과 신앙과 도덕에서의 최고의 거룩이다(고후 5:21, 히 4:14-15, 7:25-28, 벧전 2:22, 요일 3:5; 8:46, 행 3:14 참조). 그리고 예수는 교회의 머리로서 교회가 성결하고 흠이 없도록 자신의 몸인 교회를 거룩하게 하신다(엡 1:4, 5:25-27, 골 1:22).[130] 더 이상 장애인은 교회나 예배에 대하여 부정적 요소가 아니며, 따라서 그러한 은유나 이미지로 사용될 수 없다.

종교개혁자들은 로마 가톨릭의 특별사제직에 반대하여 만인사제직 또는 보편사제직을 주장하였다. 대제사장이며 희생 제물이 되시는 예수의 죽음은 하

129) 발터 윙크, "하나님 앞에 거룩하고 흠 없이," 175-183. 발터 윙크에 따르면, 현대적 의미의 '완전'에 부합하는 표현을 히브리 성서에서 찾을 수 없다. 183의 각주 5.

130) 존 하틀리, 『레위기』, 694.

나님과 인간 사이에 더 이상의 중재자나 보증인을 필요로 하지 않게 하였다(히 4:14-15, 5:1-10, 7-8장, 9:23-28). 오직 예수 그리스도만이 하나님과 인간 사이의 유일한 중재자가 된다. 모든 그리스도인은 예수 그리스도를 통하여 직접 하나님의 용서를 받으며 하나님과 화해될 수 있다.[131] 그들은 모두 하나님과의 화목을 선포하는 그리스도의 대사이며 왕 같은 제사장들이다(고후 5:18-20, 벧전 2:9). 만인사제직은 하나님 앞에 나아가는 기독교적 제의에서 모든 사람의 조건에 대한 차별을 원칙적으로 거부한다. 더 이상 장애도 하나님 앞에 예배드리러 나아가는데 제한 조건이 될 수 없다.

레위기 21장 16-24절의 신체적 장애 목록은 문자 그대로 육체적인 것으로 적용될 수는 없다. 그것은 당시 고대 이스라엘 사회에서 부정과 정결이라는 원리의 시각적인 효과로 사용된 것이다. 오늘날 진정한 정결과 부정은 본인의 의도와 관계없이 주어진 육체적인 조건이 아니라 예수 그리스도를 믿고 하나님의 말씀을 거룩하게 지키는 의식과 생활에 달려 있는 것이다. 거룩이란 신체적 조건이 아니라 삶의 내용의 문제이다. 그러므로 제사장의 육체적 목록은 오늘날 성직자의 신앙적 목록으로 대치된다. 리더로서의 영적 자격 요건과 합당한 영적 은사를 가지고 있는가가 중요하며(시 132:9, 딤전 3:1-13),[132] 하나님 앞에서 거룩하고 흠 없는 도덕적 정결에 대한 열망이 요구된다(벧후 3:11-12, 14, 빌 1:10, 2:15, 살전 5:12-23, 딛 1:5-9, 2:11-14).[133]

김중은에 따르면, 예수 그리스도 안에서 나타난 하나님의 새 언약의 은혜는 아론의 직계 자손 남자가 아니라도 성직자가 될 수 있는 길을 열어 놓았다.

131) 김균진, 『기독교조직신학 IV』(서울: 연세대학교 출판부, 1993), 222.
132) 알렌 로스/김창동 옮김, 『거룩과 동행』(서울: 디모데, 2002), 534-535.
133) 존 하틀리, 『레위기』, 694-695.

그것은 장애인과 여성도 교회 사역을 위한 성직의 부름에 포함시킨다(사 35:5-6, 56:4-8, 눅 14:13, 21 요 5:2-9, 갈 3:28-29 참조). 성직의 위선과 자격 부실은 말과 행동의 불일치, 신앙과 생활의 부조화, 그리고 아는 것(가르치는 것)과 실천 사이의 모순과 괴리 현상에서 발생한다(렘 6:13-15, 8:10-12, 마 23:1-4, 벧후 2:1-22, 약 3:13-18 참조). 그러므로 성직자의 거룩은 육체적 장애에서가 아니라 하나님의 말씀에 순종하는 지도자의 신앙과 생활에서 찾아야 한다.[134]

VI. 결어

이 글은 장애를 이해하는데 성경에서 가장 큰 걸림돌이 되는 레위기 21장 16-24절에 대한 재해석이다. 오랫동안 본문을 문자적으로 해석하고 또한 그 이미지를 가지고 장애인을 대하여 교회에서 장애인 성직자나 장애인 지도자를 양육하지 못했을 뿐만 아니라 장애인들이 교회에 접근하는 것을 가로막아 왔다. 그러나 이것은 고대 이스라엘의 사고 구조나 사회 문화적 상황을 고려하지 않은 채 지나친 문자주의에 매여 해석한 것에 기인한 것이다.

사실 장애는 장애일 뿐이다. 육체적 흠은 육체적 흠일 뿐이다. 레위기의 표현에 따르면 장애는 흠이지 허물이나 죄가 아니다. 장애는 악도 선도 아니다. 장애는 모든 인간에게 일어날 수 있는 존재 양식일 뿐이다. 문제는 그 장애를 이해하는 사회 문화적인 이해의 틀과 그것을 표현하고 전달하는 은유와 이미지이다. 그러므로 본문은 개인적인 장애가 아니라 사회 문화적 차원에서 이해

134) 김중은, 『거룩한 길 다니리 – 설교를 위한 레위기 연구』(서울: 한국성서학연구소, 2001), 334-335, 338.

해야 한다. 레위기는 이러한 장애를 당시의 사회 문화적 틀에서 종교적인 정결의 문제와 결부시켜 육체적인 온전함으로 제의적 정결과 일치시켰지만, 오늘날은 새로운 사회 문화 속에서 새로운 은유와 이미지를 요구하고 있다.

김성원은 성서가 당시의 문화적 상황이나 인습 때문에 장애나 특정 질병에 대해 차별적 언어와 고립이 언급된 것이지 성서가 하나님의 형상으로 창조된 인간, 더욱이 신체적 약자와 환자들을 차별하거나 억압하는 일을 의도적으로 정당화하려는 것은 아니라고 주장한다.[135] 이재서는 여기서 한 걸음 더 나아가 구약성서에는 장애에 대해 부정적인 언급이 없다고까지 주장한다.[136] 성서는 인간을 어떤 조건으로 차별하는 것이 아니라 오히려 모든 인간에게 구원과 생명과 축복의 길을 제시하고 있듯이 장애인에게도 구원과 생명과 축복의 길을 제시하고 있다.

이글은 이러한 전제에서 장애신학의 관점을 가지고 논란거리인 레위기 21장의 본문(레 21:16-24)을 변증하는 방식으로 전개하였다. 지금까지 이글에서 논의하였던 것을 정리하면 다음과 같다.

첫째, 본문이 제사장직에 문자적으로 적용될 수 없는 것은 만약 레위기의 모든 구절을 문자적 적용에 따른다면, 오늘날 기독교 교회의 모든 성직자는 유대 레위 지파 아론의 자손이어야 하기 때문이다. 혈통 등 모든 부분을 예외로 하고, 유독 장애만 문자적으로 적용하려는 것은 큰 오류이다.

둘째, 본문에 열거된 육체적 흠의 목록은 오늘날 장애 목록과 동일하지 않다. 본문의 장애 목록이 당시 고대 이스라엘 사회의 장애 목록이긴 하지만 그것은 하나의 예이지 당시 사회가 규정한 완전한 장애 목록이 아니며, 더욱이 오

135) 김성원, 『장애도 개성이다』, 50-51.
136) 이재서, "구약성경에 나타난 장애관련구절 분석," 47-49.

늘날의 장애 목록과 비교하여 상당한 차이를 보이고 있다. 현대 의학의 발달로 이전에 장애였던 것이 사라지기도 하고, 현대 복지사회로 갈수록 장애 목록은 훨씬 더 확대되기도 한다. 장애 목록은 사회마다 시대마다 변한다. 따라서 본문의 장애 목록으로 오늘날의 성직자의 자격을 제한할 수 없다.

셋째, 본문에 나오는 흠이란 단어는 레위기에서 허물, 죄, 부정과 같은 부정적인 뉘앙스를 가지고 있지만, 그것들과 달리 비교적 가치중립적인 개념이다. 허물과 죄와 부정이 제사로 정결케 되는 반면, 흠은 결코 해소되지 않은 존재 양식일 뿐이다. 그러므로 육체적인 흠을 가지고 있는 제사장들은 부정한 제사장들과 달리 하나님의 성물을 먹는 것이 허락되었다.

넷째, 본문에서 중요한 구절은 육체적인 흠을 가지고 있는 제사장들에게 하나님의 성물을 먹도록 허락되었다는 사실이다. 이것은 제한적이긴 하지만 당시로서는 장애인 제사장에 대한 파격적인 배려이다. 비록 육체적인 장애로 인하여 제사장의 제사권이 제한되고 있긴 하지만, 장애인 제사장의 생존권과 재산권은 보장되고 있다. 제사장의 직무는 제한받고 있으나 제사장의 지위는 유지되고 있다.

다섯째, 그럼에도 불구하고 본문이 장애인에 대하여 부정적인 이미지를 주는 것은 사실이다. 그것은 레위기는 물론 성서 전체에 흐르고 있는 이스라엘 백성의 성과 속, 정결과 부정의 구분 의식에 기인한 것이다. 정결과 부정은 종교의 본질이다. 여기서 문제가 되는 것은 그 표현과 이미지이다. 당시 고대 이스라엘에서는 육체적 온전이 제의적 거룩을 볼 수 있는 외적인 표현으로 사용되었다. 사회 문화가 변화한 오늘날 이것은 새롭게 해석되고 적용되어야 한다.

여섯째, 예수 그리스도로 말미암아 제사는 예배로 대치되었다. 제사장의 자격도 성직자, 특히 예배 인도자의 자격으로 변화되어야 한다. 종교개혁자들에 따르면, 예수 그리스도로 말미암아 모든 사람이 제사장이 되었다. 이것이 만인사제직 또는 보편사제직이다. 이제 더 이상 외적이고 육체적인 조건이 성직자, 특히 예배 인도자의 자격이 될 수 없다.

일곱째, 그러므로 본문의 육체적인 흠은 이제 문자적으로 해석될 것이 아니라 예수 그리스도로 말미암아 보다 정신적이고 도덕적이고 영적인 것으로 고양되어야 한다. 육체적 장애가 아니라 도덕적이고 정신적이고 영적인 부정이야말로 교회의 지도자에게 제거되어야 할 것들이다.

결론적으로 오늘날 기독교 교회는 육체적 장애를 가진 사람을 제사장에서 축출할 것이 아니라 장애인을 사랑으로 포용하는 사람을 교회의 지도자로 세워야 할 것이다. 더 이상 육체적인 장애는 교회 리더십의 제한 조건이 될 수 없다. 이제 육체적인 완전함이 교회 지도자의 자격 조건이 되어야 할 것이 아니라 오히려 장애를 이해하고 품는 그리스도의 사랑과 고결한 신행일치의 도덕적 생활과 지도자로서의 영적인 은사가 교회 지도자의 자격 조건이 되어야 할 것이다.

제 4 장

하나님 나라의 표징으로서 장애 치유

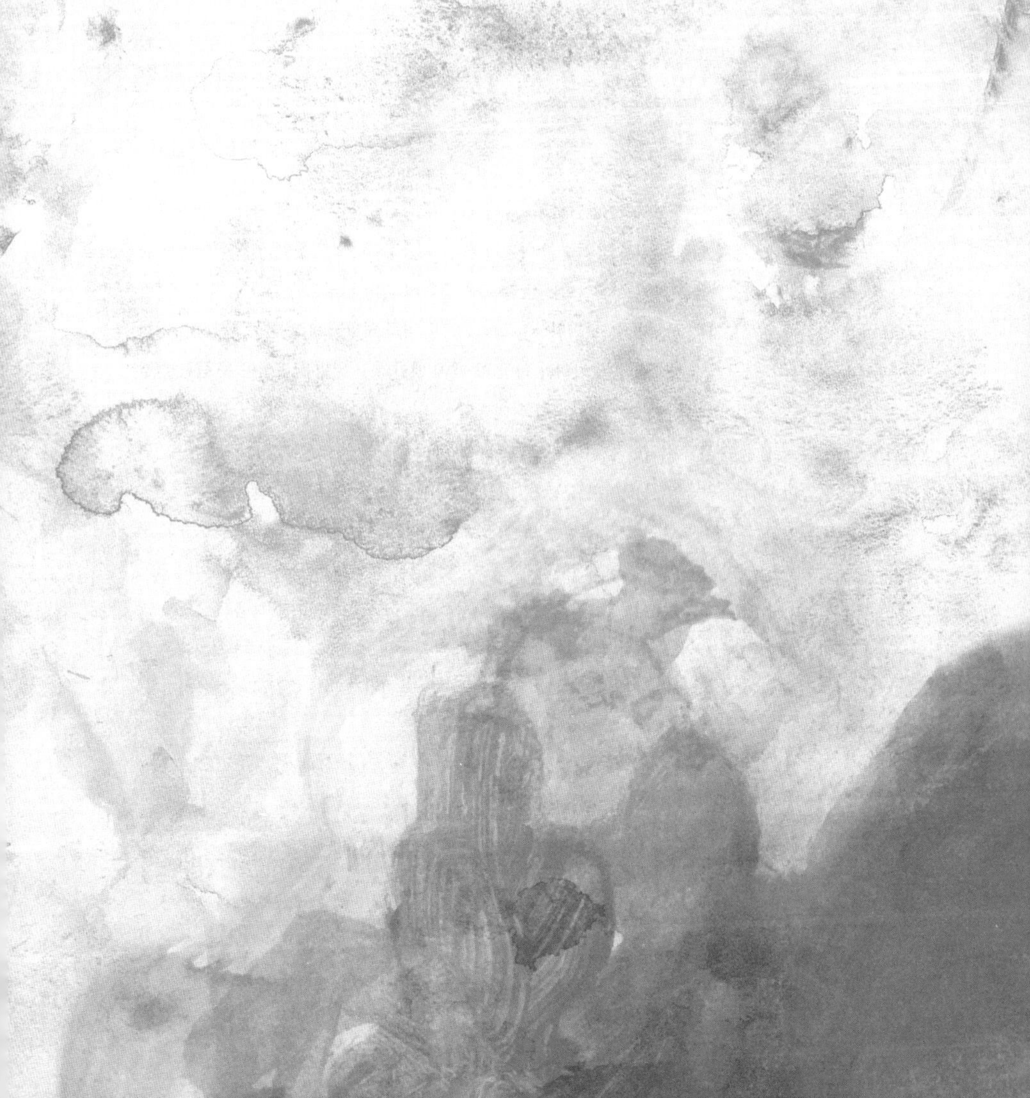

광야에 메마른 땅이 기뻐하며 사막이 [1]백합화 같이 피어 즐거워하며 무성하게 피어 기쁜 노래로 즐거워하며 레바논의 영광과 갈멜과 사론의 아름다움을 얻을 것이라 그것들이 여호와의 영광 곧 우리 하나님의 아르다움을 보리로다 너희는 약한 손을 강하게 하며 떨리는 무릎을 굳게 하며 [2]겁내는 자들에게 이르기를 굳세어라, 두려워하지 말라, 보라 너희 하나님이 오사 보복하시며 갚아 주실 것이라 하나님이 오사 너희를 구하리라 하라 그 때에 맹인의 눈이 밝을 것이며 못 듣는 사람의 귀가 열릴 것이며 그 때에 저는 자는 사슴 같이 뛸 것이며 말 못하는 자의 혀는 노래하리니 이는 광야에서 물이 솟겠고 사막에서 시내가 흐를 것임이라 뜨거운 사막이 변하여 못이 될 것이며 메마른 땅이 변하여 원천이 될 것이며 승냥이의 눕던 곳에 풀과 갈대와 부들이 날 것이며 거기에 대로가 있어 그 길을 거룩한 길이라 일컫는 바 되리니 깨끗하지 못한 자는 지나가지 못하겠고 오직 구속함을 입은 자들을 위하여 있게 될 것이라 우매한 행인은 그 길로 다니지 못할 것이며 거기에는 사자가 없고 사나운 짐승이 그리로 올라가지 아니하므로 그것을 만나지 못하겠고 오직 구속함을 받은 자만 그리로 행할 것이며 여호와의 속량을 받은 자들이 돌아오되 노래하며 시온에 이르러 그들의 머리 위에 영영한 희락을 띠고 기쁨과 즐거움을 얻으리니 슬픔과 탄식이 사라지리로다

– 이사야 53장 1–10절

---

1) 장미
2) 성급한

| 제 4 장 |

하나님 나라의 표징으로서 장애 치유

– 이사야 35:1–10을 중심으로–

I. 서언

구약성서 예언서에는 장애(인)에 대한 언급이 여럿 있다.[137] 이것들을 크게 세 가지로 분류할 수 있다. 하나는 예언서 전체에 흐르고 있는 하나님의 진노와 심판의 결과로서 장애(인)이다(렘 13:11–14, 14:12, 21:5–9, 24:8–10, 27:8–13, 28:7–8, 29: 17–19, 32:21–24, 36, 34:8–17, 38:2, 39:7, 42:16–17, 21–22, 44:21–22, 52:10–11, 겔 5:11–17, 6:11–13, 7:15, 14:19–21, 33:27, 호 7:1–6, 암 4:10, 슥 11:16–17 등). 둘째는 예언서 전체에 흐르고 있는 하나님의 회복과 구원을 의미하는 것으로서 장애(인)이다(사 29:18–20, 30:19–26, 32:1–4, 33:20–24, 35:1–10, 42:5–7, 61:1–3, 렘 31:7–9, 겔 34:15–21, 미 4:6–7, 습 3:19 등). 그리고 셋째는 비교적 중립적인 것으로서 일반적인 장애(인) 상태를 표현하거나 장애와 관련한 구절들이다(사 38:1–22, 39:1, 65:23–25, 렘 16:2–4 등).

137) 이재서, “구약성경에 나타난 장애관련구절 분석,” 『신학으로 이해하는 장애인』(서울: 세계밀알, 2009), 17–18. 이재서는 장애신학을 위한 기초 작업으로서 성경에서 ‘장애단어’, ‘장애구절’, ‘장애관련구절’, ‘케이스’를 구분하였는데, 그에 따르면 예언서에는 49 케이스, 81 장애단어, 65 장애구절, 186 장애관련구절이 있다.

이들 중 두 번째인 하나님의 회복과 구원과 관련하여 장애(인)는 주로 치유되는 것으로 표현된다. 회복의 상징으로 하나님께서 이스라엘 백성들을 모으고, 돌아오게 하고, 구원하고, 하나님의 백성이 되게 한다는 구절도 있지만, 가장 대표적인 회복과 구원의 표징은 하나님께서 보지 못하는 자를 보게 하고(사 29:18, 42:7), 듣지 못하는 자를 듣게 하고(사 29:18), 저는 자를 걷게 하고(사 35:6), 마음 상한 자를 치유한다(사 63:1)는 것이다. 그 대표적인 예언서의 본문이 이사야 35장이다. 이글은 장애신학의 관점에서 이사야 35장을 조명해 보고자 한다.

먼저 본문에 등장하고 있는 장애인과 장애 치유를 중심으로 본문의 의미를 밝혀보고, 다음으로 본문과 관련한 장애신학의 두 가지 논제를 논구하고자 한다. 하나는 본문의 장애 치유가 상징인지 아니면 현실인지에 대한 논의이고, 다른 하나는 종말의 현실이 장애 치유인지 아니면 장애 존속인지에 대한 논의이다. 끝으로 예수 그리스도를 구약성서의 성취자로 보는 관점에서 본문을 조명함으로써 이 논의들을 정리하고자 한다.

II. 본문에 나타난 장애와 장애 치유

이사야서는 크게 두 부분(1-39장/40-66장) 또는 세 부분(1-39장/40-55장/56-66장)으로 구분할 수 있다.[138] 1-39장은 다른 8세기 예언서들과 마찬가지로 주로 이스라엘의 죄악과 그에 따른 심판과 회복이 중심 내용이다. 특히 다윗 왕권이 중요 주제로 등장하는데, 다윗의 후손 중에서 한 인물이 나타나 하나님의 약속의

138) 이것을 제1이사야, 제2이사야, 제3이사야로 구분하여 부르기도 한다.

말씀을 성취하고, 예루살렘과 성전을 회복하며, 열방을 심판하고, 온 세상에 하나님의 통치를 이루게 하신다는 것이다.[139] 이것은 곧 메시아에 대한 예언이다.

40-55장은 바벨론 포로기에 대한 예언으로서 하나님의 구속 사건이 중심 내용이다. 특히 고난 받는 여호와의 종이 중요 주제로 등장하는데, 4편에 걸친 '여호와의 종의 노래'(42:1-9, 49:1-6, 50:4-9, 52:13-53:12)를 통하여 메시아 사상이 더욱 구체화 된다. 56-66장은 바벨론 포로기 이후의 새로운 공동체에 대한 예언이 중심 내용이다. 공동체의 죄악, 예루살렘의 회복, 이스라엘을 위한 구원을 갈구하고, 혈연으로서 이스라엘을 넘어 하나님이 새롭게 창조하시는 공동체로서 새 예루살렘을 노래한다.

본문 35장은 히스기야의 내러티브(36-39장)를 제외하면, 이사야 전반부의 제일 마지막 장이다. 이장은 다른 예언서들과 마찬가지로 하나님의 완전한 성취와 회복의 최고의 이상을 노래한다. 그러나 이 희망은 단순히 이사야 전반부에만 해당하는 것이 아니다. 42장 5-7절, 61장 1-3절에도 동일한 최고의 이상들이 나타나고 있다. 이 이상은 이사야 전체를 관통하는 이상이며, 더욱 확대하면 예언서들의 공통적인 이상에 해당한다.

또한 이사야 35장과 40-55장 사이에는 유사한 내용들이 동일한 언어적 접촉점들을 가지고 존재한다.[140] 그래서 터커(Tucker)는 35장의 저자가 제2이사야일 것이라고 주장하였고, 클레멘츠(Clements)는 35장의 저자가 최소한 40-55장의 내용을 알고 그것을 바탕으로 기록하였다고 주장하였고, 자이츠(Christopher R. Seitz)는 35장은 두 이사야서를 연결하는 '편집상의 다리'라고 주장하였다.[141]

---

139) 김희석, "이사야서에 나타난 장애 관련 표현의 신학적 함의-시각장애/청각장애, 성기관 손상장애를 중심으로," 『성경과 장애인』(서울: 세계밀알, 2013), 11-12.

140) 크리스토퍼 자이츠/이인세 옮김, 『이사야 1-39』, 현대성서주석(서울: 한국장로교출판사, 2003), 346.

141) 송병현, 『엑스포지멘터리 이사야 II』(서울: 국제제자훈련원, 2012), 54.

이사야 35장은 이사야 전반부의 결론이며 후반부의 서언의 역할을 하고 있다.

본문 이사야 35장에는 외관상 크게 4범주의 장애인들이 언급되어 있다. 본문 5절의 맹인(עִוֵּר, 이웨르)은 오늘날 시각장애인을 가리키고, 못 듣는 사람은(חֵרֵשׁ , 헤레쉬)는 청각장애인, 저는 자(פִּסֵּחַ, 펫세아흐)는 지체장애인, 말 못 하는 자(אִלֵּם, 일렘)는 언어장애인을 각각 가리킨다. 본문은 이 4범주의 장애인들이 모두 고침을 받았다고 통칭하지 않고, 각각의 장애인들의 장애가 치유됨을 의미하는 동사를 사용함으로써 그들의 장애가 정확하게 무엇인지를 분명히 해주고 있다. 즉, 시각장애인의 눈이 밝을 것이며(תִּפָּקַחְנָה עֵינֵי עִוְרִים, 티파카흐나 에네 이웨림), 청각장애인의 귀가 열릴 것이며(וְאָזְנֵי חֵרְשִׁים תִּפָּתַחְנָה, 웨오즈네 헤레쉼 티파타흐나), 지체장애인은 사슴 같이 뛸 것이며(יְדַלֵּג כָּאַיָּל פִּסֵּחַ, 예달레그 카아얄 페세흐), 언어장애인의 혀가 노래할 것(וְתָרֹן לְשׁוֹן אִלֵּם, 웨타론 레숀 일렘)이라고 표현되어 있다. 시각장애인은 눈, 청각장애인은 귀, 지체장애인은 뛰는 것, 언어장애인은 혀에 장애가 있는 것이다. 본문에 사용된 동사들은 정확히 의학적으로 장애가 치료되었다고 통칭하기 보다는 각각의 장애가 치유되어 나타나는 현상 내지 치유되어 할 수 있는 여러 활동들 중의 하나를 표현하고 있다.

장애(인)에 대한 규정은 시대와 사회마다 변하는 것이다. 레위기 21장의 장애(인) 규정들을 보면, 그것들 중에는 당시에 심각한 장애였지만 오늘날엔 간단한 치료로 회복될 수 있는 것들도 있다. 본문 35장에는 이 4가지 장애인 외에도 3절의 약한 손이나 떨리는 무릎을 가진 사람들, 4절에 겁내는 자들, 8절의 우매한 행인이 등장한다. 이들을 특정 장애인으로 확정하는 것은 곤란한 일이지만, 사회에 따라서는 장애를 가진 사람으로 확대 해석할 개연성은 있다.

특히 8절의 우매한 행인에 대한 해석이 그렇다. '우매한'에 해당하는 히브리어 וֶאֱוִילִים(에윌림)은 문자 그대로 어리석은 사람이나 우둔한 사람을 가리키는

데, 그것이 인지와 지능에 관련된 것인지 양심이나 도덕에 관련된 것인지 분명하지 않다. '다니다'에 해당하는 히브리어 יִתְעוּ(이트우)의 원형 תָּעָה(타아)는 구약성서에서 용례를 살펴보면 세 가지 의미, 곧 '길을 잘 몰라 방황하다' (창 37:15), '술에 취해 비틀거리다'(욥 12:25), '정확한 지식을 갖지 못한 사람이 악한 사람에게 속거나 미혹당하다'(대하 33:19, 시 95:10)는 의미로 쓰이고 있다. 따라서 본문의 '우매한' 사람은 '다니다'라는 동사와 함께 어울려 여러 가지 해석이 가능한데, 크게 두 가지의 전혀 다른 해석이 가능하다.

실제로 대부분의 한글성경은 8절 하반절의 본문을 "우매한 행인은 그길로 다니지 못할 것이다."라고 번역하고 있다.[142] 이때에 우매한 사람은 인지나 소통에서 지능이 떨어지는 사람으로도 해석할 수 있고, 신앙이나 도덕적으로 타락한 사람으로도 해석할 수 있다. 오스왈트(John N. Oswalt)는 이사야 19장 11절과 32장 5-6절에 기초하여 본문의 우매한 사람을 도덕적으로 타락한 사람으로 해석하였다.[143] 도덕적으로 타락하고 영적으로 불결한 사람은 거룩한 시온의 대로를 다닐 수가 없는 것이다.

그런데 한글성경 중에서 현대인을 위한 성경과 영어성경 KJV, NASB 본문은 "우매한 사람도 그 길을 잃지 않을 것이다."라고 번역하고 있으며 NIV는 난외주에 이 번역을 달아놓고 있다.[144] 이때에 우매한 사람은 신앙이나 도덕적으로 타락한 사람보다는 지적 능력이 떨어지는 사람으로 보아야 한다. 영적으

142) 우매한 행인은 그 길을 범치 못할 것이며 「개역한글」; 우매한 행인은 그 길로 다니지 못할 것이며 「개역개정」; 어리석은 자들은 서성거리지도 못하리라 「공동번역」; 어리석은 사람은 그 길에서 서성거리지도 못할 것이다 「새번역」

143) 존 오스왈트/장세훈 김홍련 옮김, 『이사야』 NIV전용주석(서울: 성서유니온선교회, 2004), 529.

144) but it shall be for those: the wayfaring men, though fools, shall not err therein(*KJV*); But it will be for him who walks that way, And fools will not wander on it(*NASB*); 어리석은 사람도 거기서 방황하지 않을 것이다 「현대인의 성경」

로 불결한 사람이 거룩한 길을 다닐 수는 없기 때문이다. 본문에서 우매한 사람은 단순히 잠시 판단 착오를 일으키는 사람이라기보다는 오히려 중증의 지적장애를 가진 사람, 곧 지적장애인을 가리킨다고 볼 수 있다.

그럴 경우 본문은 전혀 다르게 해석된다. 즉 지적장애인이 시온의 대로를 다닐 수 없다는 뜻이 아니라 오히려 정반대로 지적장애인이라 하더라도 시온의 대로에서는 길을 잃을 수 없다는 뜻이 된다.[145] 김홍덕에 따르면, 그 길은 너무나도 분명하고 쉬운 길이어서 아무리 우매한 행인이라고 할지라도 절대로 그 길을 잃어버릴 수 없다는 뜻이다.[146] 이 길은 인간의 어떤 노력이나 능력으로 걸어가는 것이 아니라 인간의 무지와 부족에도 불구하고 오직 하나님의 구원과 회복의 능력으로 걸어가는 길이다. 이사야 35장 전체가 인간의 노력이 아니라 하나님의 은혜로 주어지는 천지개벽 수준의 역사라고 한다면, 전자 보다 후자의 해석이 훨씬 더 타당하다. 필자는 이 본문이 발달장애인에게도 구원과 천국의 길이 열려 있음을 의미하는 하나의 근거 구절이 될 수 있다고 생각한다.

Ⅲ. 상징인가? 현실인가? 미래적 현실로서 장애 치유

예언서에서는 장애(인)에 대한 두 가지 정반대의 시각이 있다. 하나는 하나님의 진노와 심판의 결과로서 장애(인) 발생이고, 다른 하나는 하나님의 회복과 구원의 의미로서 장애(인) 치유이다. 그런데 예언서의 이 장애(인) 표현이 실제로 현실에 존재하는 장애(인)를 가리키는 것인지 아니면 상징적인 의미로서

145) 에드워드 영/ 조휘 · 정일오 옮김, 『이사야서 주석 II』(서울: 기독교문서선교회, 2008), 481.
146) 김홍덕, 『장애신학』(대전: 대장간, 2010), 185.

의 장애(인)를 뜻하는 것인지에 이견이 있다. 장애(인) 치유의 가장 대표적인 구절이며 최절정의 구절이 바로 이사야 35장이므로 당연히 본문은 장애(인) 치유가 상징인가 현실인가의 논쟁의 중심에 있다.

오랫동안 예언서에 기록된 장애 치유는 문자적으로 약속된 것으로서 지금 당장의 현실에서는 실현 불가능한 것이지만, 언젠가 먼 미래에 하나님께서 이루어 줄 것이라는 것이 장애인들의 간절한 소망이었다. 장애인들에게 장애 치유는 장애의 정도와 장애인의 수용 능력에 따라 다소 차이가 있지만, 현실에서의 고난과 고초만큼이나 미래에 절실한 것이다. 그런데 이 모든 것들이 실제 장애(인)나 장애(인) 치유가 단지 상징이라는 의견은 장애인들에게 실망스럽게 다가온다.

예언서에 언급된 장애(인)와 장애(인) 치유는 많은 경우에 넓은 의미에서 상징적인 표현이다. 이사야 43장 8절, 예레미야 5장 21절, 에스겔 12장 2절 등의 눈이 있어도 보지 아니/못하고 귀가 있어도 듣지 아니/못한다는 표현은 당시 하나님의 말씀을 분별하지 못하는 현실과 저주와 심판 아래 있는 이스라엘 백성들을 가리키는 것이지, 실제로 시각장애인과 청각장애인을 일컫는 것은 아니다. 예레미야 30:15-16, 스바냐 1:17, 스가랴 11:15-17도 하나님의 징벌을 의미하는 차원에서의 장애 현상을 상징적으로 사용하고 있다. 예레미야 30:17-24, 31:8-9, 스바냐 3:14-20은 하나님의 회복을 의미하는 차원에서 장애 치유를 표현하고 있는데 이것은 상징적 의미와 함께 현실적 사건으로 볼 수도 있다.[147]

147) 함택, "구약성서에 나타난 장애 해석에 관한 조망," 『신학으로 이해하는 장애인』(서울: 세계밀알, 2009), 91-94. 함택은 예레미야 31:8-9절에 대하여 월터 브르거만(Walter Brueggemann)의 해석에 동조하며, 실제로 하나님의 회복을 체험할 자들 가운데 이런 장애를 가진 자들이 포함될 것이 분명하지만, 예언자는 육체적으로 연약한 자들이 귀환 행렬 가운데 동참하는 것을 통해서 전능하신 하나님의 인도하심과 자상

이사야서에서 보거나 보지 못하거나 듣거나 듣지 못하는 것에 관한 표현은 6장 9-10절부터 시작되고 있다. "여호와께서 이르시되 가서 이 백성에게 이르기를 너희가 듣기는 들어도 깨닫지 못할 것이요 보기는 보아도 알지 못하리라 하여 이 백성의 마음을 둔하게 하며 그들의 귀가 막히고 그들의 눈이 감기게 하라 염려하건대 그들이 눈으로 보고 귀로 듣고 마음으로 깨닫고 다시 돌아와 고침을 받을까 하노라 하시기로"(사 6:9-10). 이들은 하나님의 부르심을 이해하지 못하며 그의 일에 참여할 수 없는 사람들을 상징적으로 의미한다. 육체적으로는 비장애인일지 몰라도 영적인 삶에 있어서는 시각장애인이 되고 청각장애인이 되는 것이다.

이사야 6장 9-10절 외에도 29장 9절, 42장 18-20절, 56장 10절은 도덕적이고 영적인 의미에서의 장애가 분명하다. 42장 16절은 중의적이어서 영적 의미와 물리적 의미 두 가지 해석이 다 가능할 수 있다. 그러나 본문 29장 18절과 35장 5-6절은 성격이 약간 다르다. 중요한 특징은 이사야의 다른 부분에서는 시각장애인이나 청각장애인을 대상으로 말하는 시점이 지금 현재인데 반해서, 29장 18절과 35장 5-6절은 장차 도래할 미래인 것이다. 29장 18절은 '그날', 35장 5-6절은 '그때'로 시작하고 있다. 그러므로 본문 35장 5-6절의 시각장애와 청각장애를 실제 장애인이 아니라 영적인 상징이나 의미로 일괄하는 것은 억지의 소지가 있다.

본문 이사야 35장 1-10절은 하나님이 이스라엘을 구원하시고 회복하시는 때의 놀라운 이상을 노래하고 있다. 본문은 크게 세 가지로 그것을 표현하는데, 하나는 사막에 샘이 솟고 꽃이 피는 것과 같은 생태계의 변화이고, 하나

한 돌봄을 강조하고자 했다고 보았다. 이 논제에 대한 필자의 입장도 같다.

는 장애인이 회복되고 치유되는 것이고, 마지막 하나는 속량함을 얻은 하나님의 흩어진 백성들이 귀환하는 것이다. 그런데 35장 처음 1절도 아니고 마지막 구절도 아닌 5절과 6절에서만 모두 ‘그때에’(אָז)로 시작하는데, 이 두 구절은 모두 장애인의 회복과 치유를 노래하고 있다.

‘그때’가 크로노스의 현실적인 시간으로 언제인지는 확실하지 않지만, 그때가 카이로스의 영적인 시간으로 하나님께서 메시아를 통하여 이루실 구원과 회복의 새 창조의 때를 가리킨다는 것은 확실하다. 메시아의 도래나 종말론적 시점을 의미하는 ‘그때에’ 또는 ‘그날에’ 하나님께서 장애인을 치유하실 것이라는 표현은 예언서에 종종 등장한다(사 29:18, 35:5–6, 미 4:6–7, 습 3:19).[148] 그때/그날에 시각장애인이 보게 되고, 청각장애인이 듣게 되고, 언어장애인이 말하게 되고, 지체장애인이 걷게 될 것이다.

구약성서에서 하나님의 진노에 따른 심판은 여러 가지 현상으로 나타난다. 출애굽할 때 애굽 땅에 내려진 10가지 재앙, 신명기 28장 15절 이하 저주 구절, 솔로몬 성전 봉헌시의 기도문에 나타나는 문제들은 다양한 현상의 좋은 예이다. 그것들 가운데 가장 대표적인 것이 장애이다. 장애는 주위에서 쉽게 접할 수 있는 가장 힘겹고 고질적인 것이기 때문이다. 하나님의 용서에 따른 회복도 여러 가지 현상으로 나타난다. 모세의 기적, 엘리야와 엘리사의 기적, 솔로몬 성전 봉헌시의 기도문에 나타나는 응답들은 다양한 현상의 좋은 예이다. 그것들 가운데 가장 대표적인 것이 장애 치유이다. 그런데 장애 치유는 쉽게 발생하지 않는다. 구원과 회복에 대한 다양한 표현들 가운데 장애(인) 발생도 아

148) 최대열, “신학적 인간학에서 본 장애(인)”, 「함께 불러야 할 노래」(서울: 한국장로교출판사, 1999), 130–133. 예언서의 ‘그날’에 하나님은 1) 장애(인)를 치유하시고, 2) 흩어진 그들을 불러 모으시고, 3) 저는 자를 구원하신다. 예언서에 언급된 ‘그날’의 장애인의 구원은 ‘장애 해결’과 ‘하나님 나라에서의 통치’와 ‘구원’으로 드러난다. 이 세 가지 표현은 장애인의 구원에 대한 표징이나 표현들이다.

니고 유독 장애(인) 치유만 상징으로 취급하는 것은 지나치게 장애 불치의 현실이 지배적으로 반영되어 있는 것이다.

이사야 35장 본문은 장차 하나님이 이루실 회복과 치유의 미래를 노래하고 있다. 그 표현 또한 여러 가지이다. 사막에 샘이 솟고 꽃이 피고, 장애인이 치유되고, 흩어진 구원의 백성들이 돌아올 것이다. 이사야 11장 6–8절에 따르면 '그때에' 이리가 어린양과 함께 살고, 표범이 어린 염소와 함께 눕고, 젖 먹는 아이가 독사의 굴에 손을 넣을 것이다. 종말론적으로 그날/그때에 이루어질 천지개벽의 새로움을 노래하는 여러 현상들은 모두 비현실적이다. 그 가운데에서 유독 장애 치유만 상징적이라고 말할 수는 없다.

초기 예언자들이 이스라엘의 백성을 촉구하고 그에 따른 회복을 예언하는 현실 역사에서는 상징적인 의미로서 장애 치유는 문제가 되지 않는다. 그러나 후기 예언자들이 마지막 때에 이루어질 완전한 하나님의 새 창조를 예언하는 종말론적인 역사에서 장애 치유는 다른 성격을 갖게 된다. 둠(Duhm) 이후에 이사야 35장 본문은 일종의 묵시문학으로 간주되었다. 이사야 35장은 앞의 24–27장과 비교하여 소규모의 묵시문학이라고 불리는데, 35장 본문은 현실의 연장선상에서 예측 가능하게 실현될 수 있는 일이 아니라 전혀 예측할 수 없는 극적이고 급진적인 마지막 때에야 가능한 일이다.[149]

후기 예언서에 들어서면 하나님의 심판에 따른 이스라엘의 회복 기미를 점차 찾아 볼 수 없게 되고, 이스라엘의 회개에 따른 하나님의 구원의 약속은 점차 소원하게 보인다. 전기 예언 시대의 정권이나 백성에 대한 직설적인 비판은 후기 예언 시대에 이르러서는 거의 불가능한 위협의 상태를 맞이하게 된다.

149) 김회권, 『이사야(I)』, 대한기독교서회 창립 100주년 기념 성서주석(서울: 대한기독교서회, 2006), 656–658.

그때에 새롭게 등장하는 것이 묵시문학(apocalyptic)인데, 묵시사상(apocalypticism)은 현실적인 역사에서 좀처럼 회복이나 개선의 여지를 발견할 수 없음을 반증하고 있다. 묵시사상은 가까운 미래가 아니라 역사의 종말에 해당하는 메시아의 도래로 시간을 연장하는데, 그 연장은 단순히 양적인 연장이 아니라 질적인 변화를 의미한다.[150] 묵시문학은 꿈이나 환상이나 내세의 여행 등의 형식으로 마지막 때를 계수하고, 상징적인 동물이나 숫자를 사용하여서 메시아적 재앙과 하나님 나라의 도래, 부활과 최후 심판으로 이 세상의 모든 불의를 바로 잡고, 믿음으로 인내하였던 의인들에게 최후 승리와 합당한 상급을 줄 것 등을 계시한다.[151]

죽은 자의 부활과 의인의 최후 승리라는 묵시문학의 최종 선언과 기대를 고려한다면, 마지막 날에 장애인의 치유는 불가능한 일이라거나 상징적인 표현으로만 처리할 수 없다. 무엇보다 후기 예언 시대를 지나 묵시 시대를 거치면서 이 약속과 기대는 이스라엘 백성에게 믿음의 현실이 되었다. 예수 시대에 사람들이 예수를 기다리던 메시아로 인식하게 되었던 가장 분명한 까닭도 바로 예수가 장애인을 치유하고 죽은 자를 살리셨던 데에 기초한다. 당시의 많은 무리가 예수를 따라 다녔던 이유도 단순히 기적을 일으켜서가 아니라 그 기적이 바로 예언서와 묵시문학의 전승을 통해 약속되고 기다리던 장애 치유였기 때문이다.

또한 본문에서 장애를 구분하여 일부 장애는 상징으로, 일부 장애는 현실로 해석하는 것은 적절하지 않다. 김희석은 이사야에 나타난 장애인의 용례를

150) 폴 핸슨/이무용 · 김지은 옮김, 『묵시문학의 기원』(서울: 크리스찬 다이제스트, 2007), 14, 18-21, 36-37.
151) D. S. 러셀/홍성혁 옮김, 『하나님의 계시: 유대 묵시문학 개론』(서울: 제라서원, 2012), 123-124, 125-136, 152-167.

분석하여서 시각장애인과 청각장애인의 치유는 상징으로, 성기관 관련 장애인 고자는 이방인의 구원과 함께 현실로 간주하였다. 그는 구속사적 관점에서 예수 그리스도의 사건 이후 이방인과 고자에게 현실적으로 구원의 확장이 이루어졌다고 보았기 때문인데,[152] 시각장애인과 청각장애인도 예수 그리스도 안에서는 구원과 치유를 경험하고 있다. 이사야서의 다른 본문들은 상징으로 처리할 수 있지만, 최소한 이글의 본문인 35장은 아직 완전히 성취되지 않았지만 언젠가는 완성될 현실로 보아야 하는 것이 옳다. 이사야의 시대나 기록 당시에는 모두 다 상징으로 볼 수 있어도 예수 그리스도 이후에는 모두 구속사적으로 약속된 현실이다. 왜냐하면 그것이 하나님 나라이기 때문이다.

Ⅳ. 장애 치유인가? 장애 존속인가? 종말론적 장애 초월

채은하는 구약 예언서에 나타난 장애 언급을 다루면서 이것이 주로 상징적인 의미로 작용하였음을 주장하는 동시에 장애신학과 관련하여 하나의 중요한 딜레마를 제기한다. 그것은 마지막 날에 장애가 꼭 제거되어만 하는 것인가라는 질문이다.[153]

이것은 장애인 당사자에게는 매우 예민하고 중요한 문제이며, 인간론이나 종말론에서는 민감하고 난해한 문제이다. 왜냐하면 장애인 당사자에게 장애로 인한 고통과 차별이 심하면 심할수록 종말에 회복되고 치유되기를 바라는 소망

152) 김희석, "이사야서에 나타난 장애 관련 표현의 신학적 함의," 22-26.

153) 채은하, "구약성경에 나타난 장애인이 삶과 장애인 신학의 시도," 「예장 통합 총회 장애인신학정립을 위한 2차 포럼 자료집」(2011), 24-25.

은 그가 고난의 인생을 견디고 헤쳐 나가게 하는데 큰 동력이 되기 때문이다.

또한 인간론이나 종말론에 있어서는 인간의 인격과 의식이라고 하는 것이 그의 삶을 기반으로 형성되는 것이기 때문이다. 장애는 사람의 인격과 사고와 삶을 구성하는데 있어서 전부는 아니지만 매우 중요한 하나의 요소이다. 인간의 경험이 모여서 사고를 통하여 그의 세계관이 되고, 그 세계관을 통해서 오늘을 살고 미래를 계획하고 준비하게 된다. 간단한 예로 휠체어를 탄 사람은 다음 행선지로 가기 위해서 교통편을 미리 알아보며 휠체어를 위한 편의시설이 되었는지를 알아보는 생활이 일상화되어 있다. 달리 말하면 장애는 사람의 자기 정체성과 자기의식을 결정짓는데 중요한 요소이다.

지난 세기 말에 발흥한 해방의 신학들은 성서와 기독교의 해방의 신앙 가운데 억눌린 사람들의 삶과 의식과 그것을 구성하게 하는 사회적 억압과 차별구조에 대하여 인식하고 개혁하기 시작하였는데, 그 결과의 한 산물은 억압당하는 사람이 자신을 구성하는 사회적 억압의 요소를 오히려 수용하고, 인정하고, 자랑하는 것이다. 여성신학이 여성이기를 거부하지 않고, 흑인신학이 흑인이기를 거부하지 않고, 민중신학이 민중이기를 거부하지 않는다. 최근의 장애 운동의 일부 진영에서도 "장애가 아름답다."고 외치고 있다. 많은 해방의 신학들이 차별이나 소외 없이 하나님의 피조물로서 서로 상생하는 신학들의 지향점을 가지고 있는데, 장애인이 장애를 거부해야 하는가라는 질문은 매우 의미심장한 질문이다. 이 질문은 장애가 무엇인가에 대해서 다시 생각하게 하는 질문이다.

채은하는 예언서에서 장애가 치유되지 않고 그대로 존속하는 구절을 언급한다. 이사야 56장 3-8절에 따르면, 이방인과 고자가 이스라엘 백성이 되어 제사 드리게 될 것을 예언하고 있다. 여기서 고자는 장애가 제거되지 않은 채 그대로 제의에 참석하고 하나님 나라의 미래에 축복을 받고 살게 될 것으로 묘사되어 있다.[154] 그런데 이사야 35장의 본문에서는 장애인들의 장애가 치유되어 장애의 제약 없이 활동하고 있음을 묘사하고 있다.

존 와츠(John D. Watts)는 이사야 35장을 예언서의 중요한 모티브 중의 하나인 하나님의 회복으로서 이스라엘 백성의 귀환 또는 순례의 모습으로 해석하였다. 거룩한 도시를 향해 나아가는 순례자의 행렬에는 유약하고 병들고 피곤한 사람들이 포함되어 있다.[155] 오토 카이저(Otto Kaiser)도 본문을 시온을 향해 나아가는 구원받는 자들의 행렬로 보았다.[156] 약한 손, 떨리는 무릎을 가진 사람, 겁내는 자, 맹인, 듣지 못하는 사람, 저는 사람, 말 못하는 사람 등이 순례자의 행렬에 들어 있다. 이들은 예언서의 전통에서 분명히 이 거룩한 행렬에 참여할 수 없는 사람들을 상징하는데, 종말의 때인 그때/그날에는 육체적인 장애로부터 완전히 해방될 것이다.

주목할 점은 이사야 35장 본문을 포함하여 그때/그날에 일어날 장애 치유에 대해 성서는 여전히 장애인이었던 사람으로 그의 정체성을 특징짓고 있다는 것이다. 성서는 치유된 장애인이라 하더라도 계속해서 장애인이었던 과거를 그 인물의 중요한 특징으로 사용하고 있다. 요한복음 9장에 시각장애인이 실로암에서 치유 받은 이후에 전개되는 바리새인들과의 긴 논쟁은 이미 그가 고침을 받아서 더 이상 시각장애인이 아님에도 불구하고, 여전히 나면서 시각장애인이었던 사람이라고 특징짓고 있다(요 9:13, 17, 24). 사도행전 3장에 성전 미문의 지체장애인 역시 치유 받은 이후에 4장까지 전개되는 유대인들과의 긴 논쟁에서 이미 그가 고침을 받아 더 이상 지체장애인이 아님에도 불구하여 여전

154) *Ibid.*, 27.

155) 존 와츠/강철성 옮김, 『이사야 34-66』, WBC(서울: 솔로몬, 2006), 64.

156) 오토 카이저/박현덕 옮김, 『이사야(II)』, 국제성서주석(서울: 한국신학연구소, 1993), 474.

히 지체장애를 상기시키는 병 나은 사람이라고 특징짓고 있다(행 3:11, 4:14, 22). 달리 말하면 성서에서 장애는 치유 이후에도 그의 인격과 의식 곧 그의 정체성을 가리키는 중요한 특징 중의 하나이다.

그럼에도 불구하고 그때/그날에 장애로 특징지어지는 사람들이 더 이상 세상에서 장애로 인해 제약받는 장애인이 아니다. 그것은 꼭 육체적 회복과 육체적 재활을 의미하는 것이 아니다. 그때/그날에는 장애가 더 이상 장애가 되지 않는다. 설령 손상당한 지체나 육체의 상처를 지니고 있다고 할지라도, 그것이 무엇을 하지 못하는 기능적인 제약이 되지 않는다(막 9:43-47, 히 11:36-38). 그때/그날에 입을 인간의 몸은 부활하신 예수 그리스도의 몸처럼 현재 지상에서 가지고 있는 인간의 몸과 다른 것이듯이 하나님 나라에서 장애가 있든지 없든지 그것으로 인해 불편이나 차별이나 소외가 없을 것만은 확실하다(요 20:26-27, 고전 15:42-54).

사람의 인격과 의식의 정체성을 고려할 때, 장애가 치유되지 않고 그대로 있다 하더라도 더 이상 장애가 되지 않는 것이 보다 진일보한 삶에 대한 기대이다. 그렇지 않다면 그때/그날에 모든 인간은 그 시대나 그 사회가 이상으로 삼았던 인간들의 표준형 육체로 균일화될 것이기 때문이다. 그것은 개성과 조화를 가지고 아름답게 창조하신 하나님의 창조 질서에 반하는 것이다. 삼위일체 하나님의 창조는 각각 고유한 개성을 가지고 있어서 서로 다르지만, 서로 섬기며 사랑하고, 서로 돕고 협력하며 함께하는 데에 그 아름다움이 있다.

장애 치유는 후기 예언서와 묵시문학에서 바라던 종말에 이루어질 현실을 상징하는 표징 가운데 최고의 이상이었다. 그 기대하던 이상은 예수 그리스도로 말미암아 신약 시대에 이르러 실현되기에 이르렀다. 예수의 치유 사역은 마지막 날에 기다리던 메시아의 표징 중의 하나이다. 그리고 그리스도의 사역에서도 장애가 치유되거나 제거되지 않고 있는 사례를 추정할 수 있다. 예수는 모든 장애인을 치유하신 것처럼 보이지만, 실제로 그렇지 않은 본문도 찾아볼 수 있다. 그리고 무엇보다 예수의 치유는 결코 육체적인 회복에만 제한되지 않는 전인적인 구원이었다.[157] 예수 그리스도의 치유는 전인적인 구원으로 육체적인 치유, 사회적인 회복, 영적인 구원, 제자로서의 삶, 영생, 하나님 나라에 대한 소망 등을 모두 포함하고 있다.

정리하면, 종말론적 미래에 장애와 관련하여 두 가지의 현실이 다 가능하다. 인간의 장애가 완전히 치유되는 현실과 인간의 장애를 지닌 채로 장애가 더 이상 장애가 되지 않는 현실이다. 어느 경우든지 하나님 나라에서는 장애가 더 이상 장애가 되지 않는다. 그 현실은 예수 그리스도로 말미암아 이미 시작되었으며 마지막 때에 이르러 완성될 것이다. 교회가 예수 그리스도의 몸으로서, 하나님 나라의 예표로서 존재하고 사역한다면, 교회는 지금 이 세상에서 장애가 더 이상 장애가 아닌 하나님 나라의 실현을 이루어 가야 한다. 그 최종적인 완전한 성취는 영원한 하나님 나라의 몫으로 남겨둔다 하더라도 오늘 하나님 나라는 지금 교회에서부터 실현되고 확장되어야 한다.

Ⅳ. 장애 치유 예언의 성취자로서 예수 그리스도

구약성서와 신약성서를 연결하는 전통적이고 가장 확실한 해석은 예언과 성취이다. 구약성서는 예수 그리스도에 대한 예언이고, 신약성서는 그 예언의

157) 홍기영, "인간의 치유와 예수의 선교," 『치유와 선교』(서울: 다산글방, 2000), 25-27.

성취로서 예수 그리스도와 그의 몸 된 교회에 대한 기록이다. 신약성서에서 복음서는 특히 예수 그리스도에 대한 기록이다. 그중에 특히 마태복음은 유대교 기독교인을 위한 것으로서 유대교적 배경과 전승이 강하다. 주석가들은 마태복음이 다른 세 복음서들에 비하여 구약을 많이 인용하고 있으며, 그 표현 또한 구약적이라고 주장한다. 그리고 마태복음서의 청중들의 상당수가 유대 그리스도인들이며, 대부분 유대인으로 구성된 안디옥의 시리아 주변에 살았을 것으로 추정한다.[158]

마태복음은 구약성서, 특히 예언서와 묵시사상의 전통 아래에 있다. 마태복음 1장 1절의 서언은 예수 그리스도를 구약을 대표하는 아브라함과 다윗의 자손으로 소개함으로써 마치 구약의 예언에 대한 성취 성명서와 같은 분위기이다. 리차드 프란스(Richard T. France)에 따르면 마태신학의 주요 주제는 '성취'(fulfilment, πληροῦν)이다.[159] 마태는 "....선지자로 말씀하신 바를 이루려 하심이니(이루어졌느니라) 이르시되...." 구절로 예언의 성취를 직접 드러내고 있다(마 1:22-23, 2:15, 17-18, 23, 4:14-16, 8:17, 12:17-21, 13:35, 21:4-5, 27:9-10). 예수는 탄생부터 부활에 이르기까지 예언의 성취자로 입증된다. 마태복음 11장에 세례 요한은 감옥에 갇혀서 예수의 사역을 듣고 제자들을 보내어 예수에게 "오실 그 이가 당신이오니이까 우리가 다른 이를 기다오리이까"라고 질문하였다. 여기서 '오실 그 이'(ὁἐρχόμενος, 호 에르코메노스)는 이미 구약성서, 특히 예언서과 묵시문학에서 오시리라 약속되어 기다리던 메시아를 가리킨다(시 40:7, 118:26, 단 7:13, 9:25-27,

158) 크레이그 L. 블롬버그 · 릭 E. 왓츠/김용해 우성훈 옮김, 『마태복음』 신약의 구약사용 주석(서울: 기독교문서선교회, 2010), 51-52; 마태공동체 연구에 대해서는 김학철, 『마태복음 해석- 마태공동체의 사회정치적 현실과 신학적 상징세계』(서울: 대한기독교서회, 2014), 특히 179-209 참조.

159) 리차드 T. 프란스/이한수 옮김, 『마태신학』(서울: 엠마오, 1995), 257-266.

말 3:1, 행 19:4, 히 10:37, 계 1:4, 8).[160]

이에 예수는 요한의 제자들에게 너희가 가서 듣고 보는 것을 요한에게 전하라고 말하였다. 누가복음이 '보고 들은 것'인데 비해 마태복음은 '듣고 보는 것'을 말하라고 기록되어 있다.[161] 그 내용은 "맹인이 보며 못 걷는 사람이 걸으며 나병환자가 깨끗함을 받으며 못 듣는 자가 들으며 죽은 자가 살아나며 가난한 자에게 복음이 전파되는 것"이다(마 11:5). 여기에 6부류의 사람이 소개된다. 곧 맹인, 못 걷는 사람, 나병환자, 못 듣는 사람, 죽은 자, 가난한 자이다. 예수는 이들을 중심으로 그의 하나님 나라 사역을 전개하였다. 여기서 맹인(τυφλός, 튀플로스)은 오늘날 시각장애인, 못 걷는 사람(χωλός, 콜로스)은 지체장애인, 나병환자(λεπρός, 레프로스)는 오늘날 악성 피부병의 한센병자, 못 듣는 사람(κωφός, 코포스)은 청각장애인에 해당한다. 예수가 이들을 향하여 하는 사역 또한 장애 치유와 관련되어 있다. 맹인이 보고, 못 걷는 사람이 걸으며, 나병환자가 깨끗함을 받으며, 못 듣는 자가 듣고, 죽은 자가 살아나는 것이다. 즉 장애 치유가 예수의 사역의 현실이다. 이것은 예언서, 특히 이사야서에 이미 예언된 것이다.

마태복음 11:5와 관련하여 이사야 35:3-4에 맹인이 보고, 못 듣는 자가 듣고, 저는 자가 걷게 될 것이 예언되어 있고, 이사야 61:1-2에는 가난한 자에게 복음이 전파되고 마음 상한 자가 고침을 받게 될 것이 예언되어 있고, 이사야 26:19에는 죽은 자가 살아나게 될 것이라고 예언되어 있다. 이것은 메시아가 도

160) 박수암, 『신약주석 마태복음』(서울: 대한기독교서회, 2004), 241.

161) 베이컨(B. W. Bacon)은 마태복음이 모세오경과 같이 예수의 강화로 절정에 이르는 다섯 권의 책들로 이루어졌다고 주장하였다(마 7:28, 11:1, 13:53, 19:1, 26:1). 잭 D. 킹스베리/김근수 옮김, 『마태복음서 연구』(서울: 기독교문서선교회, 1990), 14-28 참조; 마태복음에서는 보는 것 보다 듣는 것이 앞선다. 마태복음은 산상설교(마 5-7장)의 '들음' 다음에 치유(마 8-9장)의 '목격'이 기록되어 있다. 조경철, 『마태복음(I)』, 대한기독교서회 창립 100주년 기념 성서주석(서울: 대한기독교서회, 1999), 455.

래하는 그때/그날에 이루어질 현상들이다. 그것이 예수 그리스도의 실제 사역을 통하여 입증된 것이다.[162] 마태복음 11장 5절은 마태복음 10장에 이르기까지 예수 그리스도가 하신 일의 요약이다. 오늘날 인간의 경험상 병자나 장애인의 치유가 그나마 실현 가능성이 있고, 죽은 자의 부활은 거의 불가능해 보인다.

송병현은 이에 대해 흥미로운 해석을 전개하였다. 그에 따르면 구약성서에서 선지자들은 경우에 따라서 죽은 사람을 살려내기도 하였다. 엘리야와 엘리사는 죽은 아이들을 살려냈다(왕상 17장, 왕하 8장). 그러나 누구도 시각장애인의 눈과 청각장애인의 귀를 열지는 못했다. 그러므로 이러한 일은 메시아가 오시면 하실 일로 기대하게 되었다. 당시 유대인들에게 죽은 사람을 살리는 것보다 맹인의 눈을 뜨게 하는 것이 더 크고 어려운 일이었다는 것이다.[163] 장애인의 치유와 죽은 자의 부활은 종말에야 비로소 가능한 하나님의 구원과 회복과 새창조를 나타내는 최고의 이상이다. 그런데 이 모든 실현 불가능한 일들이 바로 예수 그리스도를 통하여 일어났고, 예수 그리스도는 그것을 그의 주요 사역을 행하였다.

복음서의 1/5, 거의 1/3이 병자와 장애인의 치유와 관련된 내용이다.[164] 여기서 병자는 당시의 의술로 쉽게 나을 수 있는 병자를 가리키기보다 당시의

---

162) 도날드 헤그너/채천석 옮김, 『마태복음 1-13』, WBC(서울: 솔로몬, 1999), 511과 조경철, 『마태복음(I)』, 453 참조.
· 시각장애인 치유: 맹인이 보게 됨 – 이사야 29:18 / 마태복음 9:27-31
· 지체장애인 치유: 못 걷는 사람이 걸음 – 이사야 35:6 / 마태복음 9:1-8
· 한센병자 치유: 나병환자가 깨끗하게 됨 – 이사야 25:4 / 마태복음 8:1-4
· 청각장애인 치유: 못 듣는 자가 들음 – 이사야 29:18, 35:5 / 마태복음 9:32-34
· 죽은 자 소생: 죽은 자가 살아남 – 이사야 26:19 / 마태복음 9:18-26

163) 송병현, 『엑스포지멘터리 이사야 II』, 57.

164) 모턴 켈시(Morton T. Kelsey)는 복음서에서 약 1/5인 727절이 치유 관련 기록이라고 말한다; 이재서는 복음서의 약 15%인 571절이 장애관련구절이라고 말한다. 이재서, "예수님의 장애 치유의 함의와 선교적 효과 연구," 『성경과 장애인』(서울: 세계밀알, 2013), 31.

의술로 치료가 곤란하거나 불가능한 병자를 가리킨다는 의미에서 오늘의 장애인에 가깝다. 장애 개념에 대한 비교적 초기의 의학적인 접근에서 장애(disability)는 질병(disease)과 달리 의학과 의료기술을 통한 치료와 회복이 불가능한 육체적 조건을 의미하였다. 예수는 바로 그러한 장애인들을 고쳐주었다. 그것은 분명히 예언서와 묵시문학에 예언되었던 메시아에 대한 현상이었다. 예수 그리스도 자신도 그러한 전통을 잘 알고 있었으며, 그래서 또한 그렇게 구약의 전통을 따라 사역을 하였고, 그것으로 자신의 존재를 세례요한과 제자들과 무리들과 세상에 드러내었다.

예수의 치유는 그가 선포한 하나님 나라와 관련이 있다. 병자와 장애인을 치유하고 귀신을 내쫓는 일은 하나님 나라의 도래와 구원의 때와 연관되어 있다. 예수에게 있어서 치유는 하나님 나라가 임하였음을 알리고 드러내는 전략적(programmatic) 의미를 가지고 있다.[165] 당시에 존재하였던 쿰란 공동체는 장애인들을 하나님의 백성의 종말론적 공동체의 구성원에서 제외시켰던 것에 반해, 반해 예수는 오히려 장애인들을 치유하여서 그들의 공동체에 다시 포함시킴으로써 그 공동체를 회복하였다. 예수의 치유는 하나님 나라, 즉 포로 생활로부터의 진정한 귀환이 그 자신의 사역을 통해 일어나고 있다는 표징이었다(사 35장).[166]

예수의 사역은 유대 묵시문학에서 하나님 나라의 도래와 '인자'의 도래에

---

165) 마커스 보그 · 톰 라이트/김준우 옮김, 『예수의 의미』(서울: 한국기독교연구소, 2001), 113-118. 존 도미니크 크로산(John Dominic Crossan)은 '치유'와 '공동식사'가 예수의 공적인 사역의 두 가지 핵심적 특징이라고 지적한 바 있다.

166) *Ibid.*, 82. 소위 '쿰란의 메시아적 공동체 규율(messianic rule of fromm Qumran)'에서는 맹인, 저는 사람, 듣지 못하는 사람, 말 못하는 사람 등은 하나님의 백성의 종말론적 공동체의 구성원에서 제외되었다(1Qsa, the rule of th congregation 2.3-11).

대한 소망을 이루고 있다. 특히 예수의 축귀와 치유와 식탁 친교는 유대인들에게는 세계의 종말에 하나님 나라가 도래하여서야 성취될 희망의 실현이었다.[167] 그 때에 이르면 인간의 모든 소외와 악이 극복되고, 죄로 인한 질병과 분열과 고통과 죽음 등이 사라질 것이라고 기대하였었다. 예수의 치유 사역은 예언서와 묵시문학에서 마지막 종말에 때에 이루어질 것이라고 약속된 하나님 나라의 표징이었다.

예수 그리스도의 하나님 나라 성취는 이미(already)와 아직(not yet) 사이의 긴장 속에 있다. 예수는 많은 사람을 치유하였다. 그들의 치유 중에는 오늘날 질병으로 분류될 것과 함께 장애로 분류될 것도 있다. 당시로서는 그것이 어떤 것이든지 당시의 의료 기술이 치유하기 어려운 장애였을 것이다. 그런데 중요한 사실은 우리가 상식적으로 생각할 때 치유 받았던 수많은 사람들이 다시 질병과 장애를 경험하였을 것이고, 다시 살림을 받았던 사람들도 결국 다시 죽음을 맞이했을 것이라는 사실이다. 예수의 치유와 다시 살림은 하나님 나라가 임하였다는 표징인 것이다.

VI. 결어

본문 이사야 35장의 절정은 하나님이 회복하시는 그날에 장애인의 치유에 있다. 이 구절은 장애인의 장애가 하나님의 그때/그날에는 더 이상 장애가 아니게 될 것을 말씀하고 있다.

---

167) 권의구, 『묵시문학과 예수: 인자 기독론의 기원』(서울: 한들출판사, 2004), 207-244. 이 책은 묵시문학에서 종말에 도래할 인자와 인자로서의 예수 그리스도의 관계를 논구하고 있다.

성서에 언급되고 있는 장애를 가리키는 표현들 중에는 현실에서 실제하는 장애인을 가리키기보다 영적으로 우매하고 도덕적으로 불량한 사람을 가리키는 경우가 많다. 그런 구절들은 대개 표현하는 시점이 현재이다. 그러나 이사야 35절과 같이 종말론적으로 마지막 때를 의미하는 그날이나 그때를 시점으로 하는 본문에서 장애인은 실제 장애인으로 해석할 수 있다. 이 구절들은 현실에서 육체적인 고통과 심리적인 고난과 관계적인 불편과 사회적인 차별을 당하는 장애인에게 세상이 주는 것과는 질적으로 다른 위로와 소망을 준다. 본문이 성서 기록 당시의 독자들에게 어떻게 읽혔을까를 고민할 필요가 있다. 그때에 그들에게 이것은 단지 '말이 그렇다는 것이지'가 아니라 실제로 고난과 차별과 억압 가운데 비참하게 살아가는 장애인도 그 모든 차별의 근원인 육체적인 장애가 치유될 것이라는 현실에 대한 공감적인 소망이 당시의 모든 독자들에게 위로와 희망이 되었을 것이다. 그리고 그것은 지금도 마찬가지여서 오늘을 살아가고 있는 이 땅의 장애인들에게도 영원한 소망과 위로가 된다.

그러나 다시 생각해볼 것은 이러한 현실을 영적인 의미에서 질적으로 영원에로 회피시키거나 시간적으로 영원에로 연장시키는 방식으로 비현실적인 것으로 처리되어서는 안 될 것이다. 하나님 나라는 이미 예수 그리스도를 통하여 이 땅에 현실로 들어와 있으며 시작되었기 때문이다. 예수 그리스도의 몸 된 교회는 장애인들에게 하나님 나라를 맛보고 누릴 수 있는 현실을 제공해 주어야 한다.

또 하나의 문제는 그 날에 꼭 장애가 획일적으로 치유되어야 하는가, 장애를 지닌 채 존재해야 하는 것이 아닌가 하는 질문이다. 인간의 인격과 주체를 구성하는 것이 이념 속에 있는 영혼으로서의 인간이 아니라 구체적인 삶의 현장에서 부대끼며 살아가면서 형성되어지는 것이라고 한다면, 장애는 그 사람의 인격과 의식의 구성 요소 중의 하나이기도 하다. 구지 육체적으로 회복되고 복원되어야 할 것인가는 여전히 문제로 남는다.

성서의 모든 길은 예수 그리스도에게로 집중된다. 예수 그리스도가 구약성서와 신약성서의 중심이며 총화이다. 예수 그리스도가 하나님과 세계, 하나님과 인간, 교회와 성도, 구약과 신약을 잇는 중심이고 연결선이다. 마지막 날에 다시 오실 이도 예수 그리스도이다. 그는 최후 심판과 영원한 통치를 주관하실 분이다. 그러므로 마지막 날에 이루어질 장애 치유와 관련해서도 예수 그리스도에게 주목해야 한다.

예수 그리스도의 사역은 이사야 35장과 같은 예언서와 묵시문학에 예언되었고 기대되었던 장애 치유로 세상 가운데 드러났다. 세례 요한이 제자들을 보내어 메시아의 정체성을 확인하였을 때, 예수는 그가 실제로 하고 있는 사역 곧 예언서에 예언된 장애인을 치유하는 현상으로 그 대답을 충분히 하였다. 예수 그리스도가 하시는 일을 통하여서 그가 누구인지 알 수 있는데, 그가 한 일은 시각장애인의 눈을 열어주고, 청각장애인으로 듣게 하고, 지체장애인으로 걷게 하고, 언어장애인으로 말하고 노래하게 한 것이었다.

세례요한은 예수 그리스도를 믿지 못하는 모든 유대인, 좁혀서 마태공동체에서 예수 그리스도에 대해서 갈등하는 사람, 오늘 우리 시대에 적용해서 예수 그리스도에 대해서 회의적인 사람들을 대표한다. 구약에 예언되었던 메시아의 시대가 예수 그리스도로 말미암아 시작되었다. 이제 교회는 마지막 예수 그리스도의 재림이 도래하기까지 하나님 나라를 향하여 장애인의 전인적인 치유와 사회적인 해방 사역을 몸소 보여주어야 할 과제를 안고 있다.

제 5 장

장애 이데올로기의 극복

수일 후에 예수께서 다시 가버나움에 들어가시니 집에 계시다는 소문이 들린지라 많은 사람이 모여서 문 앞까지도 들어설 자리가 없게 되었는데 예수께서 그들에게 도를 말씀하시더니 사람들이 한 중풍병자를 네 사람에게 메워 가지고 예수께로 올새 무리들 때문에 예수께 데려갈 수 없으므로 그 계신 곳의 지붕을 뜯어 구멍을 내고 중풍병자가 누운 상을 달아 내리니 예수께서 그들의 믿음을 보시고 중풍병자에게 이르시되 작은 자야 네 죄 사함을 받았느니라 하시니 어떤 서기관들이 거기 앉아서 마음에 생각하기를 이 사람이 어찌 이렇게 말하는가 신성모독이로다 오직 하나님 한 분 외에는 누가 능히 죄를 사하겠느냐 그들이 속으로 이렇게 생각하는 줄을 예수께서 곧 [1]중심에 아시고 이르시되 어찌하여 이것을 마음에 생각하느냐 중풍병자에게 네 죄 사함을 받았느니라 하는 말과 일어나 네 상을 가지고 걸어가라 하는 말 중에서 어느 것이 쉽겠느냐 그러나 인자가 땅에서 죄를 사하는 권세가 있는 줄을 너희로 알게 하려 하노라 하시고 중풍병자에게 말씀하시되 내가 네게 이르노니 일어나 네 상을 가지고 집으로 가라 하시니 그가 일어나 곧 상을 가지고 모든 사람 앞에서 나가거늘 그들이 다 놀라 하나님께 영광을 돌리며 이르되 우리가 이런 일을 도무지 보지 못하였다 하더라

– 마가복음 2장 1–12절

---

1) 또는 심령으로

| 제 5 장 |

장애 이데올로기의 극복

– 마가복음 2:1–12를 중심으로 믿음과 치유, 죄와 장애에 관하여 –

I. 서언

마가복음 2장 1–12절의 본문은 치유 기사와 논쟁 기사가 얽혀 있는 특이한 본문들 중의 하나이다. 2장 1–5a절과 10b–12절은 예수가 한 중풍병자를 고친 치유 기사이고, 그 중간의 5b–10a절은 예수가 그 중풍병자를 치유하면서 사용한 죄 사함 선언으로 인하여 생겨난 예수와 서기관들과의 논쟁 기사이다. 조금 더 넓은 맥락으로 볼 때에도, 본문은 마가복음 초반부에 나오는 일련의 5개 치유 기사들과 일련의 5개 논쟁 기사들 사이에 중첩되는 독특한 위치를 차지하고 있다.[168] 그 동안 본문의 위치와 구조와 의미에 대한 다양한 논의와 해석들

* 이 글은 2005년 10월 11일 한국기독교교회협의회(NCCK)가 주최한 〈장애인신학 1차 포럼〉에서 처음 발표한 글이며, 이후에 NCCK가 2008년에 출간한 『장애인 차별과 교회』에 실렸다.

168) 라마 윌리암슨/소기천 옮김,『마가복음』, 현대성서주석(서울: 한국장로교출판사, 2001), 29, 115. 본문은 일련의 다섯 치유 기사들(가버나움 회당의 축귀, 시몬의 장모 치유, 저녁에 몰려든 군중들 치유, 한센병자 치유, 중풍병자 치유)의 마지막인 동시에 그 다음에 이어지는 일련의 다섯 논쟁 기사들(중풍병자의 죄 사함 논쟁, 세리와 죄인들과 식사 논쟁, 금식 논쟁, 안식일에 이삭을 자른 논쟁, 안식일에 한 손 마른 사람 치유 논쟁)의 시작이다.

이 있어 왔지만, 그러나 이글에서 특별히 본문에 관심을 갖는 것은 중풍병자라는 한 장애인과 그 치유 과정에서 드러나고 있는 장애신학의 중요한 주제들 때문이다.

본문이 장애신학의 관점에서 주목받게 되는 표면적인 이유는 먼저 본문에 등장하는 한 중풍병자 때문이다. 본문에는 '중풍병자'(παραλυτικός , 파라루티코스)라는 단어가 5번이나 반복되고 있는데(3, 4, 5, 9, 10절), 이것은 매우 특이한 경우이다.[169] 중풍병자란 일반적으로 중풍병에 걸린 사람을 가리킨다. 중풍병이란 '뇌혈관장애에 의한 급격한 신경장애'를 말하며,[170] 그 결과 마비(paralysis)나 실어(aphasia)의 후유증을 동반하기도 한다. 현재 우리나라 장애인복지법에서는 이러한 사람들을 '뇌병변장애인'으로 분류한다.[171] 뇌병변장애란 '뇌성마비, 외상성 뇌손상, 뇌졸중 등 뇌의 기질적 병변에 기인한 신체적 장애로서 보행이나 일상생활 동작에 제한을 받는 상태'를 말한다. 본문에서 중풍병자에 해당하는 헬라어는 동사 παραλύω(παρά와 λύω의 합성어)에서 온 παραλυτικός인데, παραλύω(파라루오)는 어원적으로 '풀어지다', '약화되다', '마비되다'의 의미를 가지고 있다. 마비의 원인이 다양하기 때문에,[172] 본문의 중풍병자의 질병과 장애의 원인이

169) 신약성서 전체에서 '중풍'은 모두 13번 등장하고 있다: 마태복음 4회(4:24, 8:6, 9:2,6), 누가복음 2회(5:18, 24), 그리고 사도행전 2회(8:7, 9:33).

170) 이우주 엮음, 『컬러판 영한 · 한영 의학사전』(서울: 아카데미, 2005), 66. Apoplexy: 1. 졸중(卒中), 중풍(中風). 뇌혈관장애에 의한 급격한 신경장애를 말한다. 일부에서는 두개내출혈의 경우만을 말하나, 폐색성 혈관병변을 포함하는 경우도 있다. 2. 출혈(出血). 모든 장기 내에서의 방대한 일혈(溢血).

171) 한국은 장애인복지법을 개정하면서 계속해서 장애의 범주를 확대하고 장애의 분류를 세분화하고 있다. 처음 1981년 장애인복지법 제정 시의 5개 장애 범주(지체, 시각, 청각, 언어, 정신지체 장애)에서 2000년 5개 장애 범주(뇌병변, 발달, 정신, 신장, 심장 장애)를 추가하고, 2003년 또다시 5개 장애 범주(호흡기, 간, 안면, 장루, 간질 장애)를 추가하여 현재 15개 장애 범주이다. 뇌병변장애는 2000년부터 지체장애에서 분리되어 별도로 분류되었다. 2013년 말 현재 우리나라 뇌병변 등록 장애인은 253,493명이다.

172) 더글라스 앤더슨 엮음/대한기초간호자연과학학회 엮어 옮김, 『모스비 의학 · 간호학 대사전』(서울: 현문사, 2004), 1402. Paralysis: 근육의 기능을 소실하거나 감각 또는 기능, 감각과 기능 모두를 소실한 상

현대 의학에서 말하는 뇌혈관장애에 기인한 것인지는 분명하지 않지만, 본문의 중풍병자가 어떠한 원인으로든 마비의 증상을 가지고 있었으며, 그로 인해 보행과 일상생활 동작에 큰 장애를 가지고 있었음은 분명하다.

본문에 대한 관심의 보다 심층적인 이유는 본문이 장애신학의 중요한 두 가지 주제, 곧 '믿음과 치유의 관계'와 '죄와 장애의 관계'를 담고 있기 때문이다. 본문을 읽으면서 우리는 다음과 같은 질문을 하게 된다. 1. 믿음이 있어야(또는 있으면) 치유 받을 수 있는가? 만약 그렇다면, 그 믿음은 누구의 믿음인가? 치유 받는 사람인가? 치유하는 사람인가? 아니면, 제3자인가? 2. 죄 사함이 곧 치유인가? 만약 그렇다면, 장애는 죄로부터 온 것인가?[173)]

한국에서 장애인의 교회 생활은 여러 가지 어려움을 가지고 있다. 장애인의 일반적인 삶이 건축적이고 물리적인 장벽과 함께 사회적이고 인식적인 장벽으로 인하여 제약을 가지고 있는데, 장애인의 교회 생활은 거기에 더하여 신학적이고 신앙적인 장벽을 가지고 있다. 장애인이 교회 생활에 완전한 참여와 평등(Full Participation and Equality)을 누리지 못하게 하는 장벽들 중에는 교회 안에(교인들 사이에) 일반적으로 만연되어 있는 관념들이 있다. 그것은 바로 장애인의 장애를 그 사람의 죄의 결과로 보고, 장애인이 치유 받지 못한 것을 그 사람의 믿음이 없는 결과로 보는 것이다. 이러한 생각들이 점점 신학적 · 신앙적으로 일반화되어서 교회 공동체 전체를 지배하게 되고, 고착화되고 재교육되고 재생산되고 있다는 점에서 이러한 생각들은 이데올로기적 성향을 갖는다. 필자는 이러한 관념들을 장애 이데올로기로 규정한다.

태. 외상, 질환, 중독 등의 여러 원인에 의해 유발된다. 마비는 근긴장도, 분포정도, 신체의 손상부위에 따라 구분된다.

173) 라마 윌리암슨, 『마가복음』, 53, 116.

그러므로 이글은 먼저 교회에 만연해 있는 장애 이데올로기들의 내용을 살펴보고, 그리고 마가복음 2장 1-12절을 중심으로 '믿음과 치유의 관계'와 '죄와 장애의 관계'를 분석함으로써 현재 교회에 만연해 있는 장애 이데올로기의 극복을 시도하고자 한다.

II. 장애 이데올로기의 내용

한국 사회에서 '이데올로기'는 흔히 어떤 정치집단이 신봉하는 이념이나 사상으로 이해되었다. 그러나 사실 이 용어는 사회과학을 넘어서 삶의 전 영역에 걸쳐 광범위하게 사용되는 매우 다의적인 용어이다. 1796년 데뛰뜨 드 뜨레시(Destutt de Tracy)가 처음으로 이데올로기라는 용어를 '이념의 과학'(the science of ideas)으로 사용한 이래, 나폴레옹(Napoleon)과 그의 추종자들은 이데올로기를 통치 연장의 정치적 행동을 이끌어 내는 이론이라고 부정적으로 이해하였고, 헤겔(G. W. F. Hegel)은 이데올로기를 비판적으로 '그릇된 인식'이라고 이해하였고, 칼 마르크스(Karl Marx)와 엥겔스는 더 나아가 이데올로기를 물질적 상호작용으로 생겨난 '거짓된 이념'(false ideas)으로 보았고, 막스 베버(Max Weber)와 칼 만하임(Karl Manheim)은 이데올로기를 이념 체계로 규정하고 이념들을 만들어 내는 삶의 조건에 주목하였으며, 이들의 시도는 다양한 계층의 이념의 형성과 내용으로 확대되었다.[174] 이후로 지금까지 이데올로기라는 단어의 더 많은 용례

174) 이데올로기의 개념에 대한 보다 상세한 개관에 대해서는 다음을 참조: 데이비드 맥렐런/구승희 옮김, 『이데올로기』 (서울: 도서출판 이후, 2002); 김유 엮음, 『이데올로기』 (서울: 인간과 사회, 2003). 이 책은 「브리태니커 사전」(Encyclopaedia Britannica)의 이데올로기에 관한 항목들을 발췌한 것이다; 데이비드 호크스/고길환 옮김, 『이데올로기』 (서울: 동문선, 2003). 이 책은 특히 허위의식이라는 관점에서 이데올로기

들과 또 그에 따른 연구는 다양한 의미를 담은 채 이데올로기에 대한 본질 규정에 표준적인 합의를 불가능하게 만들고 있다.

한숭홍은 기독교가 극복해야 할 대상으로서 이데올로기를 다루면서, 이데올로기를 '허위의식'으로서의 이데올로기(K. Marx), '행동 정향'으로서의 이데올로기(Eugen Lemberg, Niklas Luhmann), '사고방식'으로서의 이데올로기(K. Manheim)로 정리하였다.[175] 필자는 한숭홍의 이러한 세 가지 정리를 기초로 해서 이데올로기라는 개념을 다음과 같은 내용으로 사용하고자 한다. 이글에서 사용하는 이데올로기의 개념은 1) 사람의 사상체계, 또는 관념체계를 말하며, 2) 그것도 행동을 지배하거나 영향을 끼치는 사상이나 관념을 말하는데, 3) 특별히 거짓된 사상과 관념을 가리키며, 4) 그리고 현재 사회나 공동체 안에 만연되어 있으며, 5) 특히 지배적인 특수그룹(이익 당파)의 이익을 가져다주는 사상이나 관념을 말한다.[176] 그러므로 이글에서 말하는 이데올로기란 비단 장애 문제만이 아니라, 불의하고 그릇되게 현상되는 모든 사회적 문제들(issues)에 해당된다고 할 수 있다. 하나의 예로 여성 문제와 관련하여, 여성신학이 성차별주의 이데올로기나 모성 이데올로기를 규명하고, 그 극복을 시도하는 것이 좋은 예이다.[177]

를 소개하고 있다.

175) 한숭홍, "그리스도와 이데올로기 극복," 「장신논단」 18 (서울: 장로회신학대학교, 2002), 790-793. 한숭홍이나 맹용길의 이데올로기에 대한 이해는 이데올로기란 편협되고 그릇된 극복되어야 할 관념이며, 그리스도와 기독교의 정신은 단순히 기존 이데올로기에 대한 하나의 대항 이데올로기가 아니라 기존 이데올로기를 극복할 수 있는 진리라고 하는 입장에 서 있다. 필자도 이와 입장을 같이한다. 맹용길, 『교회 · 미래 · 이데올로기』(서울: 대한예수교장로회총회출판국, 1989) 참조.

176) 데이비드 클린스/김병하 외 옮김, 『포스트모더니즘과 이데올로기 성서비평』(서울: 한들출판사, 2000), 17. 이데올로기 용어의 외연과 내포 참조; 필자는 3)의 거짓됨의 판단 기준을 성서와 기독교의 진리로 본다.

177) 손승희는 전통적 신학체계 중에서 성차별주의 이데올로기에 속박되어 있는 부분을 풀어주는 것이 여성신학의 중요한 과제라고 보았다. 손승희, 『여성신학의 이해』 (서울: 한국신학연구소, 1989), 185-199; 조

장애란 단순히 신체적인 손상이나 기능적인 불능을 넘어서 사회적인 불리 또는 제약(handicap)이다. 즉 장애는 단순히 한 개인의 문제를 넘어서 전체적이고 사회적인 문제이다. 사회 속에는 장애에 대한 의식되거나 또한 의식되지 못한 관념과 관습이 이데올로기로서 작용하고 있으며, 특별히 특정 집단의, 대개의 경우 기득권 집단이나 지배 집단의 이익을 위한 관념과 관습이 이데올로기로서 작용하고 있다. 이러한 이데올로기는 무의식중에 억압당하는 부류에 대한 인간 비하뿐 아니라 지배하는 집단의 자기 우월과 타인 차별을 정당화하는 비인간화를 동시에 진행한다는 점에서 매우 위험하며 지양되어야 한다.

홍윤기는 장애 이데올로기(ideology of disability)의 내용을 장애인-비장애인의 의학적 사실 구별을 비정상인-정상인의 사회 국가적인 규범적 차별로 전형화시키는 방식으로 사회적 집단이나 제도에 의해 조직적으로 유포되어 사회 · 국가의 각각 구성원의 행위에 구속력을 발휘하는 명제들을 장애 이데올로기(ideology of disability)라는 개념으로 분석하였다. 그에 따르면, 한국의 장애 이데올로기는 근대 서유럽의 "장애인은 사회와 국가의 유지에 불필요하거나 아니면 부당한 부담을 안겨주는 비정상인이다."라는 명제와 궤를 같이하여 "장애인은 국가나 사회가 그 생명의 보존이나 생활에 별도의 특별한 관심을 가질 필요나 여력이 없는 비정상인이다."라는 명제로 정립된다. 한국에서는 국가적 차원에서 반(反)장애인 캠페인을 조직할 정도의 적대성을 표출한 적은 한 번도 없었으나, 그러나 비(非)정상인이라는 낙인찍힌 부류의 사회 구성원에 대해서는 '사회

성숙은 여성에게 오직 어머니로서의 정체성만을 인정하는 가부장제 사회의 모성 이데올로기를 비판하고, 구체적인 실천을 통하여 모성 개념의 재정의와 사회적 공유를 제안하였다. 조성숙, 『'어머니'라는 이데올로기』 (서울: 한울, 2002), 52-124; 최만자 역시 성차별주의 이데올로기와 모성 이데올로기에 담론들을 소개하며, 그 극복을 제안하였다. 최만자, 『여성의 삶, 그리고 신학』 (서울: 대한기독교서회, 2005) 참조.

적 차원에서' 철저한 무관심으로 일관하였다.[178)]

기독교 교회 내에서 장애인에 대한 규범적인 차별들 역시 장애 이데올로기라는 개념으로 분석할 수 있다. 장애인들이 예수 그리스도의 몸 된 교회의 정당하고 평등한 일원으로 위치하고 기능하지 못하도록 가로막는 관념들이 존재한다. 그것들이야말로 교회 내에서 장애인들을 억압하는 기제로 작용하는 장애 이데올로기라 할 수 있다. 특별히 본문과 관련하여 기독교의 공동체 안에서 시급하게 정리되고 극복되어야 할 이데올로기로는 크게 두 가지이다: '죄와 장애의 결합 이데올로기'(이하, '죄–장애 이데올로기')와 '믿음과 치유의 결합 이데올로기'(이하, '믿음–치유 이데올로기').

'죄–장애 이데올로기'는 구약성서로부터 예수 시대에 거쳐 지금까지도 사회와 교회 내에 널리 퍼져있는 관념으로, 인간의 장애를 장애인 당사자의 죄에 따른 하나님의 징벌의 결과로 보는 것이다. 교회가 장애인들을 일반 교인들에 비하여 더 중한 죄인이거나 영원한 죄인으로 규정하여 정죄하고 소외시킨다. 이러한 이데올로기 속에서 장애인들은 끊임없이 죄인의식에 사로잡히게 되고, 교회에서 여전히 죄인으로 배제당하고 소외당하게 된다. 죄인을 부르며 용납하는 사랑의 공동체인 교회에서 장애인은 여전히 포용할 수 없는 죄인으로 규정된다. 낸시 아이에스랜드(Nancy L. Eiesland)는 교회의 행동과 태도 안에는 장애를 죄와 연결시켜 신앙생활을 가로막도록 하는 암묵적인 신학이 여전히 존속하고 있다고 지적한다.[179)] '믿음–치유 이데올로기' 역시 구약성서에서도 간헐

178) 홍윤기, "개인 장애, 사회 장애, 장애 이데올로기: 정상적인 생명 현상으로서의 장애와 장애 이데올로기를 통한 장애인의 사회적 차별에 대하여," 「한국 사회 장애 이데올로기 연구」, 장애인에 관한 여론조사 발표회 및 세미나 자료집 (서울: 장애인먼저 실천 중앙협의회, 1997).

179) Nancy L. Eiesland, *The Disabled God: Toward a Liberatory Theology of Disability* (Nashville: Abingdon Press, 1994), 71.

적으로 나타나지만, 예수 그리스도의 치유 사역을 계기로 폭발하여 지금까지 교회 내에 만연해 있는 관념으로, 장애인은 당사자의 믿음으로 치유 받을 수 있으며, 장애인이 치유 받지 못하는 것은 자기 자신의 믿음이 없거나 약하기 때문이라고 보는 것이다. 교회 내에서 치유는 장애인과 비장애인 모두 기대하는 바이지만, 치유의 부담은 전적으로 장애인에게만 주어지고, 그래서 장애인은 더 심한 고통을 당하며 계속하여 교회로부터 소외당한다. 아이에스랜드는 장애인이 치유 받지 못하면, 그 당사자는 종종 회개하지 않은 죄가 있거나 아니면 장애 입은 채로 남고자 하는 이기주의적인 욕망과 같은 인격적인 결함이 있는 것으로 평가된다고 지적한다.[180]

교회의 이러한 장애 이데올로기는 무엇보다 성서에 그 근거를 두고 출발하고 있으며, 그리하여 신앙적 논리로 설득력을 얻으며 전파되고 있다. 최근의 이데올로기 성서비평은[181] 이러한 현실에 대해서 시사하는 바가 크다. 클라인스(David J. A. Clines)는 이데올로기 성서비평에서 극복해야 할 거짓된 의식은 어떤 히브리 성서 기자들의 이데올로기(Walter Brueggermann)라기 보다는 어떤 히

180) *Ibid.*, 117.

181) 장세훈, "이데올로기 성경해석," 「목회와 신학」 2005년 2월호, 183-189참조. 장세훈의 정리와 평가에 따르면, 이데올로기 성경해석이란 본문에 암시된 여러 사회 계층들의 권력구조에 집중해 계층들 간의 갈등과 분열을 야기한 사회적 이데올로기를 규명하며, 본문에서 무시되거나 관심 밖으로 내버려진 이야기들을 재발견하며, 나아가 본문이 현대 독자들의 이데올로기적 정황에서 어떻게 읽혀지는지 연구하는 총체적 해석학 작업이라고 볼 수 있다. 이데올로기 성경해석은 (1) 기존의 해석이 간과해온 성경 속의 갈등 구조를 재발견하고 소외된 계층들과 그들의 억압받는 목소리에 귀 기울이도록 촉구하며, (2) 역사적 해석과 문학적 해석이 제휴할 수 있는 '새로운 해석학'적 공간을 마련해 준다는 점에서 긍정적인 차원을 가지고 있으나, 다른 한편으로는 (1) 이데올로기 신학자들에 의해 재발견된 이데올로기는 본문의 이데올로기가 아니라 그들의 상상의 도약으로 재구성한 이데올로기가 될 수 있으며, (2) 이는 저자의 이데올로기적 의도를 물을 때 더욱 혼란에 빠지게 되며, (3) 그래서 본문의 의도에서 벗어나 자신의 이데올로기를 타인에게 정당화하거나 강요하기 위해 성경본문을 사용할 위험성을 내포하고 있으며, (4) 성경의 역사성을 과소평가하거나 거부하는 경향의 위험성이 있다; 그러나 이글에서 필자는 이데올로기 성서해석이 성서 본문 보다는 이데올로기적 갈등과 대립이라는 이론에 근거해서 전개되는 것과는 반대로 오히려 성서 본문에 기초할 것이다.

브리 성서 독자들의 이데올로기(Giovanni Garbini)라고 보았다.[182] 이글은 극복해야 할 장애 이데올로기가 성서 기자들 시대의 어떤 이데올로기이고, 또한 어떤 독자들의 이데올로기적 해석이라고 본다. 그러므로 성서 시대와 성서해석에서 출발한 장애 이데올로기에 대한 극복 또한 성서 본문으로부터 시작되어야 할 것이다. 이글의 이어지는 장들에서는 마가복음 2장 1-12절을 근거 본문으로 출발하여 마가복음 전체와 4복음서까지 확장하며 '믿음과 치유의 관계'와 '죄와 장애의 관계'를 고찰하고자 한다.

Ⅲ. 믿음과 치유의 관계

마가복음 2장 1-12절 본문에서 치유 기사(1-5a와 10b-12)는 독립적인 형태를 충분히 갖추고 있는 동시에 논쟁 기사(5b-10a)를 둘러싸고 있는 외피이면서 논쟁 기사의 계기로서 기능을 감당한다. 예수가 다시 가버나움에 돌아와 한 집에 들어가 복음(道)을 전하고 있었는데, 사람들이 한 중풍병자를 네 사람에게 메워 가지고 나아왔다. 무리가 많아서 예수께 데려갈 수가 없자, 그들은 예수가 계신 곳의 지붕을 뜯어 구멍을 내고 중풍병자의 누운 상을 예수에게로 달아 내렸다. 이에 예수가 그들의 믿음으로 보시고 중풍병자를 치유하셨다. 이에 중풍병자가 일어나 곧 상을 가지고 사람들 앞에서 나갔으며, 사람들은 놀라 하나님께 영광을 돌렸다.

본문 5절에서 예수는 '그들의 믿음'을 보시고 중풍병자에게 "작은 자야, 네

182) 데이비드 클린스, 『포스트모더니즘과 이데올로기 성서비평』, 21-22.

죄 사함을 받았느니라"라고 치유하셨다. 본문에서 치유의 근거는 '그들의 믿음'(τὴν πίστιν αὐτῶν, 텐 피스틴 아우톤)으로 보인다. 여기서 '그들'은 3인칭 복수이다. 그러면 그들은 누구인가? 슈바이처(Schweizer)는 그들의 믿음을 병상을 메고 온 네 사람의 믿음으로 본 반면, 구드(Gould), 캔필드(Canfield), 테일러(Taylor)는 중풍병자를 포함하여 다섯 사람의 믿음으로 보았다. 박수암은 그들의 믿음은 "네 죄가 사함을 받았느니라"라는 병자에 관한 선언을 근거로 환자까지 포함하는 믿음이라고 보았다.[183] 구드와 캔필드와 테일러와 박수암의 이러한 해석들은 치유가 당사자의 믿음에 근거해야 한다는 신학적 전제에 기초한 것이다. 그러나 그렇게 해석하는 것은 전통적인 비장애신학의 '믿음-치유 이데올로기'의 영향을 받은 것으로 오히려 본문의 의도를 약화시키는 것이다. 본문에서 그들의 믿음에서 강조점은 중풍병자 당사자의 믿음보다는 그의 침상을 메고 온 네 사람들의 믿음이 더 부각되어 있다. 그렇지 않다면, 기자 마가는 마가복음 5장 34절의 혈루증 여인의 치유 기사나 10장 52절의 맹인 바디매오의 치유 기사에서처럼 당사자의 믿음을 직접 표현했을 것이다. 물론 이 네 사람이 중풍병자의 의지와 관계없이 또는 당사자의 반대의지에도 불구하고 그의 침상을 메고 왔을 가능성은 희박하다.[184] 아마도 이 중풍병자도 낫기 위하여 예수에게로 나아가고자 하는 의지와 믿음을 가졌을 것이다. 그러나 본문에서 강조점은 이 중풍병자보다는 그를 침상에 메어 데리고 온 네 사람의 믿음을 강조하는데 있다고 할 것이다.[185] 그러므로 본문에서 중풍병자의 믿음의 기초를 찾는다면,

183) 박수암, 『마가복음』 대한기독교서회 창립 100주년 기념 성서주석(서울: 대한기독교서회, 1993), 183.

184) James R. Edwards, *The Gospel according to Mark* (Grand Rapids: Wm. B. Eerdmans Publishing Company, 2002), 76.

185) B. J. Malina and R. L. Rohrbaugh, *Social-Science Commentary on the Synoptic Gospels*. (Minneapolis: Fortress Press, 2003), 153.

그것은 이 네 사람의 믿음이라고 할 것이다.

네 사람의 믿음이 중풍병자를 예수에게로 접근하게 하였으며, 그를 치유하게 하였다. 본문에서 네 사람의 믿음은 사회적인 정황으로 볼 때, 매우 기이한 행태를 동반하였다. 그것은 집에 몰려든 예수 주위의 무리들로 인하여 예수에게로의 접근이 용이하지 않자, 그 집의 지붕을 뜯어내고 예수에게로 접근한 사실이다. 이계윤은 그의 신학적 상상력으로 본문의 과정을 매우 드라마틱하게 그려 내었다.[186] 장애신학에서 '접근'(access)이라는 개념은 중요한 개념이다. 장애인의 접근권은 장애인도 비장애인과 동등하게 일상생활에서 모든 시설과 정보를 제한 없이 이용할 수 있는 기본적 권리이다. 마가복음에서 '무리'(ὄχλος , 오클로스)는 모두 38번 등장하는데, 예루살렘에 이르기 전까지는 대부분 예수에게 우호적이다. 본문에서도 무리는 예수에게 비우호적이지 않다. 그러나 중풍병자인 장애인 당사자와 그를 데리고 온 네 사람들에게는 우호적이지 않다. 4절의 '무리들 때문에'(διὰ τὸν ὄχλον, 디아 톤 오클론)는 접근의 어려움이 무엇 때문인지를 밝히고 있다. 그것은 바로 무리들 때문이다. 본문에서 '무리'는 '집'과 더불어 예수에게로의 접근을 막고 있는 또 하나의 물리적인 장벽이다. 본문에서 '무리'(ὄχλος , 오클로스)는 '집'(οἶκος, 오이코스)과 운율상의 대구를 이루고 있는데, 이 둘은 모두 예수에게 접근하는 것을 막고 있는 장벽으로 작용하고 있다.[187] 집이 건축적인 장벽이라면, 무리는 인간(과 사회)이 장벽이 될 수 있음을 의미한다. 장애인들에게 교회의 건축물이 장벽이 되기도 하지만, 교인(과 조직)이 장벽이 되기도 한다. 이러한 모든 것들은 장애인들이 예수(교회)에게 접근하기 위하여 제거될 필요가 있다면 제거되어야 한다.

186) 이계윤, 『장애를 통한 하나님의 역사』(서울: 한국밀알선교단 출판부, 2002), 98-99.
187) James R. Edwards, *The Gospel according to Mark*, 74-75.

마가복음에는 예수의 치유 기사는 모두 17번 나타난다:[188] (1) 막 1:23–28 가버나움 회당에서의 축귀, (2) 막 1:29–31 시몬의 장모 치유, (3) 막 1:32–33 치유에 대한 요약, (4) 막 1:40–45 한 나병환자 치유, (5) 막 2:1–12 한 중풍병자 치유, (6) 막 3:1–6 한편 손 마른 사람 치유, (7) 막 3:10–12 치유와 축사에 대한 요약, (8) 막 5:1–20 거라사 지방에서의 축귀, (9) 막 5:25–34 열두 해 혈루증 여인 치유, (10) 막 5:21–24와 35–43 야이로의 딸 치유, (11) 막 6:5–6 소수의 치유 요약, (12) 막 6:53–54 손을 대는 자의 치유, (13) 막 7:24–30 수로보니게 여인의 딸 치유, (14) 막 7:31–37 귀먹고 어눌한 자 치유, (15) 막 8:22–26 벳새다 맹인 치유, (16) 막 9:14–29 변화산 아래에서의 귀신들린 아들 치유, (17) 막 10:46–52 맹인 거지 바디매오의 치유. 이 기사들 가운데 '믿음'(명사형, πίστις)이나 '믿다'(동사형, πιστεύω)가 사용된 치유 기사는 4개이다(2:1–12, 5:25–34, 5:21–24와 35–43, 10:46–52; cf. 6:5–6a).[189] 장흥길의 분석에 따르면, 마가복음에서 명사 형태인 '믿음'은 8회(치유 2:5, 5:34, 9:24, 10:52; 책망 4:40, 9:19, 16:14; 명령 11:22) 사용되고 있으며, 동사형 '믿다'는 15회(복음 1:15; 이적 5:36, 9:23 2회, 9:24, 16:17; 예수 9:42, 11:31, 13:21, 15:32; 기도 11:23, 11:24; 구원 16:16; 믿지 않다 16:13, 16:14) 사용되고 있다. 마가복음에서 명사형과 동사형을 합하여 믿음은 크게 다음의 세 가지 용례로 구분할 수 있다: 1. 복음 신앙(1:15), 2. 기도 신앙(11:22–25, 13:18, 14:38), 3. 이적 신앙(2:5, 5:34, 10:52).[190] 치유 기사에 나오는 πίστις(믿음, 피스티스)나 πιστεύω(믿다, 피스튜오)는

---

188) 이 가운데 막 1:32–33, 3:10–12, 6:5–6은 예수의 치유 사역에 대한 기자 마가의 요약구이다. 이외에 막 6:13에 한 번 더 치유 기사 나오는데, 이것은 예수의 것이 아니라 제자들의 것이다.

189) Robert A. Guelich, *Mark 1:1-8:26*, WBC(Dallas: Word Books, 1989), 85.

190) 장흥길, 「2006년도 설교: 어떻게 할 것인가?」, 제8회 장신대 여름목회자 아카데미 자료집(서울: 장로회신학대학교, 2005), 195–196. 장흥길은 여기서 Thomas Soeding의 *Glaube bei Markus*(Stuttgart: KBW, 1985)에 근거하여 분류하고 있다.

모두 '(치유) 이적에 대한 믿음'이다.

마가복음에 기록된 17번의 치유 기사에서 믿음과 치유의 관계가 어떻게 나타나는가? 그 유형들을 살펴보면, 다음과 같이 세 가지 유형으로 구분할 수 있다: 1. 믿음과 무관한 치유, 2. 당사자의 믿음에 기초한 치유, 3. 타인(제3자)의 믿음에 기초한 치유.[191]

첫째로 (병자나 장애인 당사자나 타인의) 믿음과 무관한 치유이다. 엄밀히 말한다면, 마가복음의 17개의 치유 기사 가운데 대부분인 13개는 믿음에 대해 언급하지 않고 있다. 이것은 마가복음서 뿐만 아니라 4복음서에 소개되고 있는 예수의 치유 기사 대부분이 기독론적인 강조에 서 있음을 의미한다. 쉽게 말해서, 그것들은 예수 그리스도가 누구였으며, 그리고 누구인가를 기술하기 위해 수반된 기독론적인 기사들이다.[192] 예수의 치유 기사는 예수가 신적인 능력을 가지고 있는 신인, 하나님의 아들, 메시아(그리스도), 인자[193]임을 나타내려는데 그 일차적인 목적이 있다. 따라서 많은 경우 필요에 따라 병자나 장애인에 대한 자세한 설명이 생략되어 있다.

---

191) 보다 엄밀하게 유형을 구분하다면, 크게 1. 믿음이 언급되지 않은(믿음과 무관한?) 치유 기사와 2. 믿음이 언급된(관련) 치유 기사로 나누고, 두 번째 유형을 다시 세분하여 2.1. 당사자의 믿음이 작용하는 치유와 2.2. 타인의 믿음이 작용하는 치유로 나누어야 한다; 이계윤도 이러한 세 가지 유형으로 구분하였는데, 그는 이렇게 분류한 치유의 유형을 곧바로 구원의 유형에로 비약하여 확대 해석하였다. 성서에서 믿음의 의미가 다양하듯이 구원의 개념 역시 다양하기 때문에 그것을 바로 영혼의 구원문제로 비약하는 것은 위험하다. 이계윤, 『장애인 선교의 이론과 실제』(안양: 한국특수요육연구소 출판부, 1996), 80-88 참조.

192) Collen C. Grant, "Reinterpreting the Healing Narratives," *Human Disability and the Service of God*, ed. by Nancy L. Eiesland and Don E. Saliers (Nashville: Abingdon Press, 1998), 73. 예수의 치유 기사들은 최우선적으로 기독론적인 강조를 본질 내용으로 가지고 있으며, 몇몇 경우에는 신실한 제자도를 강조하는 성격을 갖고 있다.

193) 인자(ὁ υἱὸς του ἀνθρώπου)는 마가복음에서 14회 사용되는데, 그중에 12번은 가이사랴 빌립보에서의 사건 이후에 사용되고 있으며, 2:10과 2:28은 다른 용법들과는 대조적으로 하나님의 권한(죄의 용서와 안식일 법)과 관련하여 '땅에서' 인자의 권세를 표현하고 있다. *Robert A. Guelich, Mark 1:1-8:26, 89.*

둘째로 (병자나 장애인) 당사자의 믿음에 기초한 치유가 있다. 예수는 병자나 장애인 당사자의 믿음을 보시고 치유하신다. 마가복음에서는 5장 34절과 10장 52절이다. 열두 해 혈루증을 앓은 한 여인은 그녀가 예수의 옷에만 손을 대어도 구원을 얻으리라 여기고 그렇게 행하였을 때, 예수는 "딸아 네 믿음이 너를 구원하였으니 평안히 가라"고 선언하였다. 여리고의 맹인 바디매오는 예수를 소리 질러 불러 보기를 원한다고 그의 소원을 아뢰었을 때, 예수는 "가라 네 믿음이 너를 구원하였느니라"라고 선언하였다. 이러한 구절들에서 당사자의 믿음은 분명히 예수의 치유의 한 요인으로 작용하고 있다. 4복음서 전체로 확대하여 보면, 당사자의 믿음에 기초한 치유는 마가복음의 두 본문의 병행본문들(마 9:20-22, 눅 8:43-48; 마 20:29-34)과 함께 마태복음 9장 27-31절의 두 시각장애인 치유 기사와 누가복음 18장 35-43절의 한 시각장애인 치유 기사에서 발견할 수 있다.[194] 예수의 치유 기사 전체에서 당사자의 믿음에 기초한 치유는 그 수가 많지는 않다. 물론 여러 치유 기사에 숨겨진 당사자의 치유에 대한 소원을 일반적으로 추론할 수 있는 것이지만, 그것을 치유의 요인으로서 믿음이라고 볼 수는 없다. 지금도 많은 장애인들이 교회 안에서 치유에 대한 소원을 가지고 있다. 그러므로 '믿음-치유 이데올로기'와 관련하여 무심코 사용하는 '종종', '여러 곳에서', '흔히' 당사자의 믿음으로 치유 받는다는 강조에 또한 주의를 기울여야 한다. 이러한 무의식적인 사용과 그에 따른 관념이 설교와 성경공부와 간증 등의 교회 집회들을 통해서 장애 이데올로기를 고착화시킨다.

셋째로 (병자나 장애인 당사자가 아니라) 그 주위의 사람들의 믿음에 기초한 치

194) 이계윤은 이 유형에 한 나병환자의 치유 기사(마 8:2-4, 막 1:40-45, 눅 5:12-16)도 포함시킨다; 사도행전으로 범위를 넓히면 어려운 한 본문을 만나게 된다. 그것은 사도행전 14장 8-18절에서 사도바울이 루스드라에 만난 발을 쓰지 못하는 한 사람을 고치는 대목이다. "바울의 말하는 것을 듣거늘 바울이 주목하여 구원받을 만한 믿음이 그에게 있는 것을 보고"(행 14:9).

유가 있다. 마가복음 2장 1-12절 본문에서 한 중풍병자를 네 사람이 집의 지붕을 뚫고 예수 앞에 내렸을 때, 예수는 '그들의 믿음'을 보시고 중풍병자를 치유하셨다. 마가복음의 치유 기사에서 타인의 '믿음'이나 타인이 '믿다'라는 단어와 직접적으로 연결된 곳은 더 이상 없다. 그러나 공관복음서의 병행구절들을 고려해 볼 때, 마가복음 5장 21-24절과 35-43절의 야이로의 딸 치유 기사에서는 아버지의 믿음이,[195] 마가복음 7장 24-30절 수로보니게 여인의 딸 치유 기사에서는 어머니의 믿음이[196] 치유의 중요한 요인으로 등장한다. 4복음서 전체로 확대하여 보면, 타인의 믿음에 기초한 치유는 위에 소개된 마가복음의 세 본문의 병행본문들(마 9:2-8, 눅 5:18-26; 마 9:18-19, 23-26, 눅 8:41-42, 49-56; 마 15:2-28)과 함께 마태복음 8장 5-13절(눅 7:1-10)의 백부장의 부하 치유 기사에서 발견할 수 있다.[197] 이러한 치유 기사들에서는 당사자가 아닌 제3자의 믿음이 예수의 치유를 이루는 하나의 요인으로 나타난다. 당사자의 믿음에 기초한 치유만큼이나 적은 경우가 타인의 믿음에 기초한 치유로 소개된다. 이 치유 기사를 통해 인정된 '중풍병자를 예수께 데리고 나온 네 사람들의 믿음'(5절)은 마가복음에서 제자들이 가져야 할 신앙이다.[198] 그러므로 '믿음-치유 이데올로기'와 관련하여 이데올로기 성서비평과 함께 "우리는 왜 제3자가 아닌가?"를 물을 수 있다. 달리 말하면, 장애인 당사자의 믿음이 없어서 그가 치유 받지 못하였다는 장애 이데올로기적

195) 마태복음 9:18 "예수께서 이 말씀을 하실 때에 한 관리가 와서 절하며 이르되 내 딸이 방금 죽었사오나 오셔서 그 몸에 손을 얹어주소서 그러면 살아나겠나이다." 누가복음 8:50 "예수께서 들으시고 이르시되 두려워하지 말고 믿기만 하라 그리하면 딸이 구원을 얻으리라."

196) 마태복음 15:28 "이에 예수께서 대답하여 이르시되 여자여 네 믿음이 크도다 네 소원대로 되리라 하시니 그 때로부터 그의 딸이 나으니라."

197) 이계윤은 이 유형에 변화산 아래에서 아버지가 데려온 더러운 귀신들린 아들의 치유 기사(마 17:14-18, 막 9:14-29, 눅 9:38-42)도 포함시킨다.

198) 심상법, "중풍병자의 치유와 죄 사함의 논쟁(막 2:1~12)," 「그 말씀」 (1997.12), 217.

논리 대신에 장애인에 곁에 있는 제3자인 우리들(교인들 또는 교회 공동체)의 믿음이 없어서 그가 치유 받지 못하였다는 반(反)장애 이데올로기적 주장이 가능하다. 이것은 결국 또 다른 장애 이데올로기가 되겠지만, 적어도 지금의 '믿음-치유 이데올로기'로부터의 해방에는 크게 기여하는 기제가 될 것이다.

위의 세 가지 유형들 외에도 마가복음에는 믿음과 치유와의 관계에 대하여 주목해야 할 두 구절이 있다. 마가복음 9장 14-29절에서는 치유자로 나섰던 제자들의 믿음 없음과 귀신들린 아들의 아버지의 믿음 없음이 지적되고 있다. 치유를 행하는 이의 믿음도 중요하고, 치유를 소원하는 사람들의 믿음도 중요하다. 흥미로운 것은 이 구절에서 예수에게 믿음이 없다고 지적받는 이들은 모두 귀신들린 아들이 아니라는 사실이다. 마가복음 6장 5-6절에서 예수는 그의 고향에서 매우 제한적으로 소수의 병인들만을 치유하셨는데, 그것은 그들이 믿음이 없었기 때문이라고 암시하고 있다. 여기서 그들이 누구인가는 분명하지 않지만, 치유 받은 소수의 병인은 제외될 것이다. 교회 내에서 치유 실패의 모든 책임을 병자나 장애인 당사자에게 돌리는 일은 지양되어야 한다.

결론적으로 마가복음과 나아가 4복음서에 나타난 예수의 치유는 예수의 메시아 됨을 강조하려는 기독론적인 것이다. 그러므로 치유 기사 가운데서도 대부분은 치유자인 예수의 신성을 전제하고 믿음에 대한 특별한 언급 없이 기적이 일어나고 있다. 치유는 어떻게 일어나는가? 그것은 전적으로 하나님의 은혜이다. 치유 기사들 중 매우 일부의 기사에서 병자나 장애인 당사자의 믿음 그리고 제3자인 타인의 믿음이 한 요인으로 작용하는 본문들이 있다. 믿음이 신앙생활에 중요한 요소임에는 틀림없다. 그러나 믿음과 무관한 치유 기사가 대부분인 상황에서, 믿음에 기초한 치유, 그것도 병자나 장애인 당사자의 믿음에 기초한 치유라는 부분적이고 특수한 경우를 전체적이고 보편적이고 일반화하거나 절대화해서는 안 된다. 그리하여 말미암아 장애인이 신앙생활과 교회생활에서 소외되고 배척되어서는 안 될 것이다.

Ⅳ. 마가복음에 나타난 죄와 장애의 관계

마가복음 2장 1-12절 본문에서 논쟁 기사(5b-10a)는 그것을 둘러싸고 있는 치유 기사(1-5a와 10b-12)를 계기로 기자 마가가 드러내고자 하는 중요한 내용이다. 조태연은 기자 마가가 [치유-논쟁-치유]의 샌드위치 구조의 기법을 사용하여 내용물과 포장물 사이의 미묘한 의미교환이 이루어지고 있는데, 이것은 결국 치유 기사가 논쟁 기사를 위하여 봉사하고 있는 것이라고 분석하였다.[199] 심상법은 본문에 대한 구조분석을 통하여 '죄 사함 논쟁'(D)이 구심성 교차병렬 구조의 중심에 놓여있다고 분석하였다.[200] 치유 기사는 그 중심에 논쟁기사를 품고 있으며, 논쟁의 내용은 '죄 사함'이다. 내용상으로도 본문에서 '죄 사함'이라는 언급이 4번(5, 7, 9, 10절)이나 반복되고 있는데, 이것은 논쟁의 중심주제가 무엇인가를 잘 보여주고 있다. 박수암은 본 논쟁이 반(反)성전의 주제를

199) 조태연, 『예수 이야기 마가 1』(서울: 대한기독교서회, 2002), 96.

200) 심상법, "중풍병자의 치유와 죄 사함의 논쟁(막 2:1-12)," 216.

A. 서론(1~2절): 가버나움 집에 많은 사람들이 모임
B. 중풍병자가 상에 실려 들어옴(3~4절): 집에 들어옴(예수님/중풍병자/무리)
C. 예수님의 죄 사함의 선언(5절): "소자야 네 죄 사함을 받았느니라"
D. 죄 사함의 논쟁(6-10절a): 참람죄("인자가 땅에서 죄를 사하는 권세가 있다")
C'. 예수님의 고치심의 선언(10b~11절): "일어나 네 상을 가지고 집으로 가라"
B'. 중풍병자가 상에서 일어나 나감(12절a): 집에서 나감(예수님/중풍병자/무리)
A'. 결론(12절b): 모든 사람이 "다 놀라 하나님께 영광을 돌림"

나타내고 있으며,[201] 이미 초대교회에서 기독교의 사죄 선포를 정당화하는 설교의 예화로 사용되었던 것이라고 추정한다.[202]

예수는 한 중풍병자를 치유하시는 과정에서, 중풍병자를 데리고 나온 네 사람의 믿음을 보시고, 그에게 이르시기를 "작은 자야, 네 죄 사함을 받았느니라"라고 선언을 하셨다. 이것은 중풍병자의 즉각적인 치유 발생에 앞서, 거기에 앉아있던 서기관들의 논쟁을 야기시켰다. 서기관들은 오직 하나님 한 분만이 사람의 죄를 사할 수 있다고 믿었기 때문에, 예수의 이러한 발언을 신성모독으로 생각하였다. 이에 대해 예수는 인자가 땅에서 죄를 사하는 권세가 있음을 알려주기 위하여 이와 같이 하였다고 말씀하셨다. 귤리히(Robert A. Guelich)는 구약성서에서 죄를 사할 수 있는 분은 오직 오직 하나님뿐이며(출 34:6-7, 시 103:3, 사 43:25, 44:22, 미 17:8), 메시아 시대가 되면 죄의 용서가 있으리라는 것은 이미 예언자들의 예언에 있었던 것으로서(사 29:18, 35:4-6, 53:5이하, 렘 32:34, 겔 36:25-27, 미 7:18-19, 슥 13:1), 예수는 이 사죄의 선포를 하심으로써 자신이 메시아임을 암시한 것이라고 해석한다.[203]

본문의 전후맥락에서 볼 때, 본문(막 2:1-12)은 막 2:1-3:6까지에 이르는 다섯 개의 논쟁 기사들(갈릴리 논쟁 cf. 예루살렘 논쟁: 11:27-12:44) 중의 첫 번째 것이다. 듀이(Joanna Dewey)는 수사비평 방법을 통하여 마가복음 2:1-3:6이 동심원적 구조를 가지고 있다고 분석하였는데, 그 중심은 금식 논쟁을 통한 예수로 말미암은 새 시대의 도래였다.[204] 귤리히는 본문의 죄 사함의 논쟁이 마가복음 2:1-

201) 박수암, 『신약성서해석론』(서울: 한국성서학연구소, 2004), 213-214.

202) 박수암, 『마가복음』, 182.

203) *Ibid.*, 183.

204) Joanna Dewey, *Markan Public Debate: Literary Technique, Concentric Structure and Theology in Mark 2:1-3:6* (Chico, CA:Scholars Press, 1980).

3:6의 논쟁들 가운데서 예수를 겨냥한 모든 비난들 중에서 이 비난이 가장 심각하다고 주장한다. 왜냐하면 신성모독죄에 관해 율법은 사형이 요청되었기 때문이며(레 24:15-16), 이것은 예수의 재판 시에 다시 언급되었기 때문이다(막 14:64 참조).[205]

조태연에 따르면, 본문에는 사죄의 선언(5절)과 치유의 선언(10b-11a절) 사이에 매우 긴밀한 병행이 나타난다. 그것은 '동의적 병행구'로서, 그 안에서 죄의 용서는 병의 치유와 동일시되고 있다.[206] 더 나아가 본문에 나타나는 사죄의 선언과 치유의 선언은 병행적일 뿐만 아니라 반복적으로 그리고 교차적으로 나타난다.[207] 그것은 죄의 용서가 곧 병의 치유임을 의미하는 것이다. '죄 사함이 곧 치유이다.'라는 명제 이면에는 병이 곧 죄라는 등식이 전제되어 있다. 어떤 사람이 죄를 범하면 그것은 질병을 가져온다. 반대로 어떤 사람이 병을 얻었으면 그것은 그 사람이 죄를 지었기 때문이며, 따라서 그 병자는 죄인이라는 것이다. 이것은 예수 당시의 지배적인 통상 관념이었다.[208] 어떤 사람의 질병과

---

205) Robert A. Guelich, *Mark 1:1-8:26*, 87.

206) 조태연, 『예수 이야기 마가 1』, 93.

5절 그가 중풍병자에게 말씀하시되, "…네 죄 사함을 받았느니라."

11절 그가 중풍병자에게 말씀하시되, "…일어나 네 상을 가지고 …가라."

207) *Ibid.*, 94.

5절 "소자야, <u>네 죄 사함을 받았느니라</u>."

6절 오직 하나님 한 분 외에는 누가 능히 <u>죄를 사하겠느냐</u>?

9절 '<u>네 죄 사함을 받았으니라</u>' 하는 말과

'일어나 네 상을 가지고 걸어가라' 하는 말이…."

10절 "<u>사람의 아들이 땅에서 죄를 사하는 권세가 있는 줄을…</u>."

11절 **"… 일어나 네 상을 가지고 집으로 가라."**

12절 **그가 일어나 곧 상을 가지고 모든 사람 앞에서 나가거늘….**

208) *Ibid.*, 94-95. 조태연은 본문에 나타난 죄 사함과 치유의 동일시가 다음과 같은 사항을 암시한다고 추리한다: 첫째, 예수의 치유는 죄나 혹은 죄의 용서와 관련된 이념적/신학적 쟁점에 깊이 연관되어있다. 둘째, 중풍병자에게 죄가 병을 가져왔고 그의 질병이 병자의 죄에 대한 가시적 증거였다면, 예수의 치유는

장애 같은 고난은 그 사람의 죄에 기인한 하나님의 징벌로 생각되었다. 예를 들어 「솔로몬의 지혜서」는 "사람은 그가 죄 지은 모든 것들에 의해 징벌을 받는다"(11:16)라고 가르친다. 따라서 시편 32편에서 찾아볼 수 있는 바처럼, 질병으로부터의 치유는 죄의 용서의 표징으로서 이해된다.[209]

본문의 이러한 구조와 내용은 죄와 질병 또는 죄와 장애 사이를 쉽게 연결시켜 동일시하기가 쉽다. 그래서 윌리엄슨(Ramar Williamson Jr.)도 본문에서 죄와 중풍병의 관계, 용서와 치유의 관계, 그리고 신앙과 용서와 치유의 관계에 주목하였는데, 그러나 그에 따르면, 본문은 어떤 특별한 죄가 중풍병의 원인이 된다거나 또는 죄를 지은 내용에 대해서 구체적으로 언급하고 있지 않다. 그는 모든 질병(심지어 모든 중풍병)이 죄의 결과라는 일반적인 원리를 이 경우에 적용하는 일은 잘못된 것이라고 주장하였다. 왜냐하면 마가복음에서 수많은 치유와 축귀기적을 어떤 다른 것과 연결하여 언급하고 있지 않기 때문이며, 질병(또는 다른 종류의 고통)과 죄 사이의 연결은 요한복음 9:2-3과 누가복음 13:1-5에서 제기되고 있는 질문에 의해서 완전히 제거되었기 때문이다.[210] 박수암 역시 사죄와 치유는 밀접한 관계가 있기에(대하 7:14, 시 103:3, 147:3, 사 19:22 등), 또한 예수가 죄 사하는 권세를 가지고 있는 메시아임을 알리기 위해 치유의 선포 대신 사죄의 선포를 한 것이지, 이 사람의 죄가 특별해서 그런 것은 아니라고 해석한다.[211]

암묵적으로 죄의 용서를 뜻하는 것이었다. 셋째, 그리하여 병자의 육신에 대한 예수의 의학적 치유는 그의 영혼에 대한 신학적 면죄를 뜻하며, 그 죄인을 향한 사회적 사면을 의미하는 것이었다. 넷째, 그러나 치유의 선언을 통한 예수의 암묵적 사죄도 그러하거니와, 사죄의 선언을 통한 완전한 사면이야말로 사죄와 사면에 대한 하나님의 전권을 도전하는 것이 되어버렸다.

209) Collen C. Grant, "Reinterpreting the Healing Narratives," 76.

210) 라마 윌리암슨, 『마가복음』, 116.

211) 박수암, 『마가복음』, 183.

앞서 "믿음과 치유의 관계"에서 다루었던 방식대로 마가복음에 나타나는 17개의 치유 기사 가운데 죄나 죄 사함과 연관된 것이 있는가를 살펴보는 것은 매우 유익한 일이다. 요한복음 9장 2-3절에 나타난 바처럼 장애의 원인(또는 목적)을 본인의 죄의 결과로 장애가 된 경우, 타인의 죄로 장애가 된 경우, 또한 죄와 관계없이 오히려 하나님의 영광을 위한 계획을 위한 장애로 나누어 볼 수 있을 것이다.[212] 그러나 마가복음에서는 죄와 장애가 관련되는 것은 오직 이 본문뿐이며, 다른 모든 치유 기사는 죄와 장애의 관련을 전혀 언급하고 있지 않다. 그런 점에서 본문이 매우 특별한 본문이며, 본문을 기초로 해서 죄와 장애의 관련을 일반화시키기에는 증거가 매우 빈약하다. 4복음서로 넓혀 보아도, 요한복음 5장 2-18절 베데스다 연못가의 38년 된 병자를 치유하신 후에 그를 다시 만나 "보라 네가 나았으니 더 심한 것이 생기지 않게 다시는 죄를 범하지 말라"(요 5:14)고 하신 본문이 있을 뿐이다.[213] 따라서 이 역시 앞서 '믿음-치유 이데올로기'에서와 마찬가지로 이 중풍병자의 질병이나 장애가 그 본인의 죄에 기인한 것인지 밝히는 것이 본래적인 목적이 아니라 예수에게 죄 사함의 권세가 있음을 밝히려는 것이 기자 마가의 목적임을 알 수 있다.

여기서 장애 이데올로기의 주제에서 중요한 문제는 예수가 이 중풍병자를 치유하심에 있어서 치유 선언을 사죄 선언으로 대신하였다는 것이다. 이것이 장애를 죄의 당연한 결과로 보는 당시의 종교사회적 상황을 전제하고 있음

---

212) 최대열, "신학적 인간학에서 본 장애(인)," 『함께 불러야 할 노래』(서울: 한국장로교출판사, 1999), 129-130, 특히 148-149. 타인의 죄로부터 질병이나 장애의 원인을 찾는 경우에 타인은 병자나 장애인 당사자와 아무 연고 없는 완전한 타인은 아니다. 부모와 같이 밀접한 관계 안에 있는 타인이며, 이것은 믿음과 치유의 관계에서도 마찬가지로 부모나 상관이나 주위의 친구와 같은 타인이다.

213) 구약성서로 돌아가면, 죄와 질병 그리고 치유와 죄 사함이 밀접하게 연관된 구절들을 찾아볼 수 있다(시 41:4, 103:2-3, 렘 3:22). 예수의 치유와 구원 사역 이전의 구약시대에는 장애가 죄의 결과라는 관념이 지배적이다.

은 분명하지만, 요한복음 9장 3절에 나타난 예수의 장애 해방 선언이라는 복음의 빛에 비추어볼 때, 이것은 본문을 일반론적으로 해석할 것인지 아니면 본문의 중풍병자의 개인적이고 특수적인 경우에 해당하는 것으로 해석할 것인지의 문제이다. 만약 전자라고 한다면, 모든 장애인의 장애는 죄의 결과이며 죄와 동일시되고 사죄 선언으로 치유가 수반되며 치유가 현상적으로 일어나지 않을 경우 내적인 사죄는 일어나지 않은 것으로 확대 해석될 수 있다. 반면 후자라고 한다면, 이러한 논리적 결합 대신에 예수가 지목한 죄는 오직 이 중풍병자에 한하여 그에게만 해당되는 개인적인 죄이며 중풍병자 개인의 죄에 대한 사죄일 뿐인 것이다. 죄 사함 받은 모든 사람이 모두 치유 받아 신체적으로 건강하고 표준에 도달하는 것은 결코 아니다.

대부분의 주석가들은 예수가 인류 일반에 대해서 죄와 질병 사이의 필연적이고 유기적인 연결에 대하여 반응하신 것을 주장함으로써 중풍병자의 죄에 대하여 비일상적이고 특별한 어떤 죄가 있어다는 사실을 전형적으로 부인한다. 그런데 에드워즈(James R. Edwards)는 예수의 모든 치유 가운데에서 왜 오직 여기서 명백하게 죄와 부정을 설명하는지에 대한 문제를 제기하며, 더 나아가 '네(너의) 죄'는 일반적인 죄의 조건이라기보다는 특별한 죄들을 말한다고 주장한다. 즉 예수가 중풍병자의 특별한 죄에 대한 지식과 그 죄들과 중풍병과의 관계를 말하는 것으로 볼 수 있다는 것이다. 에드워즈는 예수의 다른 치유 기사에서 부정과 죄의 결합이 없으므로 이 사실은 중풍병자의 죄가 치유되기 전에 용서 받아야 할 필요가 있었던 것이라고 추론한다. 그의 생각에 따르면, 예수가 중풍병자에게 그의 죄의 가장 심연의 단계에서 말하는 것이며, 그것은 중풍병자가 그의 친구들의 신앙이 예수에 대한 그 자신의 반응에 대한 적절한 보완이라고 생각했을 만도 하다.[214] 그러나 이것은 본문의 의도를 지나치게 왜곡하는 것이다. 본문에서 죄 사함의 선언은 중풍병자가 치유받기 전에 사죄 받아야 할 특별한 죄가 있었다거나 그래서 그러한 죄 사함이 있어야지만 치유가 가능했을 것이라는 생각은 지나친 비약이다. 오히려 본문에서 치유 선언과 죄 사함의 선언은 동의어로서 동등한 효력을 발생한다. 차이가 있다면, 그것은 9절의 지적처럼 당시의 상황에서 메시아로서 예수에게 있는 죄 사함의 권세를 강조하고자 하는 차이일 뿐이다.

조태연은 언어 사건의 용이성과 기적의 난치성을 들어 사죄 선언이 치유 선언보다 용이한 것이라고 해석하고 있다.[215] 그러나 또한 그 반대의 해석도 가능하다. 본문에서 언어 사건의 용이성은 오히려 문장의 길이나 종교사회적 맥락을 고려해 본다면 치유 선언으로 기운다. 10절의 그 목적에 비추어 볼 때, 예수는 마가복음 2:1–3:6의 논쟁들 가운데 가장 심한 비난을 감수하면서 자신의 죄 사함의 권세를 드러내고 있다. 일반적으로 기적적인 치료의 어려움을 떠나서 마가복음 자체 내에서 생각한다면, 예수의 치유 기적은 이미 마가복음 1:23–28에서부터 시작되어 당시 민중들과 서기관들에게 널리 알려진 오히려 쉬운 일이다.

5절에서 예수는 이 중풍병자를 히브리어에 בֵּן(벤)과 거의 의미가 같은 Τέκνον(작은 자여, 테크논)라고 부른다. 에드워즈는 이 단어를 '나의 아들아'(my son)라고 해석하였는데, 이것은 권위와 자비를 함께 가지고 있는 용어로 사랑

---

214) James R. Edwards, *The Gospel according to Mark*, 77.

215) 조태연, 『예수 이야기 마가 1』, 96–97; B. J. Malina and R. L. Rohrbaugh, *Social-Science Commentary on the Synoptic Gospels*, 154 참조. "그 사람을 정상적으로(우리 사회에서 주류로) 활동할 수 있는 상태로 회복시키는 행위는 그 사회에서 그를 공동체 안에서의 중요하고 위대한 인물의 상태에로 회복시키는 것보다 쉬워 보였다."

과 친절 이상의 것이다.[216] 본문을 읽으며 우리는 쉽게 중풍병자를 구제받지 못할 죄인이라고 규정하기 쉬우나 그것은 장애 이데올로기의 허위의식에 따른 것이며, 예수는 그를 사랑을 가지고 부르시고 필요에 따라 죄 사함과 함께 치유를 베풀고 있다. 사실 인간은 모두가 다 죄인이다. 본문에서 질병이나 장애의 치유와 죄 사함을 분리시켜 생각한다면, 죄 사함은 장애인뿐 아니라 모든 인간이 받고자 하고 또 받아야 하는 은총이다. 사실 기독교 역사에서 대개의 경우 치유보다는 죄 사함을 기독교의 근원 사역으로 본다. 장애가 인간의 본질이 아니라 한 개인의 속성과 같은 특수한 것이라면, 죄는 모든 인간에게 해당하는 일반적이고 보편적인 것이다. 본문에서 중풍병자의 죄 사함은 치유의 선언인 동시에 온전한 회복을 의미한다.

그러므로 여기서 이글은 다음과 같이 잠정적인 결론을 내릴 수 있다. 죄 사함은 장애인만이 받아야 할 은혜가 아니라 모든 인간이 받아야 할 은혜이다. 다만 본문은 예수가 메시아로서 죄 사하는 권세를 가지고 있음을 드러내기 위하여 치유 선언 대신에 죄 사함의 선언을 사용하고 있을 뿐이다. 그러므로 모든 장애인에게 더한 죄가 있거나 아주 특별한 죄가 있거나 그 죄로 인하여 장애가 되었다는 결론은 극한 비약이며 허의의식으로서의 이데올로기의 한 모습에 불과하다. 죄–장애의 이데올로기를 벗어나 생각한다면, 죄 사함은 장애인만이 받기를 갈구해야 할 은총이 아니라 모든 인간이 갈구해야 할 은총이다.

216) James R. Edwards, *The Gospel according to Mark*, 76.

V. 결어: 장애 이데올로기로부터의 해방

장애인이 교회에 접근하고 교회 생활에의 완전한 참여와 평등을 불가능하게 하고 더 나아가 장애인을 억압하고 차별하며 교회 생활과 신앙생활로부터 소외시키고 배제시키는 데에는 신학적이고 신앙적인 장애 이데올로기가 작용하고 있다. 그 중에는 '믿음–치유 이데올로기'와 '죄–장애 이데올로기'가 있다. 본문 마가복음 2장 1–12절의 치유 기사와 논쟁 기사는 이 두 가지의 문제에 대하여 질문을 제기하고, 두 가지 이데올로기를 극복할 수 있는 단초를 제공하였다.

흔히 장애인 당사자의 믿음이 치유의 절대적인 요인인 것처럼 의식화되었던 것에 반하여, 복음서는 치유 받은 사람이 아니라 치유자인 예수의 메시아됨을 나타내는데 강조점이 있음이 드러났다. 간혹 믿음이 치유의 요인으로 등장하는 경우가 있는데, 병자나 장애인 당사자의 믿음이 한 요인으로 작용하는 경우만큼이나 적게 주위의 제3자인 타인의 믿음이 한 요인으로 작용하는 경우도 있음이 드러났다. 이 사실은 장애인의 치유 실패를 전적으로 장애인 당사자의 믿음 부족이나 인격 결함으로 보는 장애 이데올로기를 부정하는 것이다. 죄–장애 이데올로기는 병자나 장애인 당사자의 믿음을 치유의 절대적이며 유일한 요인으로 치유에 필수적인 것으로 호도함으로써 장애인을 교회에서 소외시키고 비장애인을 신앙적 진리와 삶에서 왜곡시키며 장애인 스스로를 도태시킨다. 본문 마가복음 2:1–12에서 예수의 치유는 오히려 비장애인 네 사람의 믿음이 교인의 참된 모습으로 제시된다.

또한 오랫동안 장애인의 장애가 그 사람의 죄의 결과라고 무의식적으로 지배되어 왔는데 반하여, 예수는 인간의 장애가 당사자나 타인의 죄의 결과만이 아니라 하나님의 선한 계획이라는 사실도 열어 놓았다. 본문에서와 마찬가지로 치유 과정과 이후에 나타나는 예수의 사죄 선언은 모든 장애인을 특별한 죄인으로 만드는 것이 아니라 예수가 죄 사함의 권세를 가지고 있음을 강조하기 위하여 치유 대신 죄 사함을 선언한 특별한 경우이다. 그 사람의 죄는 다른 모든 사람들의 경우처럼 그 사람의 개인적인 죄이다. 중풍병을 일으키는 특별한 죄가 있거나 치유 전에 꼭 사죄 받아야 할 특별한 죄가 있는 것이 아니다. 죄-장애 이데올로기는 장애인의 장애를 오직 장애인 자신의 죄 때문이며 특별히 용서받기 어려운 죄인 것처럼 호도함으로써 장애인을 교회에서 소외시키고, 비장애인을 장애인과 구별시키고, 장애인 스스로 죄의식에 빠져서 밖으로 나오지 못하게 한다. 본문 마가복음 2:1-12에서 예수의 사죄 선언은 장애인에 무관심한 서기관의 모습과 대조된다.

마가복음 2장 1-12절의 본문에서 예수의 죄 사함과 치유는 현상적으로 그리고 결과적으로 동일한 기능을 발휘한다. 그러나 죄 사함과 치유를 일반론적으로 동일시하는 것은 자칫 죄인과 장애인을 동일시하거나 죄 사함과 치유를 동일시할 위험성이 있다. 죄 사함과 치유가 동일한 기능을 발휘하는 본문이 특별한 경우이다. 본문을 근거로 해서 모든 치유 받은 자가 다 죄를 용서받은 것이며, 죄를 용서받은 사람은 다 치유되어야 한다고 생각하는 것은 매우 위험한 생각이다.[217] 모든 질병이나 장애가 죄의 결과가 아니듯이 모든 치유가 죄 사함이 아니며, 모든 죄가 장애로 귀결되지 않듯이 모든 죄 사함이 치유를 동반하는 것은 아니다. 물론 그 반대로 죄와 장애 그리고 치유와 죄 사함이 전혀 무관하다거나 아주 특별하게 단 일회적인 경우에만 해당되는 것은 물론 아니다.

217) 라마 윌리암슨, 『마가복음』, 116-117 참조.

다만 이데올로기적으로 특별한 경우에 기초해서 그것을 일반화시켜 그릇된 관념에 갇히거나 고립되지 않아야 한다는 것이다.

예수의 관심이 육체적 질병의 치유에만 머물러 있는 것은 결코 아니다. 오히려 기독교는 전통적으로 치유보다는 죄 사함에 우위와 우선을 두었다. 본문에서 치유와 죄 사함의 두 가지 요소들은 모두 다 예수의 사역에 꼭 필요한 것이었으며, 하나님의 구원의 순간이나 완전함이 도래했다는 증거를 제공하는 것이다(막 1:14-15).[218] 중풍병자에 대한 사죄와 치유는 좋은 소식에 대해서 마가복음이 전하고 있는 많은 실례들 중의 하나이다. 복음의 내용 중에 한 가지는 인자이신 예수가 용서와 치유의 권위를 가지고 있다는 사실이다. 사죄와 치유는 하나님 나라를 특징짓는 두 가지 차원이다.

이글에서 지적하는 장애 이데올로기에 대한 비판은 성서 안에 장애 이데올로기적인 분위기나 근거 구절이 없다는 것이 아니라 그것이 기독교 정신이나 예수 그리스도의 복음으로 일반화되거나 절대화되어서는 안 된다는 것이다. 오히려 그것들은 성서와 기독교 전체를 흐르고 있는 예수의 복음에 기초하여 재해석되어야 한다. 예수 그리스도의 복음은 인간을 모든 허위의식으로서의 이데올로기로부터 해방시킨다. 교회가 장애인을 소외시키고 배제하고 비하하는 모든 사회적 이데올로기로부터 보호해야 하는데, 오히려 죄와 믿음에 대한 불평등한 일방적인 강조가 교회 내 장애인들의 교회 생활과 신앙생활을 어렵게 만들고 있다. 하나님은 교회를 통하여 장애를 해방시키는데 반해, 사람은 교회를 통하여 장애를 억압하고자 한다. 그러한 과정에 사용되는 모든 장애 이데올로기를 거부해야 한다. "네 믿음이 적어서 치유되지 않는다."가 아니라 "우리의

218) Robert A. Guelich, *Mark 1:1-8:26*, 95.

믿음이 적어서 너를 돕지 못하고 있다."고 회개해야 할 것이다. "네가 죄가 많아서 장애를 입었다."가 아니라 "우리 모두 죄인이며 너를 통한 하나님의 영광의 계획이 있다."고 말해야 할 것이다. 교회에 만연된 장애 이데올로기는 예수 그리스도의 복음으로 극복되어야 한다.

제 6 장

예수의 치유에 대한 장애신학의 쟁점들

요한의 제자들이 이 모든 일을 그에게 알리니 요한이 그 제자 중 둘을 불러 주께 보내어 이르되 오실 그이가 당신이오니이까 우리가 다른 이를 기다리오리이까 하라 하매 그들이 예수께 나아가 이르되 세례 요한이 우리를 보내어 당신께 여쭈어 보라고 하기를 오실 그이가 당신이오니이까 우리가 다른 이를 기다리오리이까 하더이다 하니 마침 그 때에 예수께서 질병과 고통과 및 악귀 들린 자를 많이 고치시며 또 많은 맹인을 보게 하신지라 예수께서 대답하여 이르시되 너희가 가서 보고 들은 것을 요한에게 알리되 맹인이 보며 못 걷는 사람이 걸으며 나병환자가 깨끗함을 받으며 귀먹은 사람이 들으며 죽은 자가 살아나며 가난한 자에게 복음이 전파된다 하라 누구든지 나로 말미암아 실족하지 아니하는 자는 복이 있도다 하시니라

– 누가복음 7장 18-23절

| 제 6 장 |

예수의 치유에 대한 장애신학의 쟁점들

– 누가복음 7:18–23을 중심으로 –

I. 서언

신약성서의 복음서는 예수 그리스도의 생애와 사역과 그 의미를 담고 있다. 복음서는 각기 다른 사람들에 의해 기록되었음에도 불구하고 모두 예수가 하나님의 아들로서 세상을 구원하는 그리스도임을 증거하고 있다. 그의 공생애의 주요 사역은 하나님 나라를 선포하고 복음을 전하고, 병자와 장애인을 치유하고 귀신들린 사람에게서 귀신을 내쫓고, 제자들을 모아 함께하며 교육하고 훈련하고, 세상을 구원하기 위하여 죽기까지 고난을 당한 것이었다. 그 사역의 절정이 바로 십자가와 부활이다.

복음서는 동일한 예수 그리스도의 삶에 대한 기록임에도 불구하고, 성령 안에서 기록한 사람과 그가 속한 공동체의 입장에 따라 예수 그리스도의 사역을 기술하는데 다소간 차이를 보이고 있다. 이 글은 누가복음에 기록된 예수 그리스도의 치유 사역을 장애신학의 관점에서 고찰하고자 한다. 4복음서들 중에서 특별히 누가복음을 택한 것은 다른 세 복음서에 비하여 질병과 장애에 대한

기록이 보다 많고, 그 표현 또한 보다 의학적이기 때문이다.[219] 뿐만 아니라 누가복음은 전통적으로 사회적인 복음으로 가난한 자들과 소외받는 자들에게 큰 관심을 가지고 있는 것으로 알려져 있기 때문이다.[220]

이글은 누가복음 7장 18-23절을 중심으로 장애신학에서 예수의 치유로 인하여 제기된 여러 신학적 쟁점들에 대해서 논구하고자 한다. 장애신학적 논쟁들에 앞서 먼저 성서가 말하려고 하는 예수의 장애(인) 치유의 의미는 무엇인가? 예수는 왜, 어떤 동기로, 어떤 목적으로 장애인을 치유하였는가? 복음서 기자는 예수의 장애인 치유 기사로 독자에게 무엇을 말하려고 하는가? 구체적으로 예수는 어떻게, 어떤 방법으로, 어떤 계기로 장애인을 치유하였는가? 이에 대해서는 이 책의 다른 장들에서 다루고 있다.[221]

이 글에서 보다 집중하고자 하는 장애신학적 문제는 장애인 당사자와 교회와 사회가 현실적인 관심에 따라 제기하는 질문들이다. 예수는 장애인 당사자의 믿음을 근거로 치유하였는가? 예수의 치유는 육체적인 치유인가? 예수는 모든 장애인을 고쳐주었는가? 이 질문들은 오늘 교회에서 치유되지 않은 육체적 장애의 몸을 가지고 있는 성도들에겐 매우 중요한 실존적인 질문이다. 예수

---

219) 누가복음 5:12의 '온 몸'(πλήρης)은 누가만의 의학용어다. 누가복음 5:18의 중풍병자(παραλελυμένος)는 마태복음의 병행본문의 표현(παραλυπτικός)보다 더 의학적인 용어다. 누가복음 7:10의 강건하여졌더라(ὑγιαίνοντα)도 의학용어이다. 박수암, 『신약주석 누가복음』(서울: 대한기독교서회, 2005), 133, 137, 176.

220) 박수암, 『신약주석 누가복음』, 5. 누가복음은 사회적 복음이라고 불린다. 그것은 인간에게 영혼의 구원을 가져오신 그리스도뿐 아니라 육체의 구원 내지는 사회적 구원을 가져오신 그리스도를 강조한다; 김경진, 『누가 신학』(서울: 기독교연합신문사, 2005), 47. 누가복음이 마가복음의 구속적 기독론적 의미에 국한하지 않고 확장된 것은 공동체의 상황(Sitz im Leben)의 차이에서 비롯된 것이다. 누가복음은 마가복음의 고난과 결부된 구속적 기독론보다는 공동체 내부의 삶, 즉 구성원들 사이의 윤리적 문제에 초점에 맞추어진 사회구원적(혹은 봉사적) 기독론이 중요하게 부각되었던 것으로 보인다. 이런 이유로 인해 누가는 마가복음 10:45을 생략하고 '섬기는 자로서의 주님'을 소개한다.

221) 이에 대한 논의는 이 책의 제5장 "장애 이데올로기의 극복"과 제7장 "예수의 장애 해방 선언" 참조.

의 치유의 결과는 제자도로 귀결되는가? 예수가 치유한 사람들은 모두 예수를 따르는 제자가 되었는가? 예수의 치유는 개인적인 차원의 것인가? 예수의 치유가 갖는 사회적인 의미나 영향은 없는가?

Ⅱ. 본문의 위치와 의미

누가복음서에서 본문이 차지하는 위치와 의미는 매우 특별하다. 누가복음서에서 단적으로 예수가 누구인지, 보다 직접적으로 표현하면 예수가 그동안 유대인들이 예언을 따라 기다리던 그리스도인지를 묻고 있는 대목이다. 본문은 누가복음 4장 16-21절 소위 '나사렛 선언'으로 일컬어지는 본문과 더불어 예수가 왜, 어떻게 그리스도인지를 현실적으로 보여주는 본문이다.

누가복음 4장의 본문(눅 4:18-19)이 마치 대통령의 취임 국정연설과 같이 예수가 그리스도로서 공생애를 시작하며 과연 어떤 일을 할 것인가를 선언하는 것이라면, 누가복음 7장의 본문(눅 7:22)은 마치 국회의 청문회에서 예수가 이런 일을 함으로써 과연 그리스도이라고 스스로 입증, 변론하는 것처럼 보인다. 프레드 크래독(Fred B. Craddock)에 따르면, 예수는 누가복음 4장 나사렛 회당에서 자기의 계획이라고 선언한 바로 그것을 7장에서 수행하고 있는 것으로 자신을 증명한다.[222)]

누가복음 4장 18-19절은 예수가 나사렛 회당에서 이사야 61:1-3을 인용하여 그가 메시아로서 행할 일을 선언한다. 예수는 자신에게 성령이 임하여서

222) 프레드 크래독/박선규 옮김, 『누가복음』, 목회자와 설교자를 위한 주석(서울: 한국장로교출판사, 2010), 134.

가난한 자에게 복음을 전하고, 포로 된 자에게 자유를, 눈먼 자에게 다시 보게 함을 전파하고, 눌린 자를 자유롭게 하고, 주의 은혜의 해를 전파하려 한다고 선언한다. 이것은 예수가 세상에 오신 성육신과 사명의 목적을 밝히는 선언이고, 앞으로 예수가 사역을 어떻게 전개할 것인가를 예고하는 선언이다. 누가복음 7장 18-23절은 예수의 사역에 대한 확증이다. 세례 요한은 메시아를 기다렸고, 예수가 메시아라고 알고 있었다. 그러나 예수가 행하고 있는 사역을 볼 때에 과연 그가 기다리던 메시아인지 의심하게 되었다. 그래서 자기의 제자들을 보내 예수가 그리스도인지를 질문하였고, 예수는 그가 하고 있는 사역으로써 대답하였는데, 그 대답은 앞서 나사렛에서 선언한 말씀과 거의 동일한 내용이다.

누가복음의 특징 중의 하나는 억눌린 사람들이나 소외된 사람들 또는 그 밖에 사회에서 불우한 처지에 있는 사람들에게 특별한 관심을 기울이고 있다는 점이다. 이러한 사람들 목록에는 가난한 자, 병자, 장애인, 노예, 한센병자, 이방인, 외국인, 난민, 어린이, 노인, 과부, 그리고 당시로서는 대체로 여자들도 여기에 포함되었다.[223] 그래서 누가복음은 또한 '사회적 복음'이라고 불리기도 한다. 그것은 인간에게 영혼의 구원을 가져오신 그리스도뿐 아니라, 육체의 구원 내지는 사회적 구원을 가져오신 그리스도를 강조한다.[224] 누가복음을 흔히 '가난한 자들을 위한 복음'(The Gospel for the Poor)이라고 부르는 이유도 여기에 있다.

여기서 먼저 인용된 이사야 61장 1절 이하의 말씀과 누가복음 4장의 나사

---

223) 마크 포웰/배용덕 옮김, 『누가복음 신학』(서울: 기독교문서선교회, 1995), 126-128. 쇼트로프(Luise Schottroff)와 슈테게만(Wolfgang Stegemann)은 그들의 책 『예수와 가난한 자들의 희망』(*Jesus and the Hope of the Poor*)에서 이 주제에 대한 누가의 독특한 발전을 연구한 바 있다.

224) 박수암, 『신약주석 누가복음』, 5; 김경진, 『누가 신학』, 29.

렛 선언을 비교하여 보면, 누가복음 4장에는 본래 이사야에 없던 구절이 하나 추가되어 있는데 그것은 바로 '눈먼 자에게 다시 보게 함'을 전파한다는 것이다. 본문의 '눈 먼 자'는 헬라어 튀플로스(τυφλός)로 시각장애인을 가리킨다. 이것은 누가복음서 기자의 독창적인 생각이나 추가가 아니다. 시각장애인의 치유는 이미 구약의 예언서, 무엇보다 이사야서에서조차 이미 메시아의 도래와 함께 나타날 표징으로 예언된 것이다(사 35:5). 누가복음 7장의 본문은 이사야 28장 18-19절, 35장 5-6절, 61장 1-2절을 결합된 것으로 보인다.

누가복음 4장의 내용과 7장을 비교해 보면, 4장에 비해서 7장에서는 병자와 장애인에 대한 표현이 훨씬 더 확장되고 구체화되어 있다. 누가복음 7장 22절에 예수의 대답은 눈 먼 자인 '맹인'뿐 아니라 "못 걷는 사람이 걸으며 나병환자가 깨끗함을 받으며 귀먹은 사람이 들으며 죽은 자가 살아나며"가 추가되고 있다. '못 걷는 사람'(χωλός, 콜로스)은 다리에 장애가 있는 지체장애인, '나병환자'(λεπρός, 레프로스)는 악성 피부병의 한센병자, '귀먹은 사람'(κωφός, 코포스)은 청각에 장애가 있는 청각장애인에 해당한다.[225]

누가복음 7장 19절에 세례 요한이, 20절에 세례의 요한의 제자들이 반복해서 '오실 그 이'(ὁ ἐρχόμενος, 호 에르코메노스)에 대해서 예수에게 질문한다. '오실 그이'란 이미 구약에서 예언된 메시아를 가리켜 말한다(창 49:10, 시 118:26, 단

225) 성경의 장애인에 대한 번역의 문제는 하나의 딜레마이다. 그 이유는 예수의 구원을 강조하고자 상대적으로 장애의 고난을 부각하려는 표현과 현대 장애인의 인권에 대한 인식이 충돌하고 있기 때문이다. 그래서 「개역개정」은 많은 고심을 하여 번역하였으나 여전히 미흡한 수준이다. 하나의 단적인 예로 마태복음 15장 30-31절에는 여러 유형의 장애인들과 함께 '장애인'이라는 용어를 함께 사용하여 혼동을 주고 있다. 필자의 의견으로는 본문을 축약된 단어 보다는 다소 표현이 길어지더라도 풀어서 써 주는 것이 장애의 고난에 대한 수사학적 의도와 장애인의 인권 모두를 살리는 길이라고 생각한다; 한글 성경의 장애인 호칭에 대해서는 채은하, "한글번역성경들에 나타난 장애인 호칭과 그 의미," 「대한예수교장로회 장애인신학 정립을 위한 제3차 포럼」(2012.2) 참조.

7:13, 습 9:9, 합 2:3).[226] 예수는 이에 대하여 자신의 치유 사역을 보여주며 치유 사역으로 대답한다. 조셉 피츠마이어(Joseph A. Fitzmyer)에 따르면, 이 본문은 양식비평에서 '선언문 이야기'(pronouncement story)로 분류되는데, 이 단락의 중요한 차원 중의 하나는 이것이 정확히 '예수의 메시아 됨'(the messiahship of Jesus)과 관련된 것이라는 사실이다.[227]

장애(인)의 치유는 예언서와 묵시문학을 통하여 사람들에게 공인된 메시아 출현의 현실적인 표징들이다. 누가복음서는 예수가 메시아, 곧 그리스도임을 입증하기 위해서 예수가 예언서에 예언된 시각장애, 지체장애, 청각장애의 전통적인 장애(인) 치유를 일으키고 있으며, 나아가 예수 당시의 메시아가 아니고서는 치유될 수 없는 다양한 난치병과 장애들에 대한 치유 또한 구체적으로 이루어지고 있음을 소개한다.[228]

세례요한의 제자들의 질문과 예수의 대답 사이의 누가복음 7장 21절도 때마침 예수가 많은 병자와 장애인을 고쳐 주셨음을 증거 정황으로 묘사하고 있다. "질병과 고통과 및 악귀 들린 자를 많이 고치시며 또 많은 맹인을 보게 하신지라"(눅 7:21). 여기서 '질병'은 헬라어 노소스(νόσος)로 일반적인 질병과 질환

---

226) 존 놀랜드/김경진 옮김, 『누가복음 1:1-9:20』, WBC(서울: 솔로몬, 2003), 609. 슈틀마허(P.Stuhlmacher)는 유대인들이 기다리던 종말론적 선지자, 피츠마이어(J. Fitzmyer)는 종말에 올 엘리야, 호프만(P. Hoffmann)은 심판을 행하러 오실 인자, 불트만(R. Bultmann)은 은밀한 방식으로 오실 메시아, 슈트로벨(L. Strobel)은 하박국 2:3이 본문의 배경이 된다고 주장했다.

227) Joseph A. Fitzmyer, *The Gospel according to Luke I-IX*, Anchor Bible Commentary(New York: Yale University Press, 2006), 663.

228) 본문 7장 22절의 장애인에 대한 예수의 실제 치유 사건은 누가복음 여러 곳에 있다. 시각장애인 치유는 7:21, 18:35-43, 나병환자 치유는 5:12-16, 17:11-19, 청각장애인 치유는 11:14, 죽은 사람의 치유는 7:11-17, 8:40-56에 나타난다. 단, 마태복음과 달리 누가복음에는 '저는 자'에 대한 구체적인 치유 기사는 없다(마 15:30-31, 21:14 참조). 이것은 이사야 26:9 죽은 자, 28:18-19 시각장애인, 청각장애인, 가난한 자, 35:5-6 시각장애인, 청각장애인, 지체장애인(저는 자) 치유에 대한 예언에 상응한다.

을 의미하는데, '고통'은 헬라어 마스틱스(μάστιξ)로 채찍질하거나 짓누르는 것과 같은 고통이나 질병을 가리킨다. 악귀란 악한 영에 사로잡힌 것을 가리킨다. 이 구절은 문맥상의 어색함 때문에 기자 누가의 의도적인 요약문 추가로 여겨진다. 본문에서 예수는 이사야서의 예언만을 인용하는 것으로 그치지 않고, 요한의 제자들 앞에서 직접 치유 기적을 행사해 보임으로써 스스로 메시아임을 입증한다.[229] 이로써 예수는 요한의 제자들을 앞에서 행하는 기적으로 자신의 선언의 증거를 삼으며, 요한의 제자들을 자신이 어떠한 그리스도인가를 증언하는 증인으로 만들어 버렸다.

누가복음 7장은 4개의 독립된 내러티브(눅 7:1–10; 11–17; 18–35; 36–50)로 구성되어 있다. 이들 4개의 내러티브들은 서로 긴밀하게 짜였는데, 앞의 두 이야기는 예수가 베푼 기적으로 백부장의 종을 고치고, 나인성 과부의 아들을 살림으로써 점층적으로 서술되었다. 마지막 네 번째 이야기는 예수에게 향유를 부은 죄인을 향한 죄 사함을 선포한다. 앞의 두 이야기와 마지막 이야기 사이에 본문(눅 7:18–25)인 세례 요한의 질문과 예수님의 대답이 위치하고 있다. 누가복음 7장의 이러한 편집 구조는 예수가 바로 하나님의 구원 목적의 성취자라는 것으로 확인시켜 준다. 장애(인) 치유를 포함하여 예수를 통해서 이루어지는 일들은 바로 구원의 때를 묘사하는 하나의 표징들이다. 그리하여 누가복음은 예수가 메시아, 곧 그리스도라고 폭로하고 있다.[230] 그래서 마이클 윌코크(Michael Wilcock)는 누가복음 7장을 "좋은 소식"이라고 이름 붙이고 있다. 그것은 메시아의 오심이고, 좋은 소식은 하나님 나라에 관한 것으로 뭔가 좋은 것이고(눅 7:1–

229) 박수암, 『신약주석 누가복음』, 181.
230) 윤철원, 『누가복음서 다시 읽기』(서울: 이레서원, 2001), 162–164.

10, 11–17), 뭔가 새로운 것이다(7:24–30, 31–35).[231]

누가복음 7장의 중심부(눅 7:18–35)는 다시 세 부분으로 구분된다(18–23; 24–28; 29–35).[232] 첫째는 세례요한의 질문을 통한 예수 그리스도의 메시아로서의 정체 규명이고, 둘째는 메시아를 의심하는 세례요한에 대한 평가이고, 셋째는 그것을 통하여 메시아를 수용하지 못하는 세대에 대한 평가이다. 7장의 중심부에서 처음 부분인 본문(눅 7:18–23)은 가장 중요한 사실 사건(fact)이며 누가 기자가 복음서를 통하여 드러내고자 하는 중심 메시지이다(message, meaning). 마지막 절인 23절은 축복문으로 단락의 끝을 맺고 있는 것으로 보인다(눅 1:45, 6:20 비교). 이 구절은 모든 사람에게 적용되도록 일반적인 용어로 되어있지만, 특별히 요한을 대상으로 한다고 볼 수 있다.[233] 이어지는 24–35절을 고려한다면, 축복의 형식을 띠고 있지만, 신앙적 회의에 대한 안타까움과 경계의 메시지로서 역할을 하고 있다.

장애신학의 입장에서 볼 때, 메시아로서 예수의 치유 사역의 대상은 누가복음 4장에서는 시각장애인이 추가되었고, 누가복음 7장에서는 지체장애인, 한센병자, 청각장애인이 추가되었고, 7장 21절을 고려한다면 장애 판정이 불명확한 난치병자와 정신장애인에게로 확장되었다. 이사야서와 누가복음서가 공통으로 가지고 있는 표현들, 즉 시각장애인이 눈을 뜨고 청각장애인이 듣고 가난한 자가 기뻐한다는 표현은 더 이상 어떤 고난이나 절규나 고통이 없게 될 구원의 때를 묘사하는 고대 근동의 표현들이다. 따라서 누가복음서 본문들의 장애 목록은 예수의 종말론적 성취를 드러내고 있다.

231) 마이클 윌코크/정옥배 옮김, 『누가복음 강해』, BST 시리즈(서울: IVP, 2008), 119–122.

232) 하워드 마샬/이한수 옮김, 『누가행전』(서울: 엠마오, 2000), 380.

233) 흔히 축복 선언문이 복수형인데 비해, 누가복음 7:23은 단수형으로 기록되어 있다. 김득중, 『누가복음 I』, 대한기독교서회 창립 100주년 기념 성서주석(서울: 대한기독교서회, 2003), 386.

본문의 또 한 구절은 '죽은 자가 살아나며'라는 구절이다. 실제로 누가복음에서는 본문 바로 앞에 7장 11–17절에 예수가 나인성에서 과부의 죽은 아들을 살리신 기적을 행하였고, 이어지는 8장 49–56절에 야이로의 죽은 딸을 살리시는 기적을 행하였다. 죽은 자를 다시 살리는 기적은 묵시문학에서 마지막 때 메시아가 와서 행하는 일의 전형적인 표징이다. 7장 16–17절의 죽은 자의 부활을 목격한 사람들의 반응은 메시아의 출현에 대한 반응이다. 그러나 이것이 예수 그리스도 자신의 부활과는 다른 것이다. 왜냐하면 예수가 살린 사람들은 지금까지 살아있지 않고 결국 그들의 생애를 마치고 죽었기 때문이다.

예수의 장애(인) 치유 사역은 기다리던 메시아, 곧 그리스도로서의 사역이다. 예수의 십자가와 부활로 이어지는 완성된 그리스도의 사역을 공생애의 현실에서 예견하게 해 주는 표징들이다. 예언서와 묵시문학의 전승을 따라 예수 자신의 부활이 하나님 나라의 표징이라고 한다면, 예수의 병자와 장애인과 죽은 자를 살리는 치유 또한 하나님 나라의 표징이라고 말할 수 있다.

앞서 살펴본 대로 예수의 치유 사역은 예나 지금이나 상식이나 의학으로는 기적에 해당한다. 그것은 앞서 살펴본 대로 하나님의 사역이고, 예언과 묵시문학에서는 마지막 때의 표징이고, 기대하던 메시아의 표징이다. 그러므로 예수의 치유 사역은 하나님의 역사 안에서 기대하던 메시아의 출현을 뜻하는 구체적인 표징이다. 예수의 십자가와 부활은 현실에서 반복될 수 없는 그리스도의 사역이었던 것에 반해, 예수의 치유 사역은 이후로도 계속해서 하나님의 구원의 능력을 전파하는 사역이 되었다.[234] 치유 사역은 이후에 그의 제자들을

234) 누가복음 13장 32절. 귀신을 내어 쫓고 병을 낫게 하는 것은 예수의 하나님 나라 사역의 대표적인 일들이다.

통하여 계승되고 이후로도 계속될 것이 예언되었다.[235] 그래서 교회의 역사에 있어서도 치유 사역은 계속되었으며, 지금도 그리스도의 몸인 교회에서 일어나기도 한다. 특히 오순절 운동의 교파에서는 신유가 중요한 사역 중의 하나가 되어 진행되고 있다.[236]

Ⅲ. 육체적 치유와 전인적 치유

예수의 치유와 관련한 장애신학의 첫 번째 질문은 예수의 장애(인) 치유가 단순히 육체적인 치유인가 하는 질문이다. 달리 말하면 예수의 치유가 육체적 치유로 그치지 않고 그 이상의 다른 어떤 것, 곧 전인적인 회복이나 영적인 차원을 가지고 있지 않는가 하는 질문이다.

누가복음에서 많은 치유 사역의 요약구는 대부분 표면적인 육체적 치유에 머물고 있다. 4장 39절 시몬의 장모의 치유, 5장 13-14절 나병환자의 치유, 6장 10절 손 마른 사람의 치유, 7장 2-10절 백부장의 사랑하는 종의 치유, 13장 10-13절 꼬부라진 여자의 치유, 14장 1-6절 수종병이 든 사람의 치유는 육체적인 치유를 표현하고 있다. 그러나 그 치유 기사들이 육체적인 치유에만 국한된 것이라고 단정 지을 수는 없다. 왜냐하면 복음서에서 대부분의 치유 기사의 목적은 장애인 당사자의 치유 과정이나 치유 상태를 드러내려는 것이 아니라 치

235) 누가복음 10:9에 예수는 제자들에게 복음을 선포하며 그 동네의 병자들을 고쳐줄 것을 당부한다. 마가복음 16:17-18에 예수는 믿는 자들에게 치유를 포함한 여러 표적이 따를 것으로 말한다. 요한복음 14:12에 예수는 제자들이 자기와 하는 일도 하고, 더 큰일도 할 것이라고 말한다.

236) 교회의 치유 사역에 대해서는 켄 브루/조종남 옮김, 『하나님의 병 고치는 권세』(서울: 서로사랑, 1997); 월터 카이저/김진우 옮김, 『치유자 예수님』(서울: 선교횃불, 2009) 참조.

유자 예수가 바로 메시아, 그리스도인 것을 드러내려는 데에 있기 때문이다. 그래서 누가복음서는 병자와 장애인의 질병의 기간이나 장애의 중함에 대한 설명은 비교적 상세하게 기술하지만, 치유된 사람의 질병이나 장애의 상태나 결과에 대해서는 비교적 설명이 적다.

육체적인 치유가 예수의 메시아 됨을 가시적으로 드러내는 가장 확실하고 분명한 방법이었기에 때문에 복음서에 자주 등장하고 있지만, 예수의 치유는 육체적인 회복으로 종결되는 것이 아니라 거기에는 또한 죄로부터의 구원, 관계의 회복과 사회로의 복귀, 미래와 영생에 대한 소망이 담겨져 있다. 누가복음 5장 20절, 예수가 중풍병자를 고쳐줄 때에는 단순히 육체의 치유가 아니라 죄 사함을 선언하고 있다. 치유가 단순히 육체적인 차원이 아니라 영적인 차원에까지 이르고 있음을 알 수 있다. 8장 48절, 예수는 혈루증 여인을 치유하면서 네 믿음이 너를 구원하였으니 평안히 가라고 말씀하시는데, 거기에는 육체적인 치유와 함께 믿음에 대한 인정이나 심리적인 평안에 대한 축복이 담겨 있다. 특히 누가복음 17장 18-19절, 열 명의 나병환자 치유 기사에서 보면, 육체적인 치유는 열 명의 나병환자 모두가 얻었지만, 예수로부터 영적인 축복을 받은 사람은 사마리아 출신의 오직 한 명의 나병환자뿐이었다. 아홉 명의 나병환자는 육체적인 치유에 머물러 있는데, 한 명은 그 이상의 영적인 치유까지 받고 있음을 추론할 수 있다.

예수의 치유는 단순히 육체적인 치유 자체가 목적으로 완결된 것이 아니다. 예수의 치유는 예수를 그리스도로 부각시키고 입증하는 표징으로서 기능을 한다. 그리고 예수의 치유는 장애인으로 하여금 육체적인 치유를 통하여 예수를 믿고 하나님 나라를 바라보는 구원의 길로 나아가게 한다. 예수의 치유는 장애인에게 단순히 육체적인 치유 의미만이 아니라 영적인 구원을 포함하는 전

인적인 치유로 나아가게 한다.[237)]

Ⅳ. 모든 장애인 치유와 일부 장애인 치유

예수의 치유에 대한 장애신학의 두 번째 질문은 예수는 모든 병자와 장애인을 다 고쳐주었는가 하는 것이다. 이것은 예수의 치유에 대한 장애신학의 난제 중의 하나이다. 복음서에 따르면, 예수를 찾아 온 모든 병자와 장애인들이 다 치유 받은 것처럼 보인다. 예수의 치유는 당시 예수 그리스도를 만나 치유 받은 장애인들에겐 큰 기쁨의 사건이었다. 예수의 치유는 당시 교회 공동체의 독자들이나 오늘날 교회 공동체의 독자들에게 큰 은혜요 축복이다. 특히 병자나 장애인들에게 예수의 치유는 큰 위로요 희망이다. 그러나 오늘날 난치병, 불치병, 장애를 가지고 있는 대부분의 성도들은 교회 공동체에서 육체적인 치유를 받지 못하고 있다. 이러한 현실은 장애 성도와 그의 가족들에게 신학적으로 해석하기 매우 어려운 난제이며, 신앙적으로 매우 심각한 실존적 위기의 문제가 아닐 수 없다.

예수 그리스도를 믿고 그의 치유의 능력을 믿고 교회 공동체에 속하여 신앙생활에 열심을 다하는데도 그에게 육체적 치유의 현상이 일어나지 않고 있

237) 노윤식, "진정한 민중 종교 현상으로서의 신적 치유," 『치유와 선교』(서울: 다산글방, 2000), 78. 치유란 육체, 정신, 영적인 병든 상태에서 건강한 상태로 회복됨을 말하며 총체적 완전함에로의 회복을 말한다. 그러므로 치유의 대상은 인간의 병든 육체, 정서, 영혼에 국한될 수 없고, 인간의 분열된 정치, 사회, 경제, 환경, 우주에 이르기까지 확대될 수 있다. 신학적인 관점으로 보면, 치유는 에덴동산의 맨 처음 창조 이상의 회복이요, 구약에 나타나는 하나님과의 평화(shalom)의 실현이고, 신약의 그리스도의 십자가의 화해(reconciliation) 사상의 구현이다.

다면, 이것은 단순히 불치의 현상을 넘어서 장애인 자신의 믿음에 대한 회의를 가져올 뿐만 아니라 교회 안에 팽배한 '믿음-치유 이데올로기'를 강화시키게 된다. '믿음-치유 이데올로기'는 장애 성도가 치유되지 못하는 것을 장애인 당사자가 여전히 죄 가운데 있는 죄인이거나 믿음이 부족한 사람이어서라고 정죄한다. 이러한 장애 이데올로기적인 평가와 정죄는 장애인을 한 번 더 죄인과 불신자로 전락시키고, 결국에는 장애인으로 하여금 교회와 신앙을 저버리게 하는 결과를 초래한다.

복음서는 예수가 가는 곳마다 복음을 전하고 제자들과 함께 여러 사역을 하였지만, 특히 병자와 장애인을 고쳐주고 귀신을 내어 좇는 분으로 가장 두드러지게 소개되었고 소문이 나 있었음을 보여준다. 그래서 예수가 가는 곳에는 치유를 받고자 수많은 병자와 장애인들이 그를 찾아왔고, 또 어떤 사람들은 병자와 장애인들을 데리고 그를 찾아 왔다. 예수는 그들을 고쳐주었다(눅 4:40, 6:19, 7:21). 그러면 누가복음서에서 치유되지 않는 병자나 장애인들은 없는가? 오늘 교회 공동체에서 육체적으로 치유 받지 못하고 있는 병자나 장애인이 위로받을 여지는 없는가?

장애 성도의 신앙 실존의 고뇌에 대하여 세 가지로 대답하고자 한다. 첫째는 앞서 다루었듯이 예수의 장애 치유가 꼭 육체적인 것에 제한된 것이 아닌 것을 주목해야 한다. 예수의 장애 치유는 메시아로서 그리스도의 표징이지, 육체적 치유가 최종의 궁극적인 목적은 아니다. 그것은 그 병자나 장애인이 다시는 병에 걸리지 않았거나 장애가 다시 발생하지 않았거나 또는 죽은 자가 다시 살아나서 지금까지 죽지 않고 살아있음을 말하려고 하지 않기 때문이다. 오히려 현실적으로 그들은 살면서 또다시 질병에 걸렸고, 장애를 경험했고, 결국엔 죽었다.

둘째로 장애 성도 자신이 육체적 회복이라는 소원을 신앙으로 극복해야 한다. 육체적인 치료가 이루어지지 않았다고 해서 그가 구원받지 못하거나 신앙이 없는 불신앙인이 아니다. 사도바울처럼 육체의 가시를 평생 지닌 채 교회를 섬기고 복음의 사명을 감당할 수 있다. 그러므로 장애 성도는 주위에 치유받은 장애인을 축복하고, 치유 받지 못한 장애인을 위로하고, 함께 신앙의 길로 매진하도록 격려하는 의식 있는 신앙인이 되어야 한다.

셋째로 이 질문과 관련하여 누가복음서에서 주목해야 할 구절들이 있다. 그것은 예수께서 모든 병자나 장애인들을 다 고쳐주시지는 않았다고 추론할 여지가 있는 본문들이다. 5장 15-16절, 수많은 무리가 소문을 듣고 병 고침을 받고자 모여 왔지만, 예수는 한적한 곳으로 피하여 기도하였다. 6장 17-19절, 많은 무리들이 병 고침을 받고자 예수를 만지려고 힘썼는데, 그것은 능력이 예수께로부터 나와서 모든 사람을 낫게 하였기 때문이다. 만지고자 힘썼다는 것은, 만진 사람은 모두 나았지만 무리 중에는 만지지 못한 사람도 있었고 그들은 고침을 받지 못하였다는 현실을 반증한다. 9장 11절, 예수가 하나님 나라의 일을 이야기하며 병 고칠 자들을 고쳤다. τοὺς χρείαν ἔχοντας θεραπείτας ἰᾶτο(투스 크레이안 에콘타스 테라페이타스 이아토). '병 고칠 자들'(τοὺς χρείαν ἔχοντας θεραπείτας)이란 '병 고침을 필요로 하는 자들'을 고쳐준 것으로 해석된다. 이들이 어떤 언행이나 조건을 갖추었는지 알 수 없으나, 적어도 예수가 모든 이들을 고쳐준 것은 아니라는 분위기가 근저에 깔려있다.[238)]

---

238) 「개역성경」과 「개역개정」은 '병 고칠 자들', 「공동번역」은 '치료해야 할 사람들', 「새번역」은 '병 고침을 받아야 할 사람들', 「현대인의 성경」은 '병자들'로 번역하였다; 한편, D사본에는 '그의 모든'(αὐτοῦ πάντας)이 추가되어 있다. 눅 9:11의 '이야기하다'와 '고치다'의 동사형태가 미완료시제로 된 것으로 보아 오랜 기간 이 두 사역이 병행해서 이루어졌음을 보여준다. 존 놀랜드/김경진 옮김, 『누가복음 1:1-9:30』, WBC(서울: 솔로몬, 2003), 773, 784; 마태복음이 '병 고침'만,

누가복음 4장 27절, 예수는 선지자가 고향에서 환영받지 못하는 현실을 설명하면서 엘리사 시대에 많은 나병환자 가운데 오직 수리아 사람 나아만만 깨끗함을 받았다고 말씀하셨다. 모든 사람이 치유를 받는 것은 아니다. 이 구절의 병행본문인 마태복음 13장 58절은 "그들이 믿지 않음으로 말미암아 거기서 많은 능력을 행하지 아니하시니라"라고 기록하고 있고, 마가복음 6장 5절은 "거기서는 아무 권능도 행하실 수 없어 다만 소수의 병자에게 안수하여 고칠 뿐이었고"라고 기록하고 있다. 예수가 당시 몇 사람의 병자만 고쳐주었다는 것이다.

이러한 구절들을 근거로 해서 예수가 그를 찾아온 모든 병자와 장애인을 다 치유하지는 않았다고 추정할 수 있다. 장애신학은 이것을 예수의 긍휼 없음이나 능력 없음으로 해석하지 않는다. 예수는 그리스도로서 모든 것을 하실 수 있는 능력과 모든 것을 품을 수 있는 사랑을 가지고 있다. 예수가 모든 병자와 장애인을 치유하지 않았다면, 거기에는 그만한 이유나 목적이 있을 것이다. 다만, 장애신학에서는 이 구절들이 '믿음-치유 이데올로기'의 강화를 막는 근거로 사용될 수 있음을 확인하고, 행여나 치유되지 않는 육체적 장애로 고민하는 장애인들에게 위로와 격려로 다가가는 해석을 제공할 수 있다.

V. 따르는 제자도와 머무는 제자도

예수의 치유와 관련한 장애신학의 세 번째 질문은 치유 받은 장애인은 모

마가복음이 '가르침'만 기록한 것에 비교한다면, 누가복음은 '하나님 나라에 대한 선포'에 관심을 가지고 있다. 김득중, 『누가복음 I』, 대한기독교서회 창립 100주년 기념 성서주석(서울: 대한기독교서회, 2003), 472.

두 예수를 따르는 제자가 되었는가 하는 것이다. 예수의 장애 치유의 목적이 예수가 그리스도임을 드러내는 것이라고 한다면, 그 결과는 사람들이 예수를 그리스도로 믿고 그를 따르는 것으로 드러난다. 실제로 예수의 여러 제자들이 예수의 말씀을 듣고 기적을 보고 예수의 부르심에 응답하여 제자로 따라나섰는데, 그 중의 대표적인 사람이 베드로, 야고보, 요한과 세리 레위이다(눅 5:10-11, 5:27-28, 6:13-17). 제자들은 '모든 것'(πάντα)을 다 버리고 예수를 따랐다. 예수를 따르는 제자 가운데에는 특히 그로부터 치유를 받았던 병자와 장애인들이 많이 있었던 것으로 흔히 생각한다.

그러나 실제로는 그렇지 않다. 오히려 정반대이다. 누가복음서에서 예수로부터 병 고침을 받고 난 후, 그를 따라나선 사람은 오직 18장 42-43절에 나오는 여리고의 한 맹인 뿐이다. 누가복음에서 대부분의 치유 기사는 치유로 말미암아 하나님께 영광을 돌리거나 예수에 대한 소문으로 마무리되는 것 외에 달리 제자로 따를 것에 대한 특별한 언급 없이 끝난다(눅 4:35, 39, 41, 6:10, 7:9-10, 15-17, 8:54-55, 9:42-43, 13:12-13, 14:4, 18:42-43). 오히려 '가라'나 '일어나 가라'라고 이전의 본래 삶의 자리로 돌아가도록 하는 복귀 명령으로 끝나는 경우가 더 많다(눅 5:14, 8:48, 17:19).

예수가 장애인을 치유한 이후에 그의 가정과 사회로 돌아가라고 귀환 명령하는 구절들이 있다. 5장 24-26절, 예수는 중풍병자에게 네 침상을 가지고 집으로 가라고 명령하였고, 그는 고침을 받은 후 자기 집으로 돌아갔다. 17장 14절과 19절, 예수가 열 명의 나병환자를 고칠 때에 가서 제사장들에게 몸을 보이라고 1차 귀환 명령 내렸고, 돌아와서 감사하는 한 명의 사마리아 출신 나병환자에게는 축복을 한 이후 2차 귀환 명령을 내렸다. 매우 특별한 구절은 8장 38-39절이다. 거라사에 귀신 들렸던 사람은 예수로부터 치유를 받고 예수와 함께 있으려 하였으나, 예수는 오히려 집으로 돌려보내며 그에게 일어난 큰 일을 성내에 전파하라고 명령하였다. 예수의 제자도는 꼭 물리적으로 예수를 따르는 제자도만 있는 것이 아니다. 거라사의 귀신들렸던 사람처럼 자기 집, 자기 동네로 돌아가 그곳에서 예수 그리스도와 하나님 나라를 전하는 것도 하나의 제자도이다.

이것은 모든 장애인이 교회 공동체에서 비장애인처럼 똑 같은 방식으로 사역을 하거나 아니면 모두 장애인 사역과 같은 특정 방식으로 사역해야 하는 것이 아님을 의미한다. 교회의 장애인 사역이나 장애인의 교회 사역은 특정 방식으로 공식화하거나 고착화하는 것에 대하여 주의해야 한다. 이것은 교회 사역에의 평등한 참여처럼 보이나 또 다른 장애 차별을 전제하거나 결과하기 때문이다. 그러한 제도와 분위기는 장애인 스스로를 또다시 교회 안에서도 차별받아 마땅한 존재로 여기게 한다.

Ⅵ. 개인의 치유와 사회의 치유

예수의 치유 사역과 관련하여 보다 깊이 생각해 볼만한 질문은 예수의 치유는 장애인 개인의 치유만을 위한 것인가 하는 것이다. 예수의 치유는 장애인의 존재와 함께 사회에 대하여 메시지를 전하고 있는 것은 아닌가 하는 질문이다. 이것은 신학적으로 예수가 왜 장애인을 치유하였을까의 기독론을 넘어서 근원적으로 왜 하나님이 이 세상에 장애인을 만드셨을까의 창조론과도 관련된 질문으로, 장애인 당사자로서는 자신의 장애가 개인적으로 해결할 문제이며 사회와는 전혀 무관하고 무의미한 것인가를 묻는 신앙의 실존적인 질문이다. 이 질문은 오늘 한국 교회가 장애인을 어떻게 볼 것이며, 장애 성도가 사회를 어떻게 변화시킬 것인가와 관련된 문제이기도 하다.

이글은 창조론적으로 하나님의 완전한 창조나 되어감의 창조에 대해서 논쟁하고자 하는 것이 아니다. 하나님의 선한 목적과 그가 뜻하시는 영광을 고려한다면, 병자나 장애인은 그 존재가 당사자에게만 국한 되는 것이 아니라 그를 둘러싼 관계와 사회에까지 영향을 미치는 것임을 말하고자 하는 것이다. 이글은 기독론적으로 개인 구원의 기독론과 사회 구원의 기독론에 대해서 논쟁하고자 하는 것도 아니다. 인간을 전인으로 고려한다면, 그의 치유는 개인의 것으로 국한된 것이 아니라 그를 둘러싼 사회적인 것임을 말하고자 하는 것이다. 누가복음이 사회적 복음이라고 불리는 이유는 기독론을 영적인 차원으로 제한시키지 않고 인간의 육적인 관심과 필요를 충족시키는 사회적 요소들을 추가함으로써 전인 구원의 기독론을 제시하고 있기 때문이다.[239]

복음서에서 예수의 장애 치유는 예수가 그리스도이심을 드러내는 가장 분명한 표징이다. 이 장애 치유가 갖는 의미는 대상마다 다를 수 있다. 어떤 사건이든 사건과 관련된 모든 사람과 사회에는 그 사건이 미치는 파장이 있다. 이 영향으로 말미암아 개인이나 사회는 변한다. 예수의 치유는 병자와 장애인의 인생을 변화시킬 뿐 아니라 치유 사건과 치유 이후의 장애인의 삶을 통해 사회를 변화시킨다. 장애는 예수 그리스도에게 나아가는 계기가 되고, 치유는 예수 그리스도의 제자로 사회를 변화시키는 계기가 된다.

예수는 제자들을 불러 함께 하고, 동네마다 다니며 복음을 전하고 병을 고쳐주고 귀신을 내쫓음으로써 세상에 변화를 일으키고자 한다. 또한 치유 받은

239) 김경진, 『누가 신학』, 48-55.

병자와 장애인들을 그의 집과 동네로 돌려보내 자신들에게 일어난 일들을 증거 하게 함으로써 세상에 변화를 일으키고자 한다. 예수가 제자를 부르거나 보내시는 데에는 하나님 나라를 향한 목적이 담겨 있다. 그러므로 앞에서 다루었듯이 예수의 제자도는 따르는 제자도와 머무는 제자도에 차별이 없다. 모두 다 예수 그리스도 복음의 사역이며 하나님 나라를 향한 사역이다.

그러므로 예수의 치유는 개인의 치유와 함께 사회의 치유도 담고 있다. 한 개인으로 인하여 사회가 바뀐다. 예수의 치유는 치유의 주체로서의 예수와 치유의 대상으로서의 장애인만이 아니라 사회 자체에도 큰 영향을 끼치게 된다. 예수의 치유 사역이 없을 때, 사회는 장애인을 사회의 정당한 구성원으로 받아주지 않고, 오히려 소외하고 차별하고 정죄하였으며, 이를 당연시 여겼다. 그 사회에서 장애인은 아무런 유익 없이 오히려 소외시키고 처리해야 할 혐오와 기피의 대상에 지나지 않았다. 그러나 예수의 치유 사역으로 말미암아 장애인은 사회의 동등한 구성원이 되었고, 나아가 사회에 복음을 전하는 사역자가 되었다. 예수 그리스도와 그를 믿는 장애인들로 말미암아 사회구조와 사회의식이 변화하는 것이다. 사회는 장애인의 존재를 새롭게 보게 되고, 장애 성도는 교회의 주역을 넘어 하나님 나라의 주역으로서 세상을 변화시키는 사람이 된다.[240]

예수를 만나기 전의 장애인과 예수를 만난 후의 장애인은 다른 존재이다. 꼭 육체적인 치유가 아니라 예수 그리스도로 말미암아 인생 자체가 바뀐다. 이전의 자기중심적 존재에서 하나님 중심적 존재로, 이전의 세상 중심적 존재에서 하나님 나라 중심적 존재로 전환된다. 자신의 장애로 출발한 신앙이 예수 그

240) 정승원, "하나님 나라 주역으로서의 장애인," 『성경과 장애인』(서울: 세계밀알, 2013), 123.

리스도를 만남으로써 하나님 나라를 위한 신앙으로 변한다. 신앙인은 자기 자신의 삶에 대한 관심에서 하나님 나라를 위하여 사회 전반에 대한 관심으로 변화된 인생을 살게 된다.

Ⅶ. 결어

누가복음 7장의 본문은 예수 그리스도에 대하여 의심하는 세례요한과 그의 제자들, 나아가 오늘을 사는 현대인들에게 예수가 누구인가를 분명하게 밝혀주는 본문이다. 예수는 메시아, 곧 그리스도이시다. 그것은 그가 하는 주된 사역이 이미 예언된 대로 마지막 때에 메시아가 오셔서 행하게 될 일로 알려진 병자와 장애인과 죽은 자의 치유이었기 때문이다. 이러한 치유는 예언된 메시아의 표징들 중의 하나이다. 복음서에서 예수는 사람으로서는 불가능하지만 하나님으로서는 가능한 일을 하시는 그리스도이다. 그리고 그 일의 대표적인 표징은 바로 장애(인) 치유이다.

예수의 장애 치유는 단순히 육체적인 치유가 아니라 전인적인 치유이다. 그의 육체를 치유하는 것은 그 자체로서 하나의 목적이기도 하지만, 그것을 통하여 그의 영혼을 구원하고, 관계를 회복하고, 사회로 복귀시키고, 예수 그리스도의 제자로서 살도록 부르시는 계기가 되었다.

예수의 장애 치유는 전적으로 예수의 주권적 의지에 달려 있는 것이다. 예수는 그리스도이기에 그를 찾아온 병자와 귀신들린 사람과 장애인을 고쳐주었다. 그것은 그가 하나님의 아들이며 사랑과 긍휼의 존재이기 때문이다. 그러나 때로 더 큰 목적이나 다른 이유로 인하여 세상에 존재하는 모든 장애인을 고쳐

주지 않았다고 추정할 수 있다. 이것은 예수의 전능하심이나 그리스도이심을 부인하거나 제한하려는 것이 아니라 육체적인 치유 자체가 그의 사역의 목적이나 완성이 아니라는 의미이다.

예수의 장애 치유는 예수 자신에게는 직접적으로 하나님의 아들이신 그리스도로 입증하는 사건이었다. 장애 치유 사건 역시 성육신과 수세와 십자가와 부활과 마찬가지로 삼위일체 하나님의 사건이다. 성부는 생명과 치유의 하나님이시고, 성자는 친히 병자와 장애인들을 만나주시고 치유하셨고, 성령은 지금도 계속 교통하시는 생명과 위로와 치유와 격려의 영이시다.

예수의 장애 치유가 장애인 당사자에게 육체적인 치유와 함께 영적인 구원, 관계의 회복, 사회로의 복귀, 하나님 나라의 소망을 안겨 주었다면, 그를 둘러싼 주변의 환경과 사회에는 예수 그리스도에 대한 신앙의 대전환과 함께 병자와 장애인에 대한 인식의 변화를 가져왔다. 병자와 장애인은 사회의 불필요한 존재나 쓸모없는 존재가 아니다. 장애인은 하나님이 찾으시는 하나님의 백성이며, 하나님의 영광을 드러내는 소중한 통로이다. 그를 통해서 사회가 하나님께로 나아갈 수 있고, 그를 통하여서 하나님은 영광을 받으신다.

예수의 장애 치유 사역은 삼위일체 하나님의 역사 안에서, 지금도 그의 몸인 교회 안에서, 그리고 교회를 통하여 세계에서 계속 일어나고 있다. 그것은 단순히 육체적인 치유와 회복만을 말하는 것이 아니다. 삼위일체 하나님은 예수 그리스도를 통하여 장애인을 전인적으로 치유하시고, 비장애인의 교만과 차별의식을 치유하시고, 사회의 의식과 구조적인 병폐들을 치유하신다. 그것이 예수 그리스도의 복음이며 하나님 나라를 향한 치유이며 해방이다.

제 7 장

예수의 장애 해방 선언

예수께서 길을 가실 때에 날 때부터 맹인 된 사람을 보신지라 제자들이 물어 이르되 랍비여 이 사람이 맹인으로 난 것이 누구의 죄로 인함이니이까 자기니이까 그의 부모니이까 예수께서 대답하시되 이 사람이나 그 부모의 죄로 인한 것이 아니라 그에게서 하나님이 하시는 일을 나타내고자 하심이라 때가 아직 낮이매 나를 보내신 이의 일을 우리가 하여야 하리라 밤이 오리니 그 때는 아무도 일할 수 없느니라 내가 세상에 있는 동안에는 세상의 빛이로라 이 말씀을 하시고 땅에 침을 뱉어 진흙을 이겨 그의 눈에 바르시고 이르시되 실로암 못에 가서 씻으라 하시니 (실로암은 번역하면 보냄을 받았다는 뜻이라)이에 가서 씻고 밝은 눈으로 왔더라 이웃 사람들과 전에 그가 걸인인 것을 보았던 사람들이 이르되 이는 앉아서 구걸하던 자가 아니냐 어떤 사람은 그 사람이라 하며 어떤 사람은 아니라 그와 비슷하다 하거늘 자기 말은 내가 그라 하니 그들이 묻되 그러면 네 눈이 어떻게 떠졌느냐 대답하되 예수라 하는 그 사람이 진흙을 이겨 내 눈에 바르고 나더러 실로암에 가서 씻으라 하기에 가서 씻었더니 보게 되었노라 그들이 이르되 그가 어디 있느냐 이르되 알지 못하노라 하니라

– 요한복음 9장 1–12절

| 제 7 장 |

예수의 장애 해방 선언

- 요한복음 9장을 토대로 한 장애신학의 시도 -

I. 서언: 장애신학[241]의 촉구

2014년 현재 세계적으로 약 10억, 국내적으로는 약 5백만 이상의 사람들이 장애를 가지고 살고 있으며, 그 수치는 사회의 약 10% 이상에 해당한다. 장애인의 정의는 나라마다 약간의 차이가 있는데, 우리나라의 경우 "신체적 · 정신적 장애로 인하여 장기간에 걸쳐 일상생활 또는 사회생활에 상당한 제약을 받는 자"로 정의하고 있다.[242] 세계보건기구(WHO)는 1980년 장애를 이해하는 새로운 접근으로 ICIDH(International Classification of Impairments, Disabilities and Handicaps)를 내어 놓았는데, 1997년 ICIDH-2(International Classification of Impairments, Activities and Participation)로 개정하였으며, 2001년 ICF(International Classification of Functioning,

---

* 이 글은 제1회 한국조직신학자 전국대회(2006년 4월 28-29일, 추풍령 단해교회)에서 처음 발표한 글이다. 이 글은 제1회 단해논문상을 수상하였다. 이후 「한국조직신학 논총」 26 (2006.12)에 게재되었다.

241) 필자는 '장애신학'(Theology of Disability)이라는 용어를 사용한다. 이것은 일반적으로 부르는 소위 '장애인신학'과 김홍덕이 주창한 '장애신학'(Disability Theology) 모두를 포괄하는 것이다.

242) 장애인복지법 제1장 2조(장애인의 정의) ①항.

Disability and Health)로 개정 확대하였다.[243] 이러한 장애 개념에 대한 이해의 변화는 장애에 대한 시대의 긍정적인 시각 변화와 장애가 가지고 있는 사회적인 차원의 강조에 따른 것이다. 장애는 육체적인 문제만이 아니라 또한(오히려) 전인적인 문제이며, 장애인 개인의 문제만이 아니라 또한(오히려) 사회의 모든 구성원들과 관련된 사회적인 문제이다.

현대사회에서 장애인의 수와 비율은 보다 증가될 전망이다. 현대 산업사회는 산업기술의 발전으로 부의 창출과 편리한 삶을 가져왔지만, 또한 그와 함께 각종 사고와 생태계의 파괴를 가져왔다. 산업재해, 교통사고, 그 외 여러 대형사고와 희귀병, 유전적 질병, 환경 파괴에 따른 재난과 질병, 그 외 여러 후천적인 질병은 장애인을 증가시키고 있다. 현대 복지사회는 보다 많은 사람들의 행복한 삶을 추구하며, 그 일환으로 소외 계층과 차상위 계층의 삶의 질의 향상을 지향한다. 이것은 장애 범주의 확대와 장애인 복지 서비스의 확대로 이어지고, 그에 따라 장애인이 증가하고 있다.[244]

장애인에 대한 사회적 관심은 불과 수십 년 전의 일이다. 오랫동안 장애인은 일부의 선한 사람들이 개인적으로 돌보는 자선의 대상일 뿐이었다. 그러던 것이 지난 20세기 후반에 이르러서야 비로소 장애인의 치료나 교육과 재활 등을 사회적 영역으로 인식하고 사회에서 공적인 서비스를 전개하기 시작하였다. 최근에는 장애인이 더 이상 재활 서비스의 대상이 아니라 스스로 인생

---

243) 권유경 · 김용득, "장애의 개념과 등급," 『한국 장애인복지의 이해』(서울: 인간과 복지, 2005), 87-132. 손상, 기능장애, 사회적 장애(ICIDH) -> 손상, 활동, 참여 (ICIDH-2) -> 기능, 장애, 건강(ICF).

244) 우리나라의 경우, 1981년 처음 장애인복지법을 제정할 때 5개의 장애 범주로 시작하였는데(지체, 시각, 청각, 언어, 정신지체장애), 2000년 장애인복지법을 개정하면서 5개 장애 범주를 추가하였고(뇌병변, 발달, 정신, 신장, 심장장애), 2003년에 또다시 5개 장애 범주를 추가하였다(호흡기, 간, 안면, 장루, 간질장애). 2013년 말 현재 우리나라 등록 장애인의 수는 총 2,501,112명이다.

의 선택권과 결정권을 가지고 자신의 자립생활을 주도하는 주체로 전환하기에 이르렀다. 장애인에 대한 사회적 인식의 변화와 함께 교회도 장애인에게 주목하여 장애인을 선교의 대상으로 삼기 시작하였다. 그리고 단순히 선교의 대상으로 보던 시각에서 점차 장애 성도를 교회의 동등한 구성원이며 선교의 동역자로 보는 시각으로 전환하게 되었다. 이러한 장애인에 대한 시각의 전환은 이제 장애 기독교인과 장애인을 돕는 기독교인들을 중심으로 장애에 대한 신학적 담론을 제기하기에 이르렀다. 기독교 신학은 장애인과 장애 문제를 어떻게 이해(해석)해야 하는가? 교회는 장애인과 장애 문제에 어떻게 행동(실천)해야 하는가?

이글은 장애인 선교와 장애인 관련 설교와 기독교적 담론에서 가장 많이 사용되고 선호되는 요한복음 9장, 특히 3절을 중심으로 시도하는 (신학 작업을 통하여 정립되기를 원하는) 장애신학적 작업(해석과 실천)이다. "예수께서 대답하시되 이 사람이나 그 부모의 죄로 인한 것이 아니라 그에게서 하나님이 하시는 일을 나타내고자 하심이라"(요 9:3). 필자는 이 구절을 가리켜 '예수의 장애 해방 선언'이라고 명명하고자 한다. 이 구절을 과연 '예수의 장애 해방 선언'이라고 부를 수 있는가? 그렇다면, 그 내용은 무엇이며, 그것은 오늘 우리의 장애신학의 구성을 위하여 어떠한 의미를 제공해 주는가? 이글의 중요한 의도가 장애신학에 대한 관심과 촉구인 관계로 먼저 신학적 주제로서의 장애(인)와 관련한 일련의 흐름들을 소개하고, 본론으로 요한복음 9장의 '예수의 장애 해방 선언'의 내용과 의미를 고찰함으로써 오늘 우리의 장애신학의 구성을 위한 토대를 마련하고자 한다.

Ⅱ. 신학적 주제로서 장애(인)

장애와 장애인이 신학적 주제가 될 수 있는가? 울리히 바하(Ulich Bach)의 지적처럼 기독교 역사에 있어서 장애인은 오랫동안 신학의 주제가 아니었다.[245] 그러나 이제 장애가 사회의 중요한 문제가 되고 우리의 삶을 구성하는 사회의 중요한 상황으로 인식됨에 따라, 그리고 사람들이 일상생활에서 크고 작은, 일시적이고 장기적인 장애들을 경험하고 그 장애 경험이 삶을 구성하는 중요한 요소로 인식됨에 따라, 장애는 신학적 주제가 되었으며 신학적 주제로 요청받고 있다. 장애(인)는 더 이상 숨길 수도 없고 무시할 수도 없는 우리의 현실이 되었으며, 신학은 이에 대해 해석하고 실천을 제시해야 할 시점에 이르렀다.

지난 세기 후반에 장애(인)에 대한 사회적인 인식의 변화에도 불구하고, 교회가 본격적이고 주도적으로 장애신학을 추진하지는 못하였다. 교회가 장애인을 선교의 대상으로 삼음으로써 비로소 장애신학을 위한 전(前)단계의 준비가 진행되었는데, 이 시기의 주된 작업은 성서에 나타나는 장애(인) 관련 구절의 정리와 성서적 장애(인)관의 모색이었다.[246] 그리고 다음 단계로 장애인들이 교회의 구성원으로 참여하게 됨에 따라, 교회는 장애인에 대한 보다 실천적인 차원에서 신학적인 작업에 이르게 되었다. 1968년 웁살라 WCC 제4차 총회로부터 장애인을 포함하는 통합적인 공동체로서의 교회에 대한 논의가 시작되었고, 1971

245) 울리히 바하/정종훈 옮김, "신학적 주제로서의 장애인," 『하나님 나라의 지평 안에 있는 사회선교』(서울: 대한기독교서회, 2000), 138-139.

246) 이계윤의 두 저서 『장애인 선교의 이론과 실제』(안양: 한국특수요육연구소 출판부, 1996)와 『장애를 통한 하나님의 역사』(서울: 한국밀알선교단 출판부, 2002)는 이에 대한 대표적인 종합이다. 성서적 장애인관에 관한 보다 상세한 연구 문헌과 내용 정리는 필자의 글, "신학적 인간학에서 본 장애(인)," 대한예수교장로회총회사회부 편, 『함께 불러야할 노래』(서울: 한국장로교출판사, 1999), 107-152 참조.

년 루벵(Louvain)에서 열린 신앙과 직제(Faith and Order) 위원회에서 그 역량이 모아졌으며, 1975년 나이로비 WCC 제5차 총회에서 장애인과 함께 하는 교회가 공시되기에 이르렀다.[247] 그리고 최근의 단계인 장애(인)에 대한 본격적인 신학 작업은 장애인이 재활과 복지의 대상에서 주체로 전환되는 것과 맥을 같이 하고 있다. 장애 성도와 장애인을 돕는 교회와 기독교인의 장애에 대한 신학적 문제 의식을 통하여 신학적 작업이 전개되기에 이르렀다. 이 작업은 장애를 가지고(with disability), 성서와 신학과 교회에 대한 보다 심층적인 연구를 시도함으로써 진행되고 있다.[248] 1998년 하라레 WCC 제8차 총회에서 창설된 Ecumenical Disability Advocates Network(EDAN, 에단)은 장애신학적 작업을 주도하고 있다.[249] 우리나라의 경우, 대부분의 장애신학 작업은 아직 본격적인 단계에 미치지 못하고 예비적 단계인 앞의 두 단계에 머물러 있고, 사회학이나 사회복지학적 관점에서 장애(인) 문제에 대한 교회의 관심과 참여가 논의되다가,[250] 최근에 와서

---

247) 1975년 WCC 제5차 총회의 제2분과의 회의보고서 "장애인과 완전한 하나님의 가족"과 1979년 발간된 G. Müller–Fahrenholz가 편집한 *Parteners in Life - the Handicapped and the Church*(Geneva: WCC Publications, 1979)는 그간의 신학적 작업을 담은 좋은 예이다.

248) 좋은 예로 일본NCC/한국NCC 옮김, 『장애인 신학의 확립을 지향하여』(서울: NCCK, 1994); N. L. Eiesland, *The Disabled God* (Nashville: Abingdon Press, 1994); N. L. Eiesland and D. E. Saliers(ed), *Human Disability and the Service of God* (Nashville: Abingdon Press, 1998) 추천.

249) 세계교회협의회(WCC)의 EDAN은 그간의 신학 작업을 하나의 중간 문서로 발표하였다. WCC, *A Church of All and for All - An Interim Theological Statement* (Geneva: WCC Publications, 2003). 이 문서는 "공통점과 차이점", "해석학적 문제", "하나님의 형상", "치유", "은사", "모든 사람을 위한 교회"를 주요 항목으로 다루었다.

250) 이원규, 『한국 사회 문제와 교회 공동체』(서울: 대한기독교서회, 2002), 141–164; 최무열, 『한국교회와 사회복지』(서울: 나눔의 집, 2004개정), 300–320; 박영호, 『기독교사회복지』(서울: 기독교문서선교회, 2004); 김은수, 『사회복지와 선교』(서울: 대한기독교서회, 2014), 279–302 참조. 한국 장애신학의 현실은 안교성의 『장애인을 잃어버린 교회』(서울: 홍성사, 2003)에서도 잘 나타나 있다. 안교성은 이 책에서 짧지만 중요하게 장애인신학을 언급하고 있다.

야 비로소 장애신학 연구의 시도가 모색되고 있다.[251]

장애(인)를 신학의 주제로 삼을 수 있다. 그러나 신학의 여러 주제들 중의 하나가 아니라 장애신학을 구성한다고 할 때, 가장 먼저 제기되는 문제는 당파성과 보편성의 문제이다.[252] 만약 사회의 약 10%가 장애인이라고 한다면, 장애신학은 그 10%를 위한 신학인가? 성서가 과연 일반적인 인간과 일반적인 인간의 삶과 구별하여, 특별한 존재로서의 장애인과 장애인의 삶에 대하여 별도의 다른 복음을 전하고 있는가? 이것은 지난 세기 후반부터 일어났던 여러 상황신학(Contextual Theology)들 중 특히 사회적 약자들을 위한 신학, 곧 남미 해방신학, 여성신학, 흑인신학, 민중신학 등이 직면하였던 중요한 문제들 중의 하나이기도 하다.

지난 세기 상황신학들이 전개되면서 점차 드러나게 된 산물 가운데 하나는, 각 신학들의 당파성에도 불구하고 신학적으로 풍성한 다양성과 다양성 속의 보편성을 얻어가고 있다는 사실이다. 바하(U. Bach)는 그동안 신학적 인간학이 인간을 연구할 때 대개 건강한, 소위 '정상적인' 사람들만 생각하였기에, 그로인해 인간학에서 장애인이 빠져 있거나 부록이 된 '균열된 인간학'(gespaltemen

---

251) 대한예수교장로회(통합) 총회상담소는 1996년 11월부터 1998년 9월까지 펴낸 「장애인상담과 선교를 위한 자료집」에서 신학의 다양한 분야에 걸쳐 단편적으로나마 장애인신학을 시도하였다; 한국기독교교회협의회(NCCK)는 2005년 10월 11일 장애인신학 제1차 포럼에 이어 2006년 3월 27일 장애인신학 제2차 포럼을 개최하였다. 그 결과물로 『장애인 차별과 교회』(서울: NCCK, 2008)를 출간하였다. 그리고 2011년 10월 27일에도 장애인신학 포럼을 개최하였다. 그 결과물로 『장애 너머 계신 하나님』(서울: 대한기독교서회, 2012)을 출간하였다; 세계밀알연합도 약 10년 전부터 장애인 선교와 신학을 위한 세미나를 계속해서 개최하여 오고 있는데, 그 결과물로 『신학으로 이해하는 장애인』(서울: 세계밀알, 2009)과 『성경과 장애인』(서울: 세계밀알, 2013)을 출간하였다; 대한예수교장로회(통합) 총회 사회봉사부는 2011년 4월부터 2013년 4월까지 총회 장애인신학 정립을 위한 포럼을 5차에 걸쳐 진행하였다.

252) 이 문제와 관련하여 임성빈의 "장애인신학의 올바른 방향모색," 총회중앙상담소 편, 「장애인 상담과 선교를 위한 자료집」 5 (대한예수교장로회 총회상담소, 1997.4)와 박재순의 "장애인에 대한 조직신학적 접근"(NCCK 장애인신학 1차 포럼자료집, 2005. 10)은 좋은 대조를 이룬다.

Anthropologie)이 되었다고 비판하였다.[253] 이것은 인간학뿐 아니라 교회론 등 여러 분야에서도 마찬가지일 것이다. 그러므로 장애신학의 전개는 전통신학과 분열된 반쪽짜리 신학을 추구하는 것이 아니라, 그동안 신학이 미처 발견하지 못하였던 신학의 풍성함을 찾고자 하는 것이다. 이론뿐만 아니라 실천에 있어서도 신학의 풍성함을 더해준다. 여성신학이 여성만을 위한 것이 아니듯이, 장애신학은 장애인만의 것도 아니고 장애인만을 위한 것도 아니다. 장애란 한 사람만의 것도 아니고, 그 사람의 모든 것도 아니며, 고정적인 것도 아니고, 다른 사람이나 사회와 무관한 것이 아니다. 오히려 장애는 모든 사람의 것이고, 그 사람의 삶의 일부이며, 모두에게 열려 있으며, 개인적으로도 변하는 것이고, 다른 사람들의 관계 속에 존재하며 사회적인 것이다. 장애는 장애인만의 문제가 아니라 동시에 비장애인의 문제이고, 곧 사회 공동체 전체의 문제이다. 위르겐 몰트만(Jürgen Moltmann)은 장애인과 관련한 신학적 연설에서 장애인들의 해방과 아울러 비장애인들의 해방을 주장하였다.[254] 장애인은 불필요한 사회적 장애들, 곧 장애인의 인권 찬탈이나 사회의 그릇된 건강 이념으로부터 해방되어야 하고, 비장애인은 만남의 공포로부터 해방되어야 한다. 장애신학은 장애인과 비장애인 모두를 해방시키는 것이며, 사회를 변혁시키는 것이다.

첨하여 한 가지 더 지적하자면, 장애는 사람들의 다른 조건인 성, 인종, 계급 보다 보편적이다. 모든 사람들이 정도의 차이는 있지만, 생활에서 신체적이고 정신적이고 관계적이며 사회적인 장애들을 경험한다. 실존주의가 인간 실존의 모순과 부조리로 보편화를 가졌다면, 장애신학은 인간의 장애 경험들로

253) 울리히 바하, "신학적 주제로서의 장애인," 123-143.

254) 위르겐 몰트만/정종훈 옮김, 『하나님 나라의 지평 안에 있는 사회선교』, 73-83. 몰트만의 장애신학에 대하여는 필자의 글, "몰트만의 장애(인)신학," 「기독교신학 논총」77(2010) 참조.

보편화를 삼을 수 있다. 그것은 사회가 정해 놓은 장애의 범주를 넘어선 일이므로 일단 여기서는 논외로 하지만, 그럼에도 장애가 여전히 사람들의 다른 조건들보다 보편적인 것은 분명하다. 10%라는 소수(minority)는 고정된 사람도 아니며 고정된 수치도 아니다. 장애 범주도 확대되고 장애인의 수와 비율도 증가하고 있다. 장애신학을 전개함에 있어서 장애인에 대한 명칭 만큼이나 비장애인에 대한 명칭도 중요한데, 최근 장애인 운동을 하는 공동체 내에서 비장애인을 가리켜 '일시적으로 건강한 몸을 가진 사람'(temporarily able-bodied, TAB, 탭)이나 '잠재적 장애인' 또는 '예비적 장애인'이라고 명명한 것은 장애의 보편성과 관련하여 시사 하는 바가 크다(물론 비장애인이란 표현 자체도 이미 장애인의 관점에서 채택된 말이다). 또한 대부분의 사람들은 나이가 들어감에 따라 자연스럽게 육체적, 정신적, 지적, 관계적 장애를 갖게 된다.

장애(인)는 장애인과 비장애인을 포함한 우리 모두의 신학적 주제이다. 장애는 실존적인 차원에서, 교회 공동체 차원에서, 사회적인 차원에서 심도 있게 논의되어야 할 신학적 주제이다. 이렇게 구성하고자 하는 장애신학은 일반적인 신학과 분리된 또 다른 별도의 신학을 구성하려는 것이 아니다. 만약 그렇다면 장애신학 역시 '장애 입은 신학(disabled theology)'이 되고 말 것이다. 장애신학은 다른 여러 신학들과의 대화 가운데 기독교 신학의 풍성함으로 채워가고자 하는 것이다.

Ⅲ. 요한복음 9장에 대한 신학적 관점들

그동안 요한복음 9장은 어떻게 해석되었는가? 장애신학적 논의를 위하여 지금까지의 요한복음 9장(포괄적으로 복음서에 나타난 예수의 치유 기사)에 대한 연구들을 정리하면, 크게 다음과 같은 세 가지 관점들로 정리 할 수 있다.

첫째로 복음서신학적 관점이다. 이것은 복음서신학, 보다 엄밀히 말한다면 요한복음 신학에 대한 방대한 신학적 논의들을 대변한다.[255] 복음서는 예수가 누구인가를 알리기 위하여 그의 생애를 기술한 것이므로, 복음서신학적 관점은 철저하게 기독론에 초점을 맞추고 있다. 복음서의 치유 기사들에서 강조점은 치유 받는 병자나 장애인이 아니라 언제나 치유하는 예수에게 놓여 있다. 복음서신학적 관점에서 장애인에게 주목되는 경우가 있다면, 그것은 제자도와 관련된 것들이며, 여기서도 강조점은 장애가 아니라 제자도에 놓여있다. 따라서 이러한 접근은 기독론적 강조에도 불구하고 장애(인)의 문제에는 무관심한 경향을 보인다.

이러한 복음서신학적 관점에 따르면, 요한복음 9장은 여전히 예수가 그리스도이심으로 드러내기 위한 본문이며, 치유 받은 사람의 고백은 예수를 인자로 고백하는 데에서 그 절정을 이룬다. 그리고 이 관점은 또한 세밀한 논쟁가운데 이 치유 받은 사람이 바리새인의 심문에도 불구하고 자신의 신앙을 지키며 예수에 대하여 진정한 신앙고백을 하기에 이르는 제자도에 주목한다.

그러나 복음서신학의 관점의 기독론적 강조에서 결코 간과해서는 안 될 중요한 사항은 예수는 장애인들을 환대하시고 치유하셨다는 사실이다. 예수는 세리와 죄인들의 친구였으며(마 9:10-11, 11:19, 막 2:15-16, 눅 5:30, 7:34), 병자와 장

255) 요한복음 신학에서 논의되는 요한복음 9장 연구에 관해서는 찰스 바레트, 『요한복음(II)』, 국제성서주석(서울: 한국신학연구소, 1985); 이상훈, 『요한복음』, 대한기독교서회 창립 100주년 기념 성서주석(서울: 대한기독교서회, 1993); L. Morris, *The Gospel according to John*, NICNT (Grand Rapids: W. B. Eerdmans Pub., 1995); 조지 비슬리-머레이/이덕신 옮김, 『요한복음』, WBC(서울: 솔로몬, 2001)의 해당부분 참조.

애인들을 긍휼히 여기셨다(마 14:14, 막 5:19와 그 외 장애인들의 긍휼 요청구 마 9:27, 15:22, 17:15, 20:30-31, 34, 막 1:41, 9:22, 10:47-48, 눅 17:13, 18:38-39). 복음서에서 병자와 장애인을 치유하신 본문이 전체 분량의 거의 1/3을 차지한다. 그러므로 장애신학은 병자와 장애인을 사랑하시고 치유하시는 이러한 예수의 모습을 주목하며 기독론의 기초 자료로 삼는다.

둘째로 치유신학적 관점이다. 치유신학이란 성서와 교회의 역사 속에 일어났던 치유의 동기와 과정과 결과를 고찰하는데, 그 일면에는 오늘날의 선교와 교회 현장에 재현하고자 하는 의도도 포함한다.[256] 치유신학의 전제가 치유의 근원을 하나님의 능력에 두고 있음에도 불구하고, 치유신학은 무엇보다 치유의 근거와 방법, 곧 치유 받는 사람(또는 그의 부모와 친지)의 믿음과 순종의 행위에 보다 치중한다. 그러나 이러한 관점 역시 장애 문제를 다루는 데는 많은 제한을 가지고 있다. 사실 복음서에 나오는 예수를 만난 장애인들은 대부분 장애인으로 남지 않고 비장애인이 되었다.

이러한 치유신학적 접근은 요한복음 9장에 대해서도 시각장애인의 무조건적인 순종의 행동을 부각시키고 그것을 믿음의 행동이라고 해석한다. 당시 사회에서 죄인으로 취급받던 이 시각장애인은 예수가 발라준 진흙을 눈에 붙이고 해괴한 몰골로 사람들의 조소의 시선 속에 보이지 않는 긴 길을 걸어 실로암까지 갔다는 상상력에 중점을 둔다. 이것은 신분적으로 천대받는 장애인이 육체적으로 감당하기 어려운 일을 사회적 지탄 속에 강행하는 것인데, 이것이야말로 시각장애인의 믿음의 순종이었다고 강조한다. 이것은 장애신학에서

256) 치유신학에서 논의되는 요한복음 9장에 대한 논의에 관해서는 김상복, 『네가 낫기를 원하느냐? - 성경적 치유신학』(서울: 도서출판 MB, 2000); 존 윌킨슨/김태수 옮김, 『성경과 치유』(서울: 기독교연합신문사, 2005)의 해당 부분 참조.

볼 때, 치유신학의 관점이 본문 해석 전체를 지배하고 있는 것이다. 그러나 이것은 치유를 지나치게 협소화시켜 몸의 치료에 국한시킴으로써 건전한 치유신학이 되지 못한다.

그러나 치유신학의 관점에서 결코 간과해서는 안 될 중요한 사항은 예수가 하나님의 능력을 가지고 장애인들을 치유하신다는 사실이다. 그것은 몸의 치료에 제한된 것이 아니라 오히려 그것을 포함할 뿐만 아니라 또한 초월하여 영혼의 구원과 사회에로의 복귀 또는 제자로의 삶까지 확장된다. 건전한 치유신학은 몸의 회복만이 아니라 전인적인 회복과 관계의 회복과 사회에로의 회복으로 나아가며 지향한다.[257] 그러므로 장애신학은 치유신학과 모순되거나 대립된다기보다 오히려 신학적 동반자로 상호 보완한다. 광범위한 의미에서 진정한 치유신학은 장애신학을 포함해야 하며, 진정한 의미의 장애신학은 치유신학을 수용하여야 한다.

셋째는 장애신학적 관점이다. 이것은 장애(인)라는 주제에 대한 관심과 경험을 가지고 본문을 해석하는 것이다.[258] 치유 기사와 관련하여 장애에 주목하여 그리고 장애의 경험을 가지고 예수 그리스도를 보고, 예수 그리스도의 긍휼과 구원과 치유와 해방의 시각에서 다시금 오늘 우리의 장애 문제들을 해결하고자 하는 시도이다. 이러한 관점에서 요한복음 9장은 장애신학을 논하기에 좋은 본문이다.

---

257) 이에 관해서는 한국기독교학회 선교신학회가 펴낸 제4호 논문집 『치유와 선교』 (서울: 다산글방, 2000) 참조.

258) 요한복음 9장을 본문으로 한 장애신학적 해석의 좋은 예로 박경미, "장애인은 죄인인가 – 요한복음 9장에서 본 죄와 장애," 「기독교사상」 (1996년 4월호), 111–128과 C. C. Grant, "Reinterpreting the Healing Narratives," N. L. Eiesland and D. E. Saliers(ed), *Human Disability and the Service of God* (Nashville: Abingdon Press, 1998), 72–87 추천.

장애신학적 관점은 앞의 두 신학적 관점들, 곧 복음서신학적 관점과 치유신학적 관점을 포기하거나 폐기하는 것이 아니라 오히려 그 결과를 수용하고 토대로 한다. 장애신학적 접근 앞의 두 신학적 관점을 결코 무시하지 않고, 오히려 장애에 주목하여 보완하고자 한다. 장애신학에서는 기독론적 관심이 그대로 유지되며, 온전한 전인적인 치유의 관심도 그대로 유지된다. 예수는 병자와 장애인들을 긍휼히 여기시고 용납하시고 치유하셨다. 장애신학은 예수의 이러한 긍휼함에 기초한다. 그런 점에서 장애신학은 기독론 중심의 신학이다. 예수는 장애인들의 몸만 아니라 전인적으로 치유하셨으며 그 사람을 사회에로 회복시켰다. 장애신학은 예수의 이러한 치유에 기초한다. 그런 점에서 장애신학은 치유신학이다.

Ⅳ. 예수의 장애 해방 선언의 내용과 의미

요한복음 9장(특히 3절)을 '예수의 장애 해방 선언'이라고 말할 수 있는가? 그 내용은 무엇이며, 오늘 우리의 장애신학을 위한 의미는 무엇인가?

1. 시각장애인의 전인적인 치유

복음서에는 다른 어떤 범주의 치유 기사보다도 시각장애인이 시력을 얻게 되는 치유 기사가 많다(마 9:27-31, 12:22-23, 15:30-31, 21:14, 막 8:22-26, 10:46-52 눅 7:21-22, 요 9:1-7). 구약 성서에서 시각장애인에게 시력이 주어지는 것은 하나님 자신과 연관된 것이며(출 4:11, 시 146:8), 특히 메시아적 행동으로 이해되고 있는데(사 29:18, 35:5, 42:7), 신약성서의 시각장애인 치유 기사들도 그러한 맥락에서 의미를 가지고 있다(마 11:5, 눅 7:22).[259] 본문 요한복음 9장의 한 시각장애인의 치유 기사도 예외는 아니다. 본문 9장의 치유 기사의 의도도 예수 그리스도에 대한 증거에 있다.

요한복음은 공관복음서의 이적(δύναμις, 뒤나미스)과 달리 7개의 표적(σημεῖον, 세메이온)을 엄선하였다. 요한복음 9장은 요한복음 전체 특히 8장과 10장 사이의 연속성을 이어가는 동시에, 특히 내적으로는 복음서 가운데 논리적으로 가장 정교하게 통일성을 이루고 있는 장이다.[260] 본문은 다른 시각장애인들의 치유와는 다른 특이한 점들을 가지고 있다. 외형적인 면에서, 본문은 복음서에 나오는 시각장애인과 관련된 본문들 중 가장 긴 본문이며, 치유 기사들 중 중간에 예수가 무대에 등장하지 않는 가장 긴 본문이기도 하다. 내용적인 면에서, 본문은 이 시각장애인의 시각장애(blindness)를 부각시키고 계속 유지하고 있다. 특별히 본문은 시각장애를 치유 이후의 일련의 심문(논쟁) 과정에서 치유 받은 사람의 정죄와 그것을 통한 예수의 정죄를 위하여 계속하여 죄와 관련시키고 있다. 그리고 또한 본문은 치유 받은 사람의 예수에 대한 점진적인 신앙 고백의 성장을 보여준다는 특징을 가지고 있다.

예수는 길을 가다가 한 시각장애인을 만난다. 본문의 ἄνθρωπον τυφλὸν ἔκ γενετῆς(안드로폰 튀플론 엑크 게네테스)는 '날 때부터 맹인 된 사람', 곧 '선천적

259) L. Morris, *The Gospel according to John* (Grand Rapids: W. B. Eerdmans Pub., 1995), 422.
260) 조지 비슬리-머레이, 『요한복음』, 345, 353. 요한복음 9장은 마치 한 편의 잘 짜인 드라마와 같이 연결된다. 요한복음 9장 전체는 크게 7장면으로 나누어 볼 수 있다. ① 예수의 시각장애인 치유(1-7절), ② 치유 받는 자와 그의 이웃들(8-12절), ③ 치유 받은 자와 바리새인들(13-17절), ④ 바리새인들과 부모(18-23절), ⑤ 치유 받은 자와 바리새인들(24-34절), ⑥ 치유 받은 자와 예수(35-38절), ⑦ 예수와 바리새인들(39-41절)이다. 박경미에 따르면, 이것은 매우 대칭적인 구조를 이룬다. 박경미, "장애인은 죄인인가," 113.

시각장애인'을 말한다. ἔκ γενετῆς(엑크 게네테스)는 신약 성서에서 유일하게 이곳에 등장하는데, 본문에서 이것은 이 사람에 대한 중요한 단서로 이어지는 제자들의 질문(2)과 치유 이후의 심문(19)의 중요한 주제(hot issue)가 된다. 이 사람의 선천적 장애성이 부각됨은 물론, 또한 치유 이후에도 이 사람의 시각장애라는 주제가 그대로 유지되고 있다. 본문은 계속해서 이 사람을 시각장애인이었던 사람이라고 표현함으로써 시각장애인이라는 주제를 유지한다(13, 특히 17, 18, 19, 특히 24, 25, 그 외에도 본문에 39-41과 10:21에도 τυφλὸς 단어가 등장).

예수는 제자들의 질문에 두 가지로 행동하신다. 하나는 이 선천적 시각장애인의 장애에 대하여 그것이 시각장애인 본인이나 그 부모의 죄로 인한 것이 아니라 그에게서 하나님이 하시는 일을 나타내기 위한[261] 것이라고 대답한 것(3-5, 특히 3)이며, 다른 하나는 일련의 말씀에 이어(6a) 땅에 침을 뱉어 진흙을 이겨 그의 눈에 바르고 실로암 연못에 가서 씻게 한 것(6-7)이다. 이것은 예수의 전인적인 치유, 곧 죄의식의 심리적인 해방과 아울러 실제로 육체적인 치료를 포함하고 있다. 제자들의 질문이 시각장애인의 장애에 대하여 과거적이고, 원인적이고, 사변적이고, 율법적인 것이라고 한다면, 예수의 대답은 미래적이고, 결과적이고, 실천적이고, 복음적인 것이라고 할 수 있다.

예수가 이 선천적 시각장애인을 치유한 이후로(8 이하), 치유로 인하여 생겨난 치밀한 논쟁들이 정교하게 전개된다. 특별히 여기서 이전에 시각장애인이었다가 치유 받은 사람과 바리새인들 사이의 대조가 극명하다. 치유 받은 사람이 사태와 예수에 대한 인식이 증대되는데 반하여 바리새인들은 사태와 예

261) 본문 2절 하반절의 ἵνα절은 세 가지로 해석 가능하다: 목적절 (~하기 위하여), ~결과(~ 되었다), 명령(~하라). 조지 비슬리-머레이, 『요한복음』 350. 요 11:4와 관련하여 그동안 명령(~하라)으로서의 해석이 무시되었으나, 장애신학과 관련해서는 보다 관심을 기울일 필요가 있다. 이어지는 4절에서 단수와 복수 동사의 병치는 의미가 있다. "나를 보내신 이의 일을 우리가 하여야 하리라."

수에 대하여 점점 더 혼란 가운데 빠진다. 자신의 무지를 고백하던(12, 25, 36) 이전에 시각장애인이었던 사람은 점점 더 예수에 대하여 깨닫게 되는 반면, 예수에 대해 잘 알고 있다고 자신하던(16, 24, 29) 바리새인들은 그리스도를 알아보지 못하는 사람이 되고 만다.

요한복음 9장의 치유 기사는 다른 치유 기사들과 달리 치유자인 예수보다 치유 받은 사람을 중심으로 이야기가 전개된다. 물론 그 결국은 예수의 메시아 됨을 강조하는 기독론적 목표를 달성하지만, 그 과정은 예수가 장애인을 치유하였다는 단순한 구조에 의한 기독론적 증거가 아니라 치유 받은 사람이 심문(논쟁)을 통하여 예수의 메시아 됨을 알아가는 보다 고양된 기독론적 증거이다. 이전에 시각장애인이었던 사람은 단순히 치유 대상으로부터 이제 주체적으로 인식하고 행동하는 인물로 등장한다. 이것은 그의 예수에 대한 인식의 점진적인 발전에서 확연하게 드러난다. 치유 받은 사람의 예수에 대한 인식은 처음에 단지 자신을 고쳐준 사람이 '예수라는 사람'이라는 것뿐이었으나(11), 바리새인들과의 1차 심문에서 예수를 '예언자'라고 고백하였으며(17), 2차 심문에서는 예수를 '하나님께로부터 오신 분'이라고 고백하였으며(33), 그리고 마지막 예수와의 대면에서는 요한복음에서 신앙고백의 절정인 '인자'에 대하여 "주여 내가 믿나이다."라고 고백하며 엎드려 절하였다(38).

요한복음 9장 3절은 요한복음 9장 전체를 이끄는 주제 구절이다. 9장 전체는 이 시각장애인이 장애와 장애 치유 이후의 논쟁 속에서 하나님의 영광을 드러내는 과정을 그려내고 있다. 요한복음 9장 3절의 예수의 장애 해방 선언은 이 시각장애인의 전인적인 치유의 과정이다. 예수는 이 시각장애인의 육체적인 눈을 뜨게 하였으며, 영적인 눈을 열어 예수 그리스도를 인식하게 하였다. 요한복음 9장에 나타난 예수의 시각장애인의 치유 기사는 한 개인의 육체적인 치료와 영적인 구원과 사회에로의 회복이라는 전인적인 치유를 담고 있다.

2. 장애 이데올로기로부터의 해방

요한복음 9장이 갖는 장애 해방 선언의 신학적 의미는 장애 이데올로기로부터의 해방에 있다. 장애신학적 논의에서 중요한 두 가지 장애 이데올로기는 '죄–장애 이데올로기'와 '믿음–치유 이데올로기'인데,[262] 본문은 특별히 전자의 문제를 해결하는 중요한 단서들을 제공하며 중요한 위치를 점하고 있다(후자의 문제에 대해서는 분명하지 않다).

본문에는 특별히 죄와 관련된 동사와 명사가 많이 나타나는데(2, 3, 16, 24, 25, 31–33, 34, 41), 이것은 예수와 제자들 그리고 시각장애인과 바리새인들, 이 네 인물들의 논쟁의 일관된 주제가 바로 죄에 있음을 드러낸다.[263] 2절에 제기된 제자들의 질문은 유대교의 율법적 장애(인)관을 배경으로 하고 있다. 유대교의 율법적 전통은 장애를 인간의 죄에 대한 하나님의 징벌의 현상으로, 결국 인간의 죄의 결과라고 보아왔다. 제자들의 질문은 이러한 전제 하에 이 사람의 시각장애가 선천적인 장애이므로 그 동기에 대하여 태중에서의 본인의 죄의 가능성과 부모의 죄의 가능성을 묻는다. 이에 대해 예수는 장애를 죄와 연관시키지 않고, 하나님의 일과 관련시킨다. "이 사람이나 그 부모의 죄로 인한 것이 아니라 그에게서 하나님이 하시는 일을 나타내고자 하심이라."

예수가 과연 실제로 유대교적 장애(인)관, 곧 장애가 인간의 죄에 대한 하

262) 이에 대한 상세한 내용은 이 책의 제5장 "장애 이데올로기의 극복 – 마가복음 2:1–12를 중심으로 믿음과 치유, 죄와 장애에 관하여" 참조.

263) 박경미, "장애인은 죄인인가," 111–114.

나님의 징벌이라는 이념을 전면적으로 부정하였는지는 분명하지 않다.[264] 특히 요한복음 5장 14절은 예수가 여전히 죄와 장애의 어떤 관계를 인정하고 있는 것처럼 보인다. "그 후에 예수께서 성전에서 그 사람을 만나 이르시되 보라 네가 나았으니 더 심한 것이 생기지 않게 다시는 죄를 범하지 말라 하시니." 그럼에도 불구하고 9장 3절의 예수의 대답은 이데올로기서로 죄와 장애의 연결 사슬을 끊기에 충분하다. 죄-장애의 이데올로기로부터의 해방은 죄-장애의 무관을 말하려는 것이 아니라 죄-장애의 고착되고 획일화된 사고로부터의 해방이기 때문이다. 브루스 밀른(Bruce Milne)는 어떤 사람의 장애를 죄의 결과로 보는 원리를 모든 경우에 적용시킬 수 없으며, 또한 역으로 어떤 사람의 장애가 하나님의 영광을 드러내는 표적이라는 것을 보편적인 원리로 격상시켜서는 안 된다고 주장한다.[265] 밀른의 이러한 해석은 본문을 지나치게 장애-우호적으로 보려는 사람에게는 결코 우호적이지 않지만, 죄-장애 이데올로기를 비판하고 제거하는 데에 일조한다.

본문에서 죄-장애 이데올로기에 관한 중심구는 9장 3절과 함께 (오히려 더 중요하게) 41절에도 놓여 있다. 9장 3절이 장애 이데올로기로부터의 해방에 관한 것이라면, 39-41절은 오히려 장애인과 비장애인의 위치가 역전된 '장애 이데올로기의 전도'(顚倒)이다. 장애인에게 장애가 더 이상 죄인으로 규정짓는 꼬리표가 아님을 천명하는 것을 넘어서서, 종국에는 오히려 비장애인이 장애가 있으며 비장애인이라고 하기에 죄가 인정된다고 지적받는다. "예수께서 이르시되 내가 심판하러 이 세상에 왔으니 보지 못하는 자들은 보게 하고 보는 자

264) C. C. Grant, "Reinterpreting the Healing Narratives," 79; 최근에 인간의 장애를 원죄의 결과나 사회적 죄의 결과로 해석하려는 시도들도 일어나고 있는데, 많은 주의와 심도 있는 성찰을 필요로 한다. 한규삼, 『요한복음 다시보기』 (서울: 아가페출판사, 2002), 234-238.

265) 브루스 밀른/정옥배 옮김, 『요한복음 강해』 (서울: IVP, 1995), 179, 181.

들은 맹인이 되게 하려 함이라 하시니 바리새인 중에 예수와 함께 있던 자들이 이 말씀을 듣고 이르되 우리도 맹인인가 예수께서 이르시되 너희가 맹인이 되었더라면 죄가 없으려니와 본다고 하니 너희 죄가 그대로 있느니라."

그러므로 요한복음 9장, 특히 3절은 죄-장애 이데올로기에 매여 있던 장애인에게 사회의 죄의식의 사슬에서 해방시키고 있다는 점에서 장애 해방 선언이라고 할 수 있다. 뿐만 아니라 사회의 죄-장애 이데올로기에 사로잡힌 사람들과 사회를 역시 해방시키고 있다는 점에서 장애 해방 선언이라고 할 수 있다. 예수의 장애 해방 선언은 장애인만이 아니라 비장애인과 사회 전체를 위한 해방 선언이다.

다음으로 장애신학이 주목하는 또 하나의 장애 이데올로기는 믿음-치유 이데올로기이다. 요한복음 9장의 치유 과정에서 믿음을 표면상으로는 발견할 수 없다. 치유신학적 관점에서, 이 시각장애인이 진흙을 눈에 붙이고 실로암까지 걸어갔던 순종의 행위를 믿음이라고 상상력을 발휘하지 않는 한, 본문에서 이 시각 장애인은 예수에게 고쳐달라고 찾아오거나 부르짖지 않았으며, 예수도 치유의 전제로 믿음을 요구하지 않고 있다. 이 치유는 무조건적으로 일어난 것이다. 치유하는 사람에게나 치유 받는 사람에게나 어떤 조건이나 기대도 언급되지 않는다.[266] 장애신학이 제거하고자 하는 또 하나의 이데올로기는 장애인은 자신의 믿음으로 치유 받는다는 이데올로기이다. 이것은 예수가 병자를 치유하면서 한 "너의 믿음이 너를 낫게 하였다." (마 9:28-29, 막 5:34, 10:52)는 선언에 기초한 주장이 고착화된 것이다. 믿음-치유 이데올로기로부터의 해방 역

266) C. C. Grant, "Reinterpreting the Healing Narratives," 80; 비교. S. Horne, "Those Who Are Blind: See," N. L. Eiesland and D. E. Saliers(ed), *Human Disability and the Service of God* (Nashville: Abingdon Press, 1998), 90. 호르네는 시각장애인의 순종을 강조한다.

시 믿음과 치유의 무관을 말하는 것이 아니라 믿음-치유의 고착되고 획일화된 사고로부터의 해방을 말하는 것이다.

밀른은 최근에 부상하고 있는 일부 치유신학이 치유받기 위해서 모든 질병을 죄의 문제와 연관시키고 전적으로 병자의 회개와 믿음과 책임으로 생각하는 것은 잘못된 신학의 적용이라고 비판한다.[267] 이러한 믿음-치유 장애 이데올로기는 기독교 공동체 내에서 장애인들을 치유에로 내몰며, 치유되지 않은 많은 장애인들을 또다시 더 많은 죄나 믿음의 결여로 정죄한다. 낸시 레인(Nancy J. Lane)의 '희생자 신학(victim theology)'은 이것을 잘 표현하고 있다. "치유는 장애인이 비장애인으로 변화될 것을 기대한다. 치유의 부담은 전적으로 장애인에게 주어진다. 그리하여 더 큰 고통이 따르고 교회로부터의 소외가 계속된다."[268] 이러한 두 가지 장애 이데올로기는 장애인들을 억압하는 기제로 오랫동안 작용하였다. 그리고 오랫동안 신학은 장애(인)에 주의를 기울이지 않았으므로, 장애인들에게 장애를 일으키는 신학(the disabling theology)으로, 그리하여 장애인과 비장애인 모두에게 장애 입은 신학(the disabled theology)으로 존재하였다. 요한복음 9장 3절의 예수의 장애 해방 선언은 한 시각장애인의 개인적인 치유를 넘어서서 신학적 (사고의) 혁명으로 장애 이데올로기가 만연한 사회에 대한 변혁이다.

267) 브루스 밀른, 『요한복음 강해』, 180-181.

268) N. J. Lane, "Healing Bodies and Victimization of Persons: Issues of Faith-Healing for Persons with Disabilities," *The Disability Rag Resource* 14(3), 12. N. L. Eiesland, *The Disabled God*, 117 재인용. WCC, *A Church of All and for All*, 21-22 참조.

3. 장애인과 함께하는 공동체의 성장

사회에 장애인이 존재한다는 것이 사회에게는 무의미한 것인가? 예수의 장애 해방 선언은 공동체(교회나 사회)에 어떠한 의미를 주는가? 복음서에 나타난 예수의 치유는 병자나 장애인의 육체적인 치료에만 머물러 있지 않고, 예수 그리스도에 대한 인식이라는 영적인 치유로 이어지고, 그것은 치유 받은 사람의 사회에로의 복귀나 사회에서의 회복으로 나아간다. 장애가 육체적 장벽이고 영적인 장벽이고 사회적인 장벽이라면, 치유는 장벽들의 제거이다. 이러한 관점에서 장애신학적 논의는 복음이 억압적이고 비인간화시키는 체계와 구조에 도전하여 통합공동체를 만들어간다는 사실에 주목한다.[269] 그런 관점에서 볼 때, 요한복음 9장은 다른 치유 기사에 비해 매우 대항적이고 복잡하다. 다른 치유 기사와 달리, 본문의 이 치유 받은 사람의 사회로의 복귀는 용이하지 않다. 오히려 기존 사회, 특히 바리새인으로 대표되는 적대 집단의 큰 장벽과 마주친다.

루이스 마틴(J. Louis Martin)은 요한공동체에 관한 그의 연구에서, 요한복음 9장이 역사적으로 일어났던 유대교 당국의 기독교 유대인들에 대한 회당 축출이라는 강경 조치를 반영하고 있으며, 요한공동체의 기원을 이와 관련되어 있는 것으로 보았다. 서중석에 따르면, 요한공동체는 동시대의 다른 외부 공동체들의 존재를 의식하면서 그 공동체들의 주장을 무시하거나 경계하거나 경쟁하면서 자신들의 공동체 의식을 더욱 뚜렷하게 발전시켜 나갔다.[270] 그런 연구사를 배경으로 볼 때, 요한복음 9장의 시각장애이었다가 치유 받은 이 사람은 단순히 한 개인이 아니라 요한공동체의 그리스도인들을 상징한다고 할 수 있

---

269) WCC, *A Church of All an for All*, 20-21.

270) 서중석, "요한공동체의 기원과 성장," 『복음서 해석』(서울: 대한기독서회, 1992), 237-262.

다.[271] 시각장애인이었던 이 사람은 그가 시력을 회복하면서부터 단순한 육체적인 소외가 아니라 종교적이고 사회적인 소외를 넘어 비난(공격)과 축출(박탈)에 내어 놓이게 되었다. 그러나 그는 오히려 그 박해 가운데에서 자신의 신앙을 잘 지켰을 뿐만 아니라 온전한 신앙을 고백하는 단계에 이르렀고, 그리하여 예수로부터 정당성을 인정받았다. 요한공동체에게서 이 시각장애인이었다가 치유 받은 사람은 요한공동체의 한 일원을 넘어서 모든 구성원들의 모델로서 제시되고 있다고 할 수 있다. 즉 이 치유 받은 사람은 당시 박해 상황 가운데 있던 요한공동체의 그리스도인들의 본으로서 인내와 투쟁과 신앙인식에 대한 본이며 지침이다.

이러한 요한공동체에 대한 연구는 요한공동체가 내적으로 매우 독실한 신앙공동체였으며 치유공동체였음을 반영한다. 이와 아울러 외적으로 그리고 이념적으로 기존 사회에 대해 대항적인 성격을 지녔음을 시사해준다. 요한공동체의 사회 대항적인 투쟁과 인식은 요한공동체 내적으로 공동체의 일원의 신념을 보다 명확히 하고 결속력을 견고히 하는 동시에 외적으로 다른 공동체, 특별히 적대적인 공동체에 대하여 그들의 공격을 오히려 전도(顚倒)시킴으로써 요한공동체의 정당성을 알리는 동시에 적대공동체의 오류를 지적하고 수정하려 하고 있다. 요한공동체는 신앙공동체이며 치유공동체인 동시에 그런 의미에서 투쟁공동체라고 할 수 있다.

39–41절은 요한복음 9장 전체의 결론에 해당한다. 요한복음에서 유일하게 9장 39절에 '심판'(κρίμα, 크리마)이라는 용어가 사용되고 있다. 누가 죄인인가에 대한 요한복음 9장의 최종 결론은 시각장애인이었던 사람이나 예수가 죄인

271) 박경미, "장애인은 죄인인가," 120–124.

이 아니라 바리새인들이야말로 진정으로 시각장애인이며 죄인이라고 주장한다. 이것은 바리새인들이 하나님으로부터 온 예수를 알아보지 못하고 예수가 죄인(24)이라는 편견에 사로잡혀서, 육체적으로 보지 못하는 시각장애가 아니라 의도적으로 보지 않으려는 장애를 가지고 있음으로 의미한다.[272] 오늘날의 교회에서도 이해와 사랑(에의 의지)의 장애가 보다 심각한 장애이며 진정한 의미의 문제 장애이다.

요한복음 9장의 시각장애인이었다가 치유 받은 이 사람은 예수 당시의 한 신앙인이나 요한공동체의 대표자를 넘어 오늘 우리 사회에서 그리스도인의 한 본으로 동일시될 수 있다. 특히 장애신학을 구성함에 있어서 오늘날에도 죄-장애 이데올로기로 인하여 공격받고 상처받는 사람들과 동일시될 수 있다. 장애인은 사회에서, 심지어 교회에서 조차도 많은 차별과 소외를 경험한다. 사회적 인식과 제도가 아무리 개선되어도 차별과 소외의 여지는 여전히 남아 있다. 그렇다고 해서 장애인이 교회, 나아가 사회를 포기하고 떠나거나 차별을 당연한 것으로 체념해서는 안 된다. 신앙이란 본질적으로 핍박과 박해 등 모든 차별적 환경을 극복하고 넘어서게 한다. 신앙은 장애로 인한 개인적 고난과 사회적 차별도 넘어서게 한다.

장애인의 치유는 장애인 당사자와 가족에게는 사회로의 복귀이며 사회 안에서의 회복이다. 그런가하면 (교회나 사회) 공동체로서는 장애인의 존재와 회복은 그 공동체의 성장을 가져온다. 어느 사회에 장애인이 존재한다는 것은 장애인을 제거함으로써가 아니라 장애인을 용납함으로써 장애인과 비장애인뿐만 아니라 그 사회 공동체가 보다 성장하고 성숙하게 된다. 사회의 주류 또는 사회의

---

272) 이상훈, 『요한복음』, 341-342, 348-349.

일부가 적대적이라고 한다면, 요한복음 9장의 이 치유 받은 사람처럼 인내와 신앙으로 계속하여 투쟁해 나감으로써 자신을 해방시키고 적대 집단을 해방시킴으로써 사회 전체를 해방시켜 나가야 한다. 그것은 성령의 역사 안에 있는 하나님 나라의 운동의 현실이다.

V. 결어: 장애신학을 향하여

장애(인)에 대한 의식 속에 신학은 사회로부터 장애(인)라는 주제에 대해 대답할 것을 요청받고 있으며, 또한 신학은 신학의 본질상 교회 공동체를 위하여 장애(인)에 대하여 질문하고 대답하여야 할 시점에 서 있다. 서론에서 이미 밝혔듯이, 이글은 장애신학에 대한 완결이 아니라 출발이며, 교회와 신학을 향한 장애신학에 대한 촉구이다. 그리고 그 시범적 한 예로서 시도한 것이다. 그러므로 이글은 포괄적이고 완성된 거대한 본류의 강줄기로서의 장애신학이 아니라 장애신학이라는 강 본류를 향하여 나아가는 상류의 작은 물줄기들 중의 하나이다.

장애(인)를 주제로 하는 신학이 전개됨에 따라, 장애(인)에 대해 무관심하고 장애인을 배제시켰던 기존의 신학이 장애 입은 신학으로 드러났으며, 지금도 만약 장애(인)에 무관심하다면 여전히 장애를 만드는 신학으로 드러난다. 장애신학은 장애인만 하는 신학도 아니고, 장애인(의 인권이나 복지)만을 위한 신학도 아니다. 다만 신학적 논의에서 제외시켰던 (대상과 주체로서의) 장애인을 포함하고, 그동안 문제 삼지 않았던 장애라는 주제를 확충함으로써 기독교 신학의 보다 다양한 내용과 교회의 풍성한 삶을 확보하려는 것이다.

요한복음 9장 3절은 요한복음 9장 전체의 주제 구절로서 '예수의 장애 해방 선언'이라고 할 수 있다. 이것은 선천적 시각장애인이었던 한 사람의 치유를 담고 있다. 그의 육체적인 눈과 함께 그의 신앙의 눈이 치유되었다. 뿐만 아니라 이것은 시각장애인 한 개인의 치유와 신앙의식만이 아니라 예수 당시는 물론 지금까지도 여전히 그 세력을 가지고 있는 장애 이데올로기로부터의 해방을 담고 있다. 예수의 이 선언은 죄-장애 이데올로기로부터의 해방이다(아울러 본문으로부터 간접적으로 우리는 믿음-치유 이데올로기부터의 해방에 대해 생각해 볼 수 있었다). 이것은 장애인에게 해방일 뿐만 아니라 비장애인에게도 해방이며, 사회 공동체에게도 해방이다. 장애인에게는 죄-장애의 무거운 죄의식과 부정적 자기의식과 타인 주도적인 삶의 방치로부터의 해방이며, 비장애인에게는 모든 장애인에 대한 편견과 정죄로부터의 해방이며, 사회에게 이것은 분리와 배제로부터의 해방이며 온전함과 충만함을 향한 해방이다. 이 해방을 위하여 교회는 인내 가운데 신앙으로 사회의 장애-차별적이며 장애-적대적인 편견을 제거하고, 장애-친화적이며 장애-우호적인 이해와 실천을 증진시켜 나가야 할 것이다.

제 8 장

바울의 장애신학

무익하나마 내가 부득불 자랑하노니 주의 환상과 계시를 말하리라 내가 그리스도 안에 있는 한 사람을 아노니 그는 십사 년 전에 셋째 하늘에 이끌려 간 자라 (그가 몸 안에 있었는지 몸 밖에 있었는지 나는 모르거니와 하나님은 아시느니라) 내가 이런 사람을 아노니 (그가 몸 안에 있었는지 몸 밖에 있었는지 나는 모르거니와 하나님은 아시느니라) 그가 낙원으로 이끌려 가서 말로 표현할 수 없는 말을 들었으니 사람이 가히 이르지 못할 말이로다 내가 이런 사람을 위하여 자랑하겠으나 나를 위하여는 약한 것들 외에 자랑하지 아니하리라 내가 만일 자랑하고자 하여도 어리석은 자가 되지 아니할 것은 내가 참말을 함이라 그러나 누가 나를 보는 바와 내게 듣는 바에 지나치게 생각할까 두려워하여 그만두노라 여러 계시를 받은 것이 지극히 크므로 너무 자만하지 않게 하시려고 내 육체에 가시 곧 사탄의 사자를 주셨으니 이는 나를 쳐서 너무 자만하지 않게 하려 하심이라 이것이 내게서 떠나가게 하기 위하여 내가 세 번 주께 간구하였더니 나에게 이르시기를 내 은혜가 네게 족하도다 이는 내 능력이 약한 데서 온전하여짐이라 하신지라 그러므로 도리어 크게 기뻐함으로 나의 여러 약한 것들에 대하여 자랑하리니 이는 그리스도의 능력이 내게 [1)]머물게 하려 함이라 그러므로 내가 그리스도를 위하여 약한 것들과 능욕과 궁핍과 박해와 곤고를 기뻐하노니 이는 내가 약한 그 때에 강함이라

– 고린도후서 12장 1–10절

---

1) 헬. 장막으로 덮게

| 제 8 장 |

바울의 장애신학

– 고린도후서 12:1–10에 나타난 바울의 '육체의 가시'와 그 해석 –

I. 서언

제임스 던(James D. G. Dunn)의 지적처럼, 바울은 기독교 최초의 신학자요 또한 최고의 신학자였다.[273] 그는 예수의 십자가와 부활을 칭의(justification)의 관점에서 해석함으로써 초기 기독교의 신학의 기초를 놓았으며, 당시에 제기되었던 교회와 성도의 여러 삶의 문제에 대하여 신학적으로 대답함으로써 초기 기독교 신학과 신앙의 체계를 세웠다.[274] 그러므로 기독교 역사상 존재하였던 많은 신학들은 물론 오늘의 신학도 바울의 신학에 크게 의존하고 있다.

바울의 신학을 논한다는 것은 기독교 신학의 역사만큼 매우 방대한 작업이

---

* 이 글은 필자가 「장애인을 깨우라」(서울: 한국장애인사역연구소) 2007년 12월호부터 2008년 2월호까지 3회에 걸쳐 연재한 글이다.

273) 제임스 던/박문재 옮김, 『바울신학』(서울: 크리스챤 다이제스트, 2003), 39.

274) 바울 서신의 내용은 대개 신학적 문제(교리, 이론)와 수신 교회를 향한 권고(윤리, 생활)로 구성되는데, 이것은 여러 가지 구조와 표현 형식으로 구성되었으며, 완전히 분리된 두 가지의 내용이 아니라 신학에 기초한 권고로 연속성을 가지고 있다.

다.[275] 신약신학은 물론 조직신학이나 기독교윤리에서도 바울의 신학에 대하여 상당한 논의들이 있어 왔다. 이글에서는 바울의 신학 전반을 논하고자 하는 것이 아니라, 다만 오늘 우리 사회의 문제들 중의 하나인 장애(인)의 문제에 대한 신학적 작업의 일환으로 바울의 장애신학을 구성해 보고자 하는 것이다.

이를 위하여 이글은 고린도후서 12장 1-10절을 중심 본문으로 택하고자 한다. 특별히 본문을 중심 본문으로 택한 것은 바울이 장애를 가지고 있었을 것으로 추정할 수 있는 본문들[276] 가운데 가장 구체적인 본문이고, 그리하여 바울의 질병과 관련하여 전통적으로 가장 많이 인용되는 본문이기 때문이다. 이글은 바울의 장애에 대한 추정과 (그것이 어떠한 것이든지) 그것에 대한 바울의 신학적 해석과 더 나아가 장애신학을 위한 바울의 신학을 정리하고자 한다.

Ⅱ. 바울의 장애

바울이 오늘 우리가 말하는 장애인이었는가 하는 문제는 매우 조심스러운 문제이다. 우선 성서는 그가 장애인인지 아닌지, 더 나아가 구체적으로 그가 어떤 장애를 가지고 있었는지 분명하게 밝히지 않는다. 그것은 성서의 주된 관심이 거기에 있지 않기 때문이다. 다음으로 바울과 오늘 우리 사회의 장애 범주와 그에 대한 사회적 대우에 상당한 거리가 있어 바울이 오늘 우리 사회가 말하는 장애인이었는지는 단정 짓기 어렵다. 그럼에도 불구하고 고린도후서 12장

275) 바울신학 전반에 대하여는 제임스 던, 『바울신학』; 로버트 레이몬드/원광연 옮김, 『바울의 생애와 신학』 (서울: 크리스챤 다이제스트, 2003); 김세윤, 『바울신학과 새 관점』 (서울: 두란노, 2002); 박헌욱, 『바울의 생애와 신학』 (서울: 대한기독교서회, 2005); 차정식, 『바울신학 탐구』 (서울: 대한기독교서회, 2005) 참조.

276) 행 9:3-4, 고후 10:10, 11:6, 12:7-9, 갈 4:13-15, 6:17 등.

1–10절의 본문은 바울에게 어떤 육체적 장애가 있었음을 추정해 볼 여지를 드러낸다. 고린도후서 12장 7절에서 바울은 자신의 '육체에 가시'(σκόλοψ τῇ σαρκί, 스콜롭스 테 사르키)가 있음을 고백하고 있다. "내 육체에 가시 곧 사탄의 사자를 주셨으니"(7절).

그 '가시'가 무엇인가에 대하여는 여러 가지 견해들이 있는데, 전통적으로는 대개 육체적 또는 정신적 질병으로 보아왔다. 육체적인 질병으로 두통(Tertullian, Jeromes, Pelagius, Primasius), 히스테리(Fernner, Windisch), 우울증 (Lietzman), 말라리아(Prumm Karl), 간질(Dibelius, Hisey, Beck), 안질(Manchester Nisbet), 언어장애(Clarke, Barret) 등이 제기되었다. 바울의 '가시'를 육체적 또는 정신적 질병 외에 다른 것으로 주장하는 견해들도 있다. 그중에 하나는 육체적 불안이나 정신적 고통으로 보는 견해로, 여기에는 성적인 유혹(Lightfoot), 죄의 유혹(Fahy, Boor), 양심의 가책(Schlatter), 유대인의 불신(Menoud, Binder), 악마의 괴롭힘(R. M. Price) 등이 포함된다. 또한 육체의 가시를 바울이 겪었던 박해와 관련하여 바울을 괴롭히던 사람이나 집단으로 보는 견해도 있다(크리소스톰, 어거스틴, M. L. Barre).[277]

바울이 말하는 '육체의 가시'가 이러한 견해들 중 무엇인지는 정확하게 말할 수 없다. 그러나 장애와 관련하여 본문에서 몇 가지 중요한 단서들을 얻을 수는 있다. 전경연은 이 문맥에 사용된 네 은유적 표현에 주목할 것을 제안하였

277) 박익수, 『누가 과연 그리스도의 참 사도인가?』 (서울: 대한기독교서회, 1999), 374–376. '말라리아'설은 바울이 지나갔던 밤빌리아의 버가 지방에 늪지가 많아 말라리아에 걸렸을 것이라는 추정에 근거하며(행 13:13–14), '간질'설은 다메섹 도상의 회심 사건에서 바울이 땅에 넘어지면서 뇌 손상을 당해 얻게 되었을 것이라는 추정에 근거하며(행 9:3–4), '안질'설은 갈라디아 교인들이 그들의 눈이라도 빼어 주었을 것이라는 말에 근거하며(갈 4:13–15), '언어장애'설은 고린도교회의 바울의 대적자들이 바울의 편지에는 힘이 있으나 말은 시원하지 않다는 주장에 근거한 것이다(고후 10:10, 11:6). 박익수는 '육체의 가시'를 육체적 혹은 정신적 질병으로 보는데, 특히 간질, 결핵, 혹은 안질과 같은 열병의 재발 가능성으로 보고 있다.

다.[278] 7절에서 '육체의 가시'(σκόλοψ τῆ σαρκί)는 일명 '사탄의 사자'(ἄγγελος Σατανᾶ)로 표현되고 있으며, 또한 '(나를) 치는'(κολαφίζῃ) 것이며, 9절에서는 '(내 위에) 머무는'(ἐπισκηνώσῃ) 것으로 묘사되고 있다. 바울은 자신에게 주어진 가시를 단순히 가시가 아니라 '육체'(τῆ σαρκι)의 가시라고 표현하였다. 여격의 τῆ σαρκι(테 사르키)는 '육체에' 또는 '육체에게' 주어진 것이다. 이것은 '치는'(κολαφίζῃ) 것이다. 여기에 쓰인 동사 κολαφίζῃ(콜라피제)는 현재형으로 바울이 지금도 계속해서 괴로움에 시달리고 있음을 암시한다.[279] '치다'라는 단어는 일차적으로 주로 신체나 물건에 심한 타격을 입히는 것이다. 그리고 9절의 '머무르다'(ἐπισκηνώσῃ)는 난외주가 밝히고 있듯이 '장막으로 덮다'는 뜻이 있다. ἐπισκηνώσῃ(에피스케노세)는 뒤에 '내 위에' (ἐπ' ἐμὲ)를 동반하여 외적인 어떤 것이 바울의 몸에 임하여 몸을 덮고 있다는 뉘앙스를 준다. 헬라어 스콜롭스(σκόλοψ)는 '말뚝'이나 '막대기'라는 의미도 가지고 있으나, 본문에서 이 단어는 70인역(LXX) 성서가 확증해 주고 있듯이 '가시'로 해석하는 것이 마땅하다.[280] 바울은 또한 그 가시를 곧 '사탄의 사자'(ἄγγελος Σατανᾶ, 앙겔로스 사타나)라고 불렀다. "내 육체에 가시 곧 사탄의 사자를 주셨으니." '사탄의 사자'라는 표현은 그것이 무엇이든지 매우 성가시며 고질적인 것이라는 뉘앙스를 준다. 특별히 8절에 바울은 하나님께 이 가시를 자기 몸에서 떠나게 해 달라고 세 번씩이나 간구했던 것으로 나타나는데, 이것은 이 가시가 매우 고질적인 것이었음을 잘 반영하고 있다.

찰스 바레트(C. K Barret)는 바울의 건강 상태가 고린도후서 11장 23-33절에 서술된 고난이나 위험들을 잘 견딜 수 있었던 만큼, 이 '가시'를 꼭 육체적인 질

278) 전경연, 『고린도 서신의 신학 논제』(서울: 대한기독교출판사, 1988), 521.
279) 김판임, 『고린도후서』, 대한기독교서회 창립 100주년 기념 성서주석(서울: 대한기독교서회, 1999), 290.
280) 박익수, 『누가 과연 그리스도의 참 사도인가?』, 51.

병으로 볼 필요는 없다고 주장하였다.[281] 이 주장의 근거는 매우 설득력이 있지만, 고난이나 위험들을 잘 견딜 수 있었다고 해서 그 가시가 육체적인 것이 아니라고 단정 지을 수는 없다. 갈라디아서 4장 13-15절은 바울의 육체에 갈라디아 교인들이 시험에 들 만한 약한 그 무엇이 있었음을 보다 진하게 암시한다. '가시'는 비록 그것이 괴롭고 고통스러운 것이기는 하지만, 그것으로 인해 목숨을 잃거나 생활이 불가할 정도로 치명적이지는 않다는 뉘앙스를 가지고 있다. 그러므로 바울의 가시를 소위 '중증'의 질병이나 장애로 보기 어렵다. 그러므로 전통적인 견해를 따라 육체적이거나 정신적인 질병과 관련된 것이되 중증이 아닌 '경증'이거나 자주 '재발'하는 성격의 것으로 볼 수 있다.

바레(M. L. Barre)는 구약성서에 나타난 '육체의 가시'의 용례를 연구한 물린스(T. Y. Mullins)의 견해를 확대하여 쿰란 문서에서도 '육체의 가시'가 고난을 가져다주는 대적자들을 의미한다고 주장하였다.[282] 그러나 바울이 존재가 분명한 그의 대적자들을 그렇게 은유적으로 표현해야 할 필요가 있었는지는 의심스럽다. 고린도후서에 바울은 그의 대적자들에 대해 매우 직접적인 표현들을 사용하고 있다(고후 10:2, 12, 11:13, 18). 또한 고린도후서 11장 23-33절의 고난 목록은 고난을 자랑하던 대적자들(고후 11:18, 23)에 대해 바울이 우위를 점할 수 있는 것으로 대적자들과의 고난 논쟁에서는 약점인 '육체의 가시'로 사용되었다고 보기 어렵다. 그러므로 바울의 '육체의 가시'는 육체적 또는 정신적 질환이었을 것이라는 견해가 가장 우세하다. 필자도 이 견해에 동의하며, 다만 그것이 생활

---

281) 찰스 바레트, 『고린토후서』 국제성서주석 (서울: 한국신학연구소, 1986), 393. 바레트는 대신에 '언어장애'의 가능성을 조심스럽게 제안하였으나, 그것도 단지 추측일 뿐 그 이상은 아니라고 제한하였다. 현대 장애인복지학의 관점에서 본다면 언어장애는 물론 분명히 장애의 범주에 포함되는 것이고, 육체적 불안이나 정신적 고통으로 보는 견해들의 대부분도 그 증세가 심각한 상태라면 정신적 장애에 포함되어야 하는 것들이다.

282) Michael L. Barre, "Qumran and the 'Weakness' of Paul," *CBQ* 42 (1980), 216-227.

과 사역에 있어서 매우 심각한 중증(重症)이 아니라 불편을 가져다주는 중 · 경도(中 · 輕度)의 고질적인 것이었을 것이라는 설명을 덧붙이고자 한다.

바울의 세 번의 간구에도 불구하고 이 가시는 바울에게서 제거되지 않았다(8절). 바울의 가시가 무엇인지는 분명하지 않지만, 그것이 육체적 또는 정신적인 것이며 고질적인 것으로 그의 몸에서 떠나지 아니 하였다는 것 자체가 바울을 장애인으로 규정할 근거를 제공한다. 질병(disease)과 장애(disability)는 관점과 담론에 따라 여러 가지 관계와 내용이 구성될 수 있겠지만, 초기의 의학적인 관점에서 살펴본다면, 이 둘의 차이는 당대의 의학이나 치료 기술로 본래의 상태로의 치료나 회복이 가능할 때 그것을 질병(disease)이라고 하며, 본래의 상태로의 치료나 회복이 불가능하여 그것을 평생토록 수반할 경우에 장애(disability)라고 구분한다.[283] 그런 점에서 우리는 바울의 가시가 무엇인지 정확히 단정 지을 수는 없지만, 그것이 치유되지 않고 바울의 평생에 따라 다녔을 것이라는 점에서 장애라고 하는 데에는 동의를 해야 할 것이다.

III. 바울의 장애 해석

신학은 세계에 대한 해석을 하나의 과제로 수행한다. 신학자는 존재하는 모든 것들에 대하여 해석하고자 한다. 특별히 신학자 자신이나 주위에 일어난 일에 대해서 신학적으로 해석을 시도한다. 장애신학은 인간의 장애와 그를 둘러싼 관계와 세계에 대하여 해석할 과제를 가지고 있다. 바울은 자신에게 주어

283) 정무성 외 공저 『현대장애인복지론』 (서울: 현학사, 2004), 21-22.

진 육체의 가시에 대해서 해석을 시도한다. 바울은 세 번이나 간구해도 떠나지 않은 자신의 가시에 대하여 '하나님이 주신 응답'이라는 형식으로 다음과 같이 해석하였다.

첫째로, 바울은 자신에게 주어진 가시를 자기가 너무 자만하지 않게 하시려고 하나님이 주신 것이라고 해석하였다. 바울의 해석에 따르면, 이 육체의 가시는 바로 하나님 자신이 주신 것이다. 그리고 7절에 "내 육체에 가시 곧 사탄의 사자를 주셨으니"의 앞뒤로 두 번이나 반복되고 있는 ἵνα(히나, 위해서) 절은 가시가 주어진 목적 또는 동기를 강조하고 있다:"너무 자만하지 않게 하시려고"(ἵνα μὴ ὑπεραίρωμαι). 바울의 가시가 오늘날 우리가 말하는 일종의 장애와 같은 성격의 것이라면, 이것은 성서에 나타나는 장애에 대한 신학적 해석들 중 하나로 볼 수 있다. 바울은 그것을 자신이 받은 계시가 너무나 커서 자만하지 않도록 하나님이 주신 것이라고 해석하였다.

성서에는 크게 서로 대립되는 두 가지의 신학적인 장애 해석이 있다. 하나는 구약성서의 율법 전통을 따라 장애를 인간의 죄에 대한 하나님의 징벌로서 보는 신학적 장애 해석이고, 다른 하나는 신약성서의 예수 그리스도의 복음의 전통을 따라 장애를 하나님의 영광을 위한 섭리로 보는 신학적 장애 해석이 있다. 이 두 가지의 신학적 해석이 성서 전반을 포괄하여 대별되는 두 해석이라면, 본문에서 바울이 제시하는 장애 해석은 장애를 가진 성도들에게 제시할 만한 또 하나의 신학적 작업의 산물이라 할 수 있다. 그것은 분명 양극의 두 장애 해석들 사이의 어느 지점에 위치한 해석으로 장애를 인격이나 신앙의 성숙을 위한 것으로 보고 있다.[284] 이것은 장애의 원인이나 동기에 대한 해석으로

284) 욥의 경우를 비교하며 생각해 볼 수 있다. "그러나 내가 가는 길을 그가 아시나니 그가 나를 단련하신 후에는 내가 순금 같이 되어 나오리라"(욥 23:10).

기독교 신앙인으로서의 해석이다.

둘째로, 바울은 그의 가시를 놓고 세 번이나 간구한 후에 들은 하나님의 대답을 제시한다(9절): "내 은혜가 네게 족하도다"(Ἀρκεῖ σοι ἡ Χάρις μου). 바울은 하나님께 이 가시를 제거해 달라고 세 번이나 간구하였다(παρεκάλεσα). 여기서 세 번의 간구는 숫자적으로 3회로 국한되는 것이라기보다는 오히려 바울의 여러 번에 걸친 매우 절실한 간구였다는 의미를 담고 있다.[285] 이에 하나님이 대답하셨다: "나에게 이르시기를"(καὶ εἴρηκέν). 하나님은 분명히 바울의 간구에 응답하셨다. 하나님이 응답하지 않은 것이 아니다. 그런데 바울에게 주어진 하나님의 응답은 "내 은혜가 네게 족하다"는 것이다. 바울은 이것을 하나님의 응답으로 수용하고 있다. 이것은 장애 현실에 대한 신앙적인 해석이다. 장애 사건을 접하면서 사람들은 엘리자베스 퀴블러-로스(Elisabeth Kübler-Ross)가 제시한 죽음을 맞이하는 5단계와 유사한 과정을 겪는다. 죽음을 선고 받은 사람의 경우처럼, 장애인도 자신이나 가족의 장애 발생에 대하여 부정과 고립(Denial and Isolation), 분노(Anger), 타협(Bargain), 절망(Depression)과 그리고 수용(Acception)의 단계들을 거친다. 이 과정에서 교회의 잘못된 장애 이데올로기는 부정적으로 기능할 수 있다.[286] 믿음만 있으면 모든 질병과 장애가 치유될 수 있는 믿음-치유 이데올로기에 대하여 본문은 '탈-장애 이데올로기'의 전거가 될 수 있다. 믿음으로 치유되지 않는 장애도 있으며, 치유되지 않는다고 믿음이 없는 것도 아니다. 바울은 말로 다할 수 없는 은혜를 받았으며 좋은 믿음을 가지고 있지만,

285) Paul Barnett, *The Second Epistle to the Corinthians* (Grand Rapids: Wm B. Eerdmans Publishing Co., 1997), 571.

286) 기독교 교회 안에 존재하는 대표적인 장애 이데올로기로는 '죄-장애 이데올로기'와 '믿음-치유 이데올로기'가 있다. 이에 대하여는 이 책 제5장 "장애 이데올로기의 극복 – 마가복음 2:1-12 중심으로 믿음과 치유, 죄와 장애에 대하여" 참조.

치유되지 않은 채 그의 육체의 가시를 일평생 지니고 살았으며, 그것은 그의 믿음이나 사역과 상충되지 않았다.

여기에 쓰인 완료형 ἀρκεῖ(족하다, 아르케이)는 ἀρκέω(아르케오)의 3인칭 단수 현재 직설법으로 '~에게 도움이 되다', '충분하다', '만족되다'는 뜻을 갖고 있다. "나(하나님)의 은혜"가 능동적인 힘을 가지고 그(바울)에게 충분히 역사한다는 뜻이다.[287] 기독교 신학은 인간에게 주어진 어떠한 어려움에 대해서도 예수 그리스도의 신앙 안에서 내 은혜가 네게 족하다고 답한다. '은혜'(ἡ χάρις, 헤 카리스)는 바울 신학의 큰 주제이다. '은혜' 전반에 대한 바울의 신학은 논외로 하고, 여기서는 다만 바울 자신이 하나님의 은혜로 말미암아 지금의 자기, 곧 사도가 되었다고 고백하는 것을 주목할 필요가 있다(고전 15:10). 바울은 평생토록 자기를 따라다닌 지병이나 고통 가운데서도 하나님의 사랑이 넘치게 있는 것을 깨달았다.[288] 장애란 사람마다 정도의 차이는 있겠지만, 분명히 장애가 주어진 인간에게 힘들고 성가신 가시이다. 그러나 그렇다고 해서 그것이 그의 인생의 전부는 아닌 것이다. 은혜는 장애와 비교할 수 없을 만큼 크다. 오히려 은혜는 장애를 넘어서게 하는 것이다. 바울에게 주어진 "내 은혜가 네게 족하다"는 하나님의 이 응답은 장애가 결국에는 은혜로 해석될 수 있는 여지를 남겨둔다.

셋째로, 바울은 자신의 가시를 하나님의 능력이 나타나는 기제로 사용하고 있다(9절): "이는 내 능력이 약한데서 온전하여 짐이라"(ἡ γὰρ δύναμις ἐν ἀσθενείᾳ τελεῖται). 본문에서 바울의 가시는 분명히 약한 것이다. 바울의 가시는 바울 자신보다 다른 사람들, 특히 고린도후서에 숨어 있는 그의 대적자들에게 잘 알려졌고, 그래서 그들의 비난에 이용되던 약함이다. 그런데 바울은 그 약

287) 전경연, 『고린도 서신의 신학 논제』, 527.
288) 김판임, 『고린도후서』, 294.

함 속에서 하나님이 강함이 드러나기에 오히려 자랑한다고 말한다(고후 11:30, 12:5, 9, 10, 13:4, 9).

본문 고린도후서 12장 1–10절은 고린도후서 10–13장의 소위 '어리석은 이야기'(Fool's Speech)에 속한다. 바울은 자신을 자랑하는 일이 어리석은 일이라는 것을 밝히면서도 스스로 어리석은 자기 자랑을 전개하고 있다(고후 10:8, 15, 17, 11:16, 17, 18, 30, 12:1, 5, 6, 9). 특히 본문 고린도후서 12장 1–10절에 집중적으로 반복되고 있다(고후 12:1, 5, 6, 9). 이것은 자기 자랑이 매우 어리석은 일임에도 불구하고, 자기 자랑을 하지 않을 때 받게 될 어려움을 고려한다면 부득이 해야만 하는 방어적인 것일 수 있다.

고린도후서 10–13장의 대적자들은 자신들을 그리스도에게 속한 '그리스도의 종'(ιάκονοι Χριστοῦ, 디아코노이 크리스투)이라고 주장하며(고후 11:23), 바울을 가리켜 "육신을 따라(κατὰ σάρκα, 카타 사르카) 산다."고 비난하였던 것으로 보인다(고후 10:2).[289] 대적자들이 비난하는 바울의 육신을 따라 사는 삶에 대하여 베츠(H. D. Betz)는 사탄의 사자가 바울에게 가져다 준 육체적인 질병을 비난한 것으로 보았으며, 바레트(C. K. Barrett)는 바울에게 환상이나 신비한 체험이 없으므로 영적인 권위가 없다고 비난한 것으로 해석하였다. 이것은 바울의 대적자들이 바울의 약점을 가지고 그의 권위 곧, 그의 사도성과 지도력을 공격한 것이다.

이에 대해 바울은 수사학적인 '어리석은 자기 자랑'으로 자기를 변호할 뿐만 아니라 대적자들을 공격한다. 고린도후서 12장 1–10절에서 바울은 두 가지로 자기를 자랑한다. 먼저 1–6절은 '주의 환상과 계시'(όπτασίας καὶ άποκαλύψεις κυρίου)를 통한 자랑이다. "무익하나마 내가 부득불 자랑하노니 주의 환상과 계

289) 박수암, "고린도전서에서의 바울의 대적자들에 관한 연구," 『신약성서해석론』(서울: 한국성서학연구소, 2004), 386–394참조.

시를 말하리라"(1절). 아마도 고린도후서에 숨어있는 바울의 대적자들이 바울의 신비 체험의 부재를 가지고 그의 카리스마를 공격했을 것으로 추정된다. 이에 대해 바울은 자신을 3인칭으로 소개하여(2-4절) 이미 14년 전에 이루 말할 수 없는 신비한 환상과 계시를 경험하였던 것을 자랑한다.[290] 그러나 이보다 더한 바울의 자기 자랑은 7-10절의 그의 육체의 가시에 대한 자랑이다. 대적자들이 바울에게 영적인 권위가 없음을 주장하기 위해 비난하였던 계시나 환상 체험의 부재보다도, 바울에게 주어진 육체의 가시는 당시 사회에서 영적인 것은 고사하고 오히려 육적으로도 대적자들이 바울을 평가절하 시키기에 충분한 것이었다. 그러나 바울은 오히려 바로 그 약함을 자랑한다. 이유인 즉, 하나님의 대답이 바울의 약함 가운데에서 하나님의 강함이 나타나기 때문이다. "이는 내가 약한 그때에 강함이라"(10b). 그래서 폴 바네트(Paul Barnett)는 이 대목을 바울의 '어리석은 이야기의 절정(Climax)'이라고 표현하였다.[291] 이것은 대적자들에 대한 바울의 부득이한 방어를 넘어서 오히려 대적자들을 향한 바울의 적극적인 공격이기도 하다. 바울은 그의 사역에서 겸손과 인내와 자기 능력의 부족을 인정하고, 오직 하나님에게 전적으로 의지함으로써 자신을 진정한 하나님의 종으로 드러내고 있다.

Ⅳ. 하나의 장애신학으로서 바울의 '약함 속의 능력'의 신학

본문 고린도후서 12장 1-10절에 나타난 바울의 신학은 바네트가 잘 표현하

290) 사도행전에 따르면 바울은 이미 많은 환상을 보았다: 행 9:12, 16:9-10, 18:9-10, 22:17-21, 23:11, 27:23-24.
291) Paul Barnett, *The Second Epistle to the Corinthians*, 555.

였듯이 소위 '약함 속의 능력'(약함 속의 강함)의 신학이다.[292] 바울은 자신을 약자로 표현한다. 바울은 당시의 수사학적 기술을 빌려 자신의 사도적 자화상을 강한 자의 권위 속에 표출하지 않고 역설적으로 약자의 이미지를 통해 드러냈다. 그는 고린도후서에서 부정적으로 보이는 자신의 수많은 고난들을 열거하고 그것들을 긍정적인 신앙의 덕목으로 반전 시키는 '페리스타젠 목록(Peristasenkataloge)'이라는 수사학적 방법을 사용하였는데(고후 4:8이하, 6:4-10, 11:23-29), 본문 또한 그것들 중에 하나이다.[293] 바울의 육체의 가시는, 그것이 무엇이든지, 그의 내재적 약함을 드러내는 실존이었으며, 그로인한 고통은 자신을 불가피하게 약자의 자화상 속에 비추는 거울이었다.[294] 세상적인 기준에서 볼 때, 이 '약함 속의 능력'의 신학은 바울이 자신을 그렇게 표현했듯이 분명히 사회적 '약자의 신학'이다. 장애인이 사회에서 약자로 분류된다면, 이것은 장애신학에도 해당되는 것이다.

그러나 바울의 약함은 단순히 약한 것으로 끝나는 것이 결코 아니다. 바울에게서 약함은 하나님의 능력이라는 내용을 담고 있는 형식이며, 하나님의 능력이 발현되는 현실적인 계기이다. 바울이 말하는 약함이 타인, 특히 대적자들은 물론 자기 자신까지 인정하는 바울 자신의 것이라면, 능력은 바울 자신의 것이 아니라 하나님의 것이다. "우리가 이 보배를 질그릇에 가졌으니 이는 심히 큰 능력은 하나님께 있고 우리에게 있지 아니함을 알게 하려 함이라"(고후 4:7). 바울은 자신이 힘에 지나도록 심한 고생을 하였지만, 하나님의 심히 큰 능력이

---

292) 바네트는 고린도후서의 메시지를 "약함 속의 능력"으로 소개한다. 폴 바네트/정옥배 옮김, 『고린도후서 강해: 약함 속의 능력』 (서울: IVP, 2002).

293) 장승익, "바울서신서에 나타난 장애이해," 『신학으로 이해하는 장애인』 (서울: 세계밀알, 2009), 110-112.

294) 차정식, 『바울신학 탐구』, 45-46. 또한 차정식은 바울의 약자로서의 공감각적인 토대 위에서 마치 헨리 나우웬(Henri Nouwen)의 '상처받은 치유자'(the wounded healer)처럼, 교인들을 감싸고 달래며 그들의 약한 현실에 동참하고자 하였다고 본다. 이러한 주장은 갈라디아서 4장 13-15절과 상응하여 장애인 목회자와 교회 성도들 간의 가장 이상적인 사랑과 섬김의 모델을 제공해 준다.

그에게 주어진 역경을 헤쳐 나갈 수 있게 하였다고 인정한다. 바울의 '약함 속의 능력'의 신학에서 볼 때, 약자의 고난의 끝에는 하나님의 위대한 영광이 있다. 바네트에 따르면, 영광은 고난이 삶 전체에 걸쳐 우리를 점점 더 그리스도의 은혜에 가까이 가도록 이끈 후에, 종말에 가서 나타날 것이며, 이것이 바로 바울이 자랑하는 것의 절정이다.[295] 그런 의미에서 바울의 '약함 속의 능력'의 신학은 약함 속에 강함을 말하는 '역설의 신학'이며, 장애인들을 포함하여 사회의 약자들에게 예수 그리스도로 말미암은 희망을 말하는 '희망의 신학'이며, 용기를 북돋우는 '격려의 신학'이다.

바울의 '약함 속의 능력'의 신학의 기원과 출처는 예수 그리스도이다. 바울은 예수의 십자가의 고난 가운데서의 승리를 통하여 자신의 약함 속에서의 하나님의 능력을 발견하였다. "그리스도께서 약하심으로 십자가에 못 박히셨으나 하나님의 능력으로 살아 계시니 우리도 그 안에서 약하나 너희에게 대하여 하나님의 능력으로 그와 함께 살리라"(고후 13:4). 바울은 그에게 주어진 고난을 통하여 그리스도 자신이 감당하셨던 고난과 질고를 나눌 수 있었기 때문에, 하나님의 은혜로 그에게 주어진 고난 가운데서도 마음의 평안과 영적인 능력을 가질 수 있었다.[296] 그런 의미에서 '약함 속의 능력'의 신학은 '십자가의 신학'과 동일한 구조를 가지고 있다. 바울의 '약함 속의 능력'의 신학은 십자가에 달리신 승리자 예수 그리스도의 약함 속에 강함을 담고 있는 '기독론 중심의 신학'이다.

그러므로 고린도후서 12장 9절에서 바울은 오히려 자신의 약함을 가지고 하나님의 능력을 자기 자신에게로 가져오고자 한다. "그러므로 도리어 크게 기

295) 폴 바네트, 『고린도후서 강해: 약함 속의 능력』, 248.
296) Jon M. Walton, "2 Corinthians 12:1-10," *Interpretation* 52 (1998), 295.

빼함으로 나의 여러 약한 것들에 대하여 자랑하리니 이는 그리스도의 능력이 내게 머물게 하려 함이라"(ἵνα ἐπισκηνώσῃ ἐπ' ἐμὲ ἡ δύναμις τοῦ Χριστοῦ). 바울은 자신의 약함을 제거해야 할 비본질적인 것으로 생각하지 않고, 오히려 그것을 그리스도의 능력을 자기에게 머무르게 하는 기제로서 자랑한다. '머무르게 하다'는 동사 ἐπισκηνώσῃ(에피스케노세)는 성전에서 사용하는 용어로, 이것은 마치 성전의 지성소에 야웨 하나님의 임재를 나타내는 구름이 덮이는 것과 같이 그리스도의 능력이 자기에게 머물기를 원하는 것이다.[297] 여기서 장애에 대한 기독교적 인식의 전환이 가능하다: *장애에 대한 부정적인 인식으로부터 장애에 대한 긍정적인 인식*. 장애란 분명히 제거하고 싶은 걸림돌이지만, 더 이상 제거되지 않는 현실로 남아 있다. 그러나 은혜를 받은 사람에게 장애는 오히려 하나님의 능력을 머물게 하는 기제가 된다. 바울의 '약함 속의 능력'의 신학은 적극적으로 장애 현실을 긍정하고, 수용하고, 사용하는 신학이다.

V. 결어

바울의 육체의 가시가 무엇인지 구체적으로 단정 지을 수는 없지만, 바울은 일평생 그의 육체에 가시를 가지고 살았다. 그것은 육체적이거나 정신적인 질병과 관련된 것일 가능성이 크다. 그것이 그의 일상적인 삶과 선교적인 삶을 불가능하게 할 정도는 아니었다고 하지만, 그의 삶을 괴롭히고 성가시게 하는 매우 고질적인 것이었음에는 틀림없다. 그것이 그의 일생을 따라다녔다고 하

297) 전경연, 『고린도 서신의 신학 논제』, 530.

는 점에서 그것은 일종의 장애로 규정할 수 있다.

바울은 자신에게 주어진 육체의 가시를 신학적으로 해석하였다. 무엇보다 바울은 그 가시를 하나님이 주신 것으로 해석하였다. 바울은 그 가시를 자신이 받은 큰 은혜로 말미암아 자만하지 않도록 하나님이 주신 것이라고 해석하였다. 바울은 그 가시를 단순히 자만을 방지하는 것이 아니라 오히려 자신의 약함 속에서 하나님의 능력이 나타나게 하는 기제로 해석하였다. 이것은 단순히 바울의 '가시' 또는 확대 해석하여 '장애'에 국한된 것이 아니라, 바울 서신 전체에 흐르고 있는 바울의 '약함 속의 능력'이라는 기독론에 기초한 신학이며 윤리이다.

바울의 육체의 가시가 일종의 장애와 같은 성격의 것이라면, 우리는 바울의 신학을 통하여 하나의 장애신학을 구성할 수 있는 재료들을 얻을 수 있다. 적어도 예수 그리스도로 말미암아 하나님의 은혜를 경험하는 성도에게, 장애는 하나님에 의해 주어진 것으로 고백될 수 있다(또한 고백되어야 한다). 장애 성도에게, 장애는 이미 받은 은혜에 따른 (자만하지 않게 하기 위한 것이든 아니면 또 다른 목적에서든) 또 하나의 은혜이다. 뿐만 아니라 장애 성도에게, 장애는 오히려 하나님의 능력을 내게 머물게 하고, 하나님의 능력을 나타나게 하는 도구이다. 그러므로 장애 성도에게 장애는 반드시 제거되어야 할 부정적인 것만이 아니라, 오히려 하나님의 은혜 가운데 인정되어야 하고, 더 나아가 하나님의 영광을 위하여 사용되어야 할 성령의 또 하나의 은사(a gift)이다.

| 참고문헌 |

강문호. 『미드라쉬 1: 창세기 따라 전설 따라』. 서울: 한국가능성계발원, 1996.

강성열 · 오덕호 · 정기철. 『설교자를 위한 성서해석학 입문』. 서울: 대한기독교서회, 2002.

고웬, 도널드/차준희 옮김. 『구약 예언서 신학』. 차준희 역. 서울: 대한기독교서회, 2004.

구마자와 요시노부/KNCC 옮김. "존재의 신학으로서 장애인신학." 『장애인신학의 확립을 지향하여』. 서울: NCCK, 1994.

권오성. "장애인의 평등과 참여의 세상을 위하여." 『장애인 차별과 교회』. 서울: NCCK, 2007.

권의구. 『묵시문학과 예수: 인자 기독론의 기원』. 서울: 한들출판사, 2004.

권종선. 『신약성서해석과 비평』. 대전: 침례신학대학교 출판부, 2005.

권유경 · 김용득. "장애의 개념과 등급." 『한국 장애인복지의 이해』. 서울: 인간과 복지, 2005.

김경래. "신체와 관련된 히브리어 관용어 연구." 「구약논단」3(1997).

김경진. 『누가 신학』. 서울: 기독교연합신문사, 2005.

김광식. 『기독교신학개론』. 서울: 연세대학교 출판부, 1984.

______. 『토착화와 해석학』. 서울: 대한기독교출판사, 1987.

김균진. 『기독교 신학 I』. 서울: 연세대학교 출판부, 2009.

______. 『기독교 신학 II』. 서울: 연세대학교 출판부, 2009.

______. 『기독교조직신학 IV』. 서울: 연세대학교 출판부, 1993.

김득중. 『누가복음 I』. 대한기독교서회 창립 100주년 기념 성서주석. 서울: 대한기독교서회, 2003.

김명용. 『이 시대의 바른 기독교 사상』. 서울: 장로회신학대학교 출판부, 2001.

김상복. 『네가 낫기를 원하느냐? – 성경적 치유신학』. 서울: 도서출판 MB, 2000.

김성원. 『장애도 개성이다』. 서울: 인간과 복지, 2005.

김성재. "장애인의 인권과 그 보장 방안." 『현대사회와 인권』. 서울: 나남출판, 1998.

김세윤. 『바울신학과 새 관점』. 서울: 두란노, 2002.

김용득 · 유동철 엮음. 『한국 장애인복지의 이해』. 서울: 인간과 복지, 2005.

김중은. 『거룩한 길 다니리: 설교를 위한 레위기 연구』. 서울: 한국성서학연구소, 2001.

김진명. "레위기 19장의 정경적 전개에 관한 주석적 연구." 장로회신학대학교 박사학위논문, 2007.

김판임. 『고린도후서』. 대한기독교서회 창립 100주년 기념 성서주석. 서울: 대한기독교서회, 1999.

김학철. 『마태복음 해석- 마태공동체의 사회정치적 현실과 신학적 상징세계』. 서울: 대한기독교서회, 2014.

김홍덕. 『장애신학』. 대전: 대장간, 2010.

김회권. 『이사야(I)』. 대한기독교서회 창립 100주년 기념 성서주석. 서울: 대한기독교서회, 2006.

나이또 토시히로/박천만 · 김경란 옮김. 『구약성서에서 본 장애자』. 서울: 알돌, 1989.

노윤식. "진정한 민중 종교 현상으로서의 신적 치유." 『치유와 선교』. 서울: 다산글방, 2000.

노트, 마르틴/이상화 옮김. 『레위기』. 국제성서주석. 서울: 한국신학연구소, 1984.

놀랜드, 존/김경진 옮김. 『누가복음 1:1-9:30』. WBC. 서울: 솔로몬, 2003.

뉴비긴, 레슬리/홍병룡 옮김. 『레슬리 뉴비긴의 요한복음 강해』. 서울: IVP, 2001.

더글라스, 켈리/오덕호 옮김. 『흑인 그리스도』. 서울: 한들출판사, 2000.

던, 제임스/박문재 옮김. 『바울신학』. 서울: 크리스챤 다이제스트, 2003.

딜타이, 빌헬름/박순영 옮김. "해석학의 기원." 『해석학의 철학』. 서울: 서광사, 1993.

러셀, D. S/홍성혁 옮김. 『하나님의 계시: 유대 묵시문학 개론』. 서울: 제라서원, 2012.

레빈슨, 버나드/이영미 옮김. 『신명기와 법 혁신의 해석학』. 서울: 한신대학교 출판부, 2009.

레이몬드, 로버트/원광연 옮김. 『바울의 생애와 신학』. 서울: 크리스챤 다이제스트, 2003.

로스, 앨런/김창동 옮김. 『거룩과 동행』. 서울: 디모데, 2009.

류은숙. 『인권을 외치다』. 서울: 푸른숲, 2009.

마샬, 하워드/이승호 · 박영호 옮김. 『신약해석학』. 서울: 크리스챤 다이제스트, 1994.

______/이한수 옮김. 『누가행전』. 서울: 엠마오, 2000.

마이저, 마틴/김병모. 『신약성경 주석 방법론』. 서울: 기독교문서선교회, 2013.

맥렐런, 데이비드/구승희 옮김. 『이데올로기』. 서울: 이후, 2002.

맹용길. 『교회 · 미래 · 이데올로기』. 서울: 대한예수교장로회총회출판국, 1989.

몰트만, 위르겐/정종훈 옮김. 『하나님 나라의 지평 안에 있는 사회선교』. 서울: 대한기독교서회, 2000.

______/이신건 옮김. 『생명의 샘』. 서울: 대한기독교서회, 2003.

밀른, 브루스/정옥배 옮김. 『요한복음 강해』. BST시리즈. 서울: IVP, 1995.

바네트, 폴/정옥배 옮김. 『고린도후서 강해』. 서울: IVP, 2002.
바레트, 찰스. 『요한복음(II)』. 국제성서주석. 서울: 한국신학연구소, 1985.
______. 『고린토후서』. 국제성서주석. 서울: 한국신학연구소, 1986.
바우어, 데이비드 · 트래이너, 로버트/윤철호 옮김. 『귀납법적 성경 연구』. 서울: 기독교문서선교회, 2014.
밴후저, 케빈/조승희 옮김. 『구약의 신학적 해석』. 서울: 기독교문서선교회, 2011.
______/이상규 옮김. 『신약의 신학적 해석』. 서울: 기독교문서선교회, 2011.
박경미. "장애인은 죄인인가-요한복음 9장에서 본 죄와 장애." 「기독교사상」(1996.4).
박수경. 『장애의 사회적 의미와 사회통합』. 서울: 집문당, 2008.
박수암. 『마가복음』. 대한기독교서회창립 100주년기념 성서주석. 서울: 대한기독교서회, 1993.
______. 『신약성서해석론』. 서울: 한국 성서학 연구소, 2004.
______. 『신약주석 마태복음』. 서울: 대한기독교서회, 2004.
______. 『신약주석 누가복음』. 서울: 대한기독교서회, 2005.
박영호. 『기독교 사회복지』. 서울: 기독교문서선교회, 2004.
박익수. 『누가 과연 그리스도의 참 사도인가?』. 서울: 대한기독교서회, 1999.
박재순. "장애인에 대한 조직신학적 접근." 『장애인 차별과 교회』. 서울: NCCK, 2008.
박정세. "장애인 선교 서설." 「현대와 신학」 21 (1997).
박종운. "장애인차별금지법의 이해와 적용." 「제13회 장애인선교지도자 세미나 자료집」. 서울: 한국장애인사역연구소, 2009.
박준서. 『십계명 새로 보기』. 서울: 한들출판사, 2001.
박헌욱. 『바울의 생애와 신학』. 서울: 대한기독교서회, 2005.
법무부. 『국가 인권정책 기본계획』. 서울: 법무부, 2007.
베반스, 스테픈/최형근 옮김. 『상황화 신학』. 서울: 죠이선교회 출판부, 2002.
벤후저, 케빈/조승희 옮김. 『구약의 신학적 해석』. 서울: 기독교문서선교회, 2011.
보그, 마커스 · 라이트, 톰/김준우 옮김. 『예수의 의미』. 서울: 한국기독교연구소, 2001.
불트만, 루돌프/허혁 옮김. "해석학의 과제." 『성서의 실존론적 이해』. 서울: 대한기독교서회, 1999.
브라운, 레이몬드/정옥배 옮김. 『신명기 강해』. 서울: IVP, 1997.
브루, 켄/조종남 옮김. 『하나님의 병 고치는 권세』. 서울: 서로사랑, 1997.

블롬버그, 크레이그 · 왓츠, 릭/김용해 · 우성훈 옮김. 『마태복음』. 신약의 구약사용 주석. 서울: 기독교문서선교회, 2010.
블롬버그, 크레이그 · 마클리, 제니퍼/류호영 옮김. 『신약성경 석의방법』. 서울: 대서, 2012.
비슬리-머레이, 조지/이덕신 옮김. 『요한복음』. WBC. 서울: 솔로몬, 2001.
샌포드, 존/엄성옥 옮김. 『하나님과 겨룬 자』. 서울: 은성, 1988.
서명수. "구약성서에 나타난 장애." 『장애인 차별과 교회』. 서울: 한국기독교교회협의회, 2008.
서용원. 『마가복음과 생존의 수사학』. 서울: 대한기독교서회, 2003.
서중석. 『복음서 해석』. 서울: 대한기독교서회, 1991.
손승희. 『여성신학의 이해』. 서울: 한국신학연구소, 1989.
송병현. 『엑스포지멘터리 이사야 II』. 서울: 국제제자훈련원, 2012.
슈미터, 베르너/강성열 옮김. 『역사로 본 구약신앙』. 서울: 나눔사, 1989.
스미스, 무디/최흥진 옮김. 『요한복음 신학』. 서울: 한들출판사, 2001.
심상법. "중풍병자의 치유와 죄 사함의 논쟁." 「그 말씀」(1997.12).
안교성. 『장애인을 잃어버린 교회』. 서울: 홍성사, 2003.
앤더슨, 더글라스 엮음/대한기초간호자연과학학회 엮어 옮김. 『모스비 의학 · 간호학 대사전』. 서울: 현문사, 2004.
영, 에드워드/조휘 · 정일오 옮김. 『이사야서 주석 II』. 서울: 기독교문서선교회, 2008.
오병선. "인권의 개념과 역사적 발전." 『인권의 해설』. 서울: 국가인권위원회, 2011.
오스왈트, 존/장세훈 · 김홍련 옮김. 『이사야』. NIV전용주석. 서울: 성서유니온선교회, 2004.
와츠, 존/강철성 옮김. 『이사야 34-66』. WBC. 서울: 솔로몬, 2006.
왕대일. "다시 읽는 야곱 이야기(창 25:19-36:43): 그 구조와 의미." 「구약논단」4 (1998).
우택주. 『8세기 예언서 이해의 새 지평』. 서울: 대한기독교서회, 2005.
윌리암슨, 라마/소기천 옮김. 『마가복음』. 서울: 한국장로교출판사, 2001.
윌코크, 마이클/정옥배 옮김. 『누가복음 강해』. BST시리즈. 서울: IVP, 2008.
윌킨슨, 존/김태수 옮김. 『성경과 치유』. 서울: 기독교연합신문사, 2005.
윙크, 발터. "하나님 앞에 거룩하고 흠 없이- 장애와 정상." 「기독교사상」(1993.8).
UN인권위원회 엮음/이익섭 옮김. 『인권과 장애』. 서울: 한국DPI, 1992.

유원철. “흠 있는 자의 제사장직.” 『함께 불러야 할 노래』. 서울: 한국장로교출판사, 1999.
윤철원. 『누가복음서 다시 읽기』. 서울: 이레서원, 2001.
윤철호. “구원론적 관점에서 본 장애인신학.” 「상담과 선교」4(1997-3).
이계윤. 『장애인 선교의 이론과 실제』. 안양: 한국특수요육연구소 출판부, 1996.
______. 『장애를 통한 하나님 역사』. 서울: 한국밀알선교단 출판부, 2002.
______. “장애인 차별 금지법과 한국교회.” 『장애인차별과 교회』. 서울: NCCK, 2007.
______. “장애인신학 개념.” 「대한예수교장로회 장애인신학 정립을 위한 포럼 제3차 자료집」 (2012.2).
______. “복음서와 사도행전에 나타난 장애인 인권의 이해.” 『성경과 장애인』. 서울: 세계밀알, 2013.
이상훈. 『요한복음』. 대한기독교서회 창립 100주년 기념 성서주석. 서울: 대한기독교서회, 1993.
이성웅. 『헌법정치론』. 서울: 한국장로교출판사, 2008.
이영미. “신명기 신학.” 『토라의 신학』. 서울: 동연, 2010.
이원규. 『한국 사회 문제와 교회 공동체』. 서울: 대한기독교서회, 2002.
이재서. 『내게 남은 1%의 가치』. 서울: 토기장이, 2008.
______. “구약성경에 나타난 장애관련구절 분석.” 『신학으로 이해하는 장애인』. 서울: 세계밀알, 2009.
이재서 외. 『신학으로 이해하는 장애인』. 서울: 세계밀알, 2009.
______. 『성경과 장애인』. 서울: 세계밀알, 2013.
이종록. “구약성경은 장애인들에 대해서 무슨 말을 하는가? -레위기 21:16-24를 중심으로.” 「교육교회」215 (1994.6).
이종은. 『평등, 자유, 권리』. 서울: 책세상, 2011.
이진희. 『유대인과 함께 읽는 창세기』. 서울: 쿰란출판사, 2002.
이환진. 『레위기(II)』. 대한기독교서회 창립 100주년 기념 성서주석. 서울: 대한기독교서회, 2013.
일본NCC/한국NCC 옮김. 『장애인신학의 확립을 지향하여』. 서울: NCCK, 1994.
임성빈. “장애인신학의 올바른 방향모색.” 「장애인 상담과 선교를 위한 자료집」5 (1997.4).
임태수. 『제2종교개혁을 지향하는 민중신학』. 서울: 대한기독교서회, 2002.
자이츠, 크리스토퍼/이인세 옮김. 『이사야 1-39』. 현대성서주석. 서울: 한국장로교출판사, 2003.

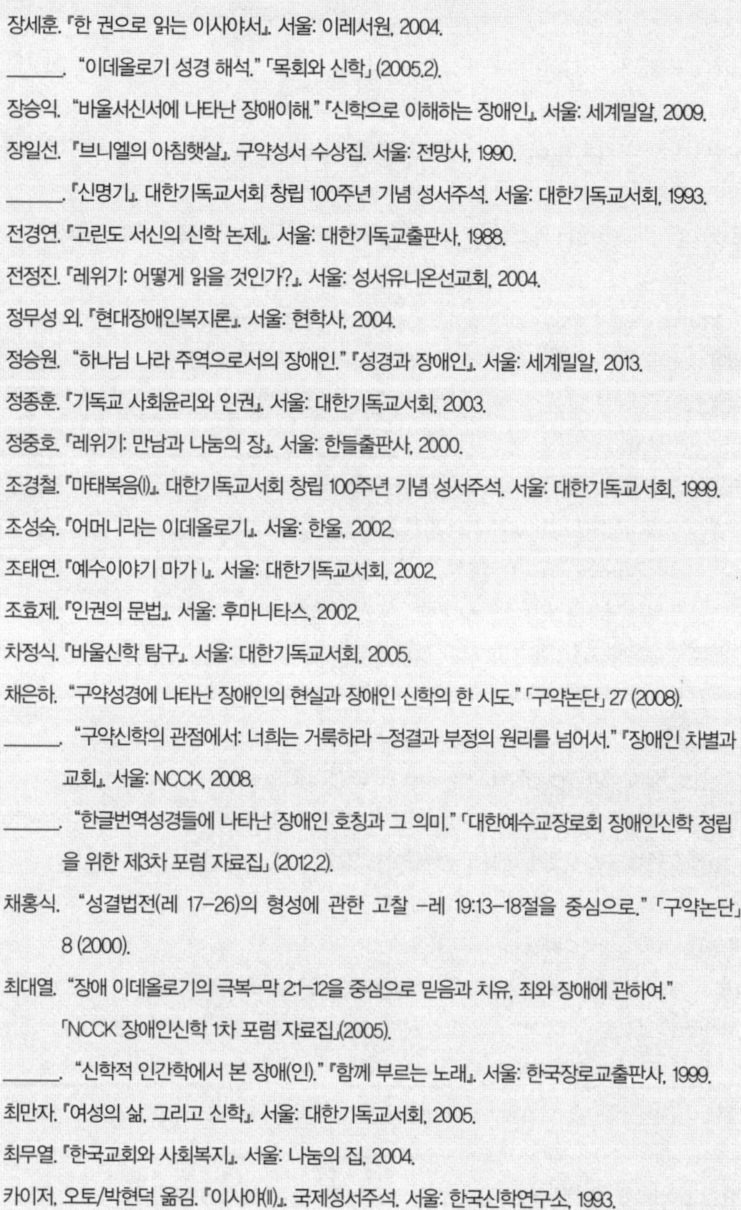

장세훈. 『한 권으로 읽는 이사야서』. 서울: 이레서원, 2004.

______. "이데올로기 성경 해석." 「목회와 신학」 (2005.2).

장승익. "바울서신서에 나타난 장애이해." 『신학으로 이해하는 장애인』. 서울: 세계밀알, 2009.

장일선. 『브니엘의 아침햇살』. 구약성서 수상집. 서울: 전망사, 1990.

______. 『신명기』. 대한기독교서회 창립 100주년 기념 성서주석. 서울: 대한기독교서회, 1993.

전경연. 『고린도 서신의 신학 논제』. 서울: 대한기독교출판사, 1988.

전정진. 『레위기: 어떻게 읽을 것인가?』. 서울: 성서유니온선교회, 2004.

정무성 외. 『현대장애인복지론』. 서울: 현학사, 2004.

정승원. "하나님 나라 주역으로서의 장애인." 『성경과 장애인』. 서울: 세계밀알, 2013.

정종훈. 『기독교 사회윤리와 인권』. 서울: 대한기독교서회, 2003.

정중호. 『레위기: 만남과 나눔의 장』. 서울: 한들출판사, 2000.

조경철. 『마태복음(I)』. 대한기독교서회 창립 100주년 기념 성서주석. 서울: 대한기독교서회, 1999.

조성숙. 『어머니라는 이데올로기』. 서울: 한울, 2002.

조태연. 『예수이야기 마가 I』. 서울: 대한기독교서회, 2002.

조효제. 『인권의 문법』. 서울: 후마니타스, 2002.

차정식. 『바울신학 탐구』. 서울: 대한기독교서회, 2005.

채은하. "구약성경에 나타난 장애인의 현실과 장애인 신학의 한 시도." 「구약논단」 27 (2008).

______. "구약신학의 관점에서: 너희는 거룩하라 –정결과 부정의 원리를 넘어서." 『장애인 차별과 교회』. 서울: NCCK, 2008.

______. "한글번역성경들에 나타난 장애인 호칭과 그 의미." 「대한예수교장로회 장애인신학 정립을 위한 제3차 포럼 자료집」 (2012.2).

채홍식. "성결법전(레 17–26)의 형성에 관한 고찰 –레 19:13–18절을 중심으로." 「구약논단」 8 (2000).

최대열. "장애 이데올로기의 극복–막 2:1–12을 중심으로 믿음과 치유, 죄와 장애에 관하여." 「NCCK 장애인신학 1차 포럼 자료집」(2005).

______. "신학적 인간학에서 본 장애(인)." 『함께 부르는 노래』. 서울: 한국장로교출판사, 1999.

최만자. 『여성의 삶, 그리고 신학』. 서울: 대한기독교서회, 2005.

최무열. 『한국교회와 사회복지』. 서울: 나눔의 집, 2004.

카이저, 오토/박현덕 옮김. 『이사야(II)』. 국제성서주석. 서울: 한국신학연구소, 1993.

카이저, 월터/김진우 옮김. 『치유자 예수님』. 서울: 선교횃불, 2009.

크래독, 프레드/박선규 옮김. 『누가복음』. 목회자와 설교자를 위한 주석. 서울: 한국장로교 출판사, 2010.

크로이처, 지크프리트 외/김정훈 옮김. 『구약성경 주석 방법론』. 서울: 기독교문서선교회, 2011.

클레멘츠, 로널드/정석규 옮김. 『신명기』. 서울: 한들출판사, 2002.

클린스, 데이비드/김병하 외 옮김. 『포스트모더니즘과 이데올로기 성서비평』. 서울: 한들출판사, 2000.

킹스베리, 잭/김근수 옮김. 『마태복음서 연구』. 서울: 기독교문서선교회, 1990.

팔머, 리차드/이한우 옮김. 『해석학이란 무엇인가?』. 서울: 문예출판사, 1988.

페웰, 단나. "이념적 성서해석: 페미니스트 비평." 『성서비평 방법론과 그 적용』. 서울: 대한기독교서회, 2011.

포웰, 마크/배용덕 옮김. 『누가복음 신학』. 서울: 대한기독교서회, 1995.

폰 라트, 게르하르트. 『창세기』. 국제성서주석. 서울: 한국신학연구소, 1983.

프란스, 리차드/이한수 옮김. 『마태신학』. 서울: 엠마오, 1995.

피츠너, 빅터/지미숙 옮김. 『요한복음』. 키로주석. 서울: 컨콜디아사, 1993.

하틀리, 존/김경렬 옮김. 『레위기』. WBC. 서울: 솔로몬, 2006.

한국기독교교회협의회. 『한국교회 인권 선교 20년사』. 서울: NCCK, 1994.

______. 『장애인 차별과 교회』. 서울: NCCK, 2008.

______. 『장애 너머 계신 하나님』. 서울: 대한기독교서회, 2012.

한국장애인개발원. 『장애인 관련 법령집』. 서울: 한국장애인개발원, 2010.

한규삼. 『요한복음 다시보기』. 서울: 아가페출판사, 2002.

한상진 엮음. 『현대사회와 인권』. 서울: 나남출판, 1998.

한숭홍. "그리스도와 이데올로기 극복." 「장신논단」18(2002).

헤그너, 도날드/채천석 옮김. 『마태복음 1-13』. WBC. 서울: 솔로몬, 1999.

헤이네스, 스티븐 · 매켄지, 스티븐/김은규 · 김수남 옮김. 『성서비평 방법론과 그 적용』. 서울: 대한기독교서회, 2011.

함택. "구약성서에 나타난 장애 해석에 관한 조망." 『신학으로 이해하는 장애인』. 서울: 세계밀알, 2010.

핸슨, 폴/이무용 · 김지은 옮김. 『묵시문학의 기원』. 서울: 크리스챤 다이제스트, 2007.

호크스, 데이비드/고길환 옮김. 『이데올로기』. 서울: 동문선, 2003.
홍기영. "인간의 치유와 예수의 선교– 치유사건에 대한 성서적 이해." 『치유와 선교』. 서울: 다산글방, 2000.
홍윤기. "개인장애 · 사회장애 · 장애 이데올로기: 정상적인 생명현상으로서의 장애와 장애 이데올로기를 통한 장애인의 사회적 차별에 대하여." 「한국 사회 장애 이데올로기 연구 자료집」. 서울: 장애인먼저실천중앙협의회, 1997.
Barre, Michael L. "Qumran and the 'Weakness' of Paul." *CBQ* 42(1980).
Blenkinsopp, Joseph. Isaiah 1–39. Anchor Bible Commentary. New York: Doubleday, 2000.
Coote, Robert B. "Meaning of the name Israel[Gen32]." *Harvard Theological Review* 65 (1972).
Curtis, Edward M. "Structure, style and context as a key to interpreting Jacob's encounter at Peniel." *Journal of the Evangelical Theological Society* 30(1987).
Dewey, Joanna. *Markan Public Debate: Literary Technique, Concentric Structure and Theology in Mark 2:1–3:6* . CA: Scholars Press, 1980.
Dwyer, Timothy. "The Motif of Wonder in the Gospel of Mark." *Journal for Study of the New Testament* 57(1995).
Ebelling, Gerhard. "Word of God and Hermeneutic." *New Frontiers in Theology II*. New York: Harper & Row, 1964.
Edwards, James R. *The Gospel according to Mark*. Grand Rapids: W. B. Eerdmans Publishing Company, 2002.
Eiesland, Nancy L. *The Disabled God: Toward a Liberatory Theology of Disability*. Nashville: Abingdon Press, 1994.
Eiesland, Nancy L. and Saliers, Don E. *Human Disability and the Service of God*. Nashville: Abingdon Press, 1998.
Fass, David E. "Jacob's limp? [midrash on Gen 32:23–33]." *Judaism* 38 (1989).
Fitzmyer, Joseph. *The Gospel according to Luke I–IX*. Anchor Bible Commentary. New York: Yale University Press, 2006.
Fuchs, Ebelling. "The New Testament and the Hermeneutical Problem." *New Frontiers in*

Theology II. New York: Harper & Row, 1964.

Gadamer, Hans-Georg. *Wahrheit und Methode*. Tübingen: Mohr Siebeck, 1975.

Gerstenberger Erhard S. *Das dritte Buch Mose: Leviticus*. Louisville: Westminster John Knox Press, 1996.

Graddy, William E. "Limping [Gen 32:22-32]." *Reformed Journal* 38(1988).

Grant, Collen C. "Reinterpreting the Healing Narratives." *Human Disability and the Service of God*. Nashville: Abingdon Press, 1998.

Guelich, Robert A. *Mark 1-8:26*. Word Biblical Commentary. Dallas: Word Books, 1989.

Hamilton, Victor P. *The book of Genesis: chapters 18-50*. Grand Rapids: Wm. B. Eerdmans Publishing Company, 1995.

Hartman, Geoffrey H. "The Struggle for the Text [Gen 32:24-32]." *Midrash and Literature*(1986).

Hermisson, Hans J. "Jacobs Kampf am Jabbok: Gen 32:23-33." *Zeitschrift für Theologie und Kirche* 71-3(1974).

Hobbs, R Gerald. "Wrestling Jacob [C Welsey; text and musical score]." *Touchstone* 6(1988).

Holmgren, Fredrick C. "Holding your own against God!: Genesis 32:22-32(in the context of Genesis 31-33)." *Interpretation* 44(1990).

Lund, Jerome A. "On the interpretation of the Palestinian Targumic reading wqht in Gen 32:25." *JBL* 105-1.

Malina, Bruce J. and Rohrbaugh, Richard L. *Social-Science Commentary on the Synoptic Gospels*. Minneapolis: Fortress Press, 2003.

McKay, Heather A. "Jacob makes it across the Jabbok: an attempt to solve the success/failure ambivalence in Israel's self-consciousness." *Journal for the Study of the Old Testament* 38(1987).

Mckenzie, John L. "Jacob at Peniel: Gn 32:24-32." *CBQ* 25(1963).

Melcher, Sarah J. "Visualizing the Perfect Cult: The Priestly Rationale for Exclusion." *Human Disability and the Service of God*. Nashville: Abingdon Press, 1998.

Milgrom, Jacob. *Leviticus 17-22*. Anchor Bible Commentary. New York: Doubleday, 2008.

Morris, Leon. *The Gospel according to John*. The New International Commentary on the New Testament. Grand Rapids: Wm. B. Eerdmans Publishing Co., 1995.

Müller-Fahrenholz, G. *Parteners in Life – the Handicapped and the Church*. Geneva: WCC Publications, 1979.

Ott, Heinrich. "What is Systematic Theology?" *New Frontiers in Theology I*. New York: Harper & Row, 1964.

Ramsey, George W. "Is name-giving an act of domination in Genesis 2:23 and elsewhere [table of naming formulae]." *CBQ* 50(1988).

Robinson, James · Cobb, John. *New Frontiers in Theology I*. New York: Harper & Row, 1963.

Schmidt, Ludwig. "Der Kampf Jabobs am Jabbok(Gen 32,23-33)." *Theologia Viatorum* 14(1977/78).

Smith, S H. "'Heel' and 'thigh': the concept of sexuality in the Jacob-Esauratives." *Vetus Testamentum* 40(1990).

Utzschneider, Helmut. "Das hermeneutische Problem der Uneindeutigkeit biblischer Text: dargestellt an Text und Rezeption der Erzahlung von Jakob am Jabbok." *Evangelische Theologie* 48-3(1988).

Walton, Jon M. "2 Corinthians 12:1-10." *Interpretation* 52(1998).

Weis, Richard D. "Lessons on wrestling with the unseen: Jacob at the Jabbok [Gen32:22-32]." *Reformed Review* 42(1988).

Wenham, Gorden J. *The Book of Leviticus*. The International Commentary of the Old Testament. Grand Rapids: W. B. Eerdmans Publishing Company, 1979.

WCC. *A Church of All and for All – An Interim Theological Statement*. Geneva: WCC Publications, 2003.

부록

1. 장애인과 함께하는 한국 교회
2. 한국 교회 장애인 사역의 진단과 처방

| 부록1 |
장애인과 함께하는 한국 교회

나의 한 장애 친구가 자기는 1년 중 4월이 제일 싫다고 말한 적이 있다. '4월에는 장애인의 날도 있는데, 장애인이 4월이 가장 싫다니?' 그 친구는 그것 때문에 싫다고 했다. 장애인이 가장 기뻐해야 할 날이 가장 불편한 날이 된 것이다. 매우 아이러니한 일이다. 도대체 무엇 때문일까?

미루어 짐작할 수 있듯이 우리 사회의 장애인에 대한 관심이 4월 한 달, 그것도 4월 20일 장애인의 날을 앞두고 일회성 행사로 그치고 있기 때문이다. 그 행사도 들여다보면 대개가 비장애인들이 주도하고 장애인들이 동원되어 벌이는 시혜적인 행사로 그치고 있기 때문이다. 장애인으로서 4월이면 반짝하고 사라지는 장애인에 대한 관심, 언제나 들러리서는 장애인의 날 행사가 싫은 것이다.

이제는 4월 20일 하루의 관심이 1년 열두 달 함께하는 사랑이 되고, 장애의 유무를 떠나서 진정으로 장애인과 비장애인이 함께 어우러지는 사회를 소

---

* 이글은 필자가 「목회와 신학」(서울: 두란노) 2012년 4월호에 실은 글이다.

망하며 글을 시작한다. 그것이 어떻게 가능할까? 매우 이상적이고 여전히 소원해 보이지만, 사실은 이미 주님 안에서 주님의 사랑으로 살아가는 삶 속에서 그리고 교회를 통하여 어느새 이루어지고 있는 것이다.

장애인이란 일반적으로 '신체적 · 정신적 장애로 인하여 장기간에 걸쳐 일상생활 또는 사회생활에 상당한 제약을 받는 사람'을 말한다. 2012년 현재 우리나라 장애인복지법에서는 이 신체적 · 정신적 장애로 15개의 장애 범주를 규정하고 있다. 지체장애, 시각장애, 청각장애, 언어장애, 지적장애, 뇌병변장애, 자폐성장애, 정신장애, 신장장애, 심장장애, 호흡기장애, 간장애, 안면장애, 장루장애, 간질장애가 그것이다. 그리고 통계청 자료에 따르면 2010년 현재 우리나라의 등록 장애인은 총 2,517,312명으로 집계되었다.

등록 장애인이란 공식적인 절차에 따라 지정 병원에서 진단을 받아 관공서에 장애인으로 등록한 사람을 가리키며, 여러 가지 사정으로 등록을 하지 않은 장애인들을 고려한다면 장애인의 수는 이보다 훨씬 더 많을 것이다. 지금 세계적으로 약 10억, 국내적으로는 약 5백만 이상의 사람들이 장애를 가지고 살고 있는 것으로 추정하고 있는데, 이 수치는 그 사회의 약 10% 이상에 해당하는 수치이다.

통계적으로 본다면, 이 10%는 개인적으로 장애인의 장애가 무엇이냐를 떠나서 다수 중심의 사회에서는 엄연히 존재할 수밖에 없는 소수의 사회적 존재를 지칭하는 수치이다. 어느 사회나 이 10%는 존재하는 것이다. 선진국이고 복지국가일수록 장애 범주가 더 많고, 그에 따라 장애인의 수와 비율도 더 높다. 우리나라도 앞으로 장애 범주나 장애인의 수가 더 많아질 전망이다. 그렇게 생각하면, 장애인 비율이 10%인 사회보다 20%인 사회가 부끄러운 사회가 아니라 오히려 자랑스러운 사회인 것이다.

그렇다면 교회는 어떠한가? 한국 개신교 인구를 흔히 1천 2백만이라고 하는데, 과연 한국 교회에는 그 10%인 최소 120만 명의 장애인이 있는가? 생각해 보면 이상한 일이다. 장애인 사역을 모범적으로 하고 있는 어느 교회의 한 주일학생이 지방 할머니 댁에 갔다가 그 곳의 교회를 다녀와서 '나는 장애인이 한 명도 없는 참 이상한 교회를 다녀왔다.'고 쓴 일기가 있다. 장애인이 없는 이상한 교회, 그것이 오늘 우리의 교회는 아닌가? 세계교회협의회(WCC)의 한 문서의 슬로건처럼 "장애인이 없는 교회는 장애 교회이다." 그리고 주님의 몸인 교회는 "장애인 없이는 결코 온전할 수 없다." 사회의 장애인 비율이 10%라고 한다면, 병자와 장애인을 가까이 하셨던 주님의 몸 된 교회에서 장애인수는 오히려 30%가 되고 60%가 되어야 당연한 것이 아닐까?

주목해야 할 통계는 이러한 장애가 대부분 후천적 장애라는 사실이다. 선천과 후천의 기준이 애매하긴 하지만, 오늘날 장애라는 것이 산업사회 속에서 교통사고, 산업재해, 대형 사고, 그리고 질병, 자연재해, 테러와 전쟁 등으로 후천적으로 발생하고 있다는 사실이다. 지난해 자료에 따르면 후천적 장애의 비율이 90%를 넘어 95%에 이르고 있다. 그리고 보면 장애란 어느 특정 장애인들만의 것이 결코 아니다. 장애란 오늘날 남의 문제가 아니라 언제든지 내게 일어날 수 있는 나의 문제인 것이다.

그래서 장애인과 상대되는 건강한 사람을 어떻게 부를 것인가라는 논의에서 종종 '탭'(TAP, Temporarily able-bodied) 이라는 용어가 사용되기도 한다. 곧 '일시적으로 건강한 몸을 가진 사람'이라는 뜻이다. 생각해 보면 사람이란 항상 건강한 것이 당연한 것이 아니라 오히려 순간순간 병들고 장애가 있는 것이 당연한 것이다. 꼭 사고나 질병이 아니더라도 이미 노령화 사회에서 우리가 경험하듯이 인간은 누구나 노년기에는 이러 저러한 장애를 수반한다. 그리고 보면 지금 당장 법정 장애인은 아니라하더라도 인간은 모두가 '예비 장애인'이고 '잠재적 장애인'인 셈이다. 장애란 이제 누구만의 문제가 아니라 우리 모두의 문제인 것이다. 장애의 문제는 우리 모두의 문제이고 사회의 문제이다. 그래서 세상의 빛이고 소금인 교회가 본을 보여주고 길을 제시해 주어야 할 문제이기도 하다.

그럼, 도대체 장애란 무엇인가? 장애에 대한 초기의 접근은 개인적이고 의료적인 차원에서 시작되었다. 장애는 그 사람의 개인적인 문제일 뿐이며 어떻게 그를 치료해줄 것인가가 전부였다. 그러나 장애 문제를 다루며 점차 발견하게 된 사실은 장애는 결코 개인의 문제가 아니라 사회적 문제라고 하는 것이다. 세계보건기구(WHO)의 장애에 대한 정의에 따르면 신체적 손상이나 기능적 상실도 장애이지만, 보다 중요한 것은 사회적 장애이다. 현대사회에서 장애란 개인적인 신체적 · 정신적 조건보다 그가 사회적인 삶을 영위할 수 있게 하는 사회적 조건이라는 것이다. 장애에 대한 사회적인 인식과 시설과 제도와 환경이 훨씬 더 중요한 것이다.

설령 부분적 손상이나 상실이 있다 하더라도 환경이 더 이상 장애를 경험하지 않게 한다면 그에게는 장애가 문제가 되지 않는 것이다. 하나의 예로 많은 현대인들이 안경을 쓰고 있다. 시력에 장애를 가지고 있는 것이지만, 단지 안경을 썼다는 것만으로 당사자 자신도 장애인이라고 생각하지 않고 다른 누구도 그것으로 그 사람을 장애인으로 규정하지도 않는다. 이것은 안경을 쓴 사람의 수가 다수여서 사회의 일반적인 현상이기도 하지만, 그 보다는 안경이나 렌즈로 일상생활에 큰 불편을 겪지 않기 때문이다. 만약 반대로 걸리버 여행기의 걸리버처럼 전혀 다른 사회적 환경으로 들어간다면 여간 불편한 것이 아닐 것이다. 그래서 '이 세상에 장애인은 없고, 다만 장애 사회가 있을 뿐이다.'라는 말이 성립되기도 한다.

장애는 결코 장애인 개인의 탓으로 돌리고 짐 지워야 할 것이 아니라 사회 전체가 관심을 갖고 해결해야 할 문제이다. 장애는 사회의 문제이다. 교회에서도 장애인을 장애인 당사자에게 짐 지울 것이 아니라 교회 공동체 차원에서 접근해야 한다.

사회적으로 장애인에 대한 관심이 생겨나고 장애인의 인권과 복지가 논의된 것은 불과 최근 수십 년간의 일이다. 장애에 대한 논의는 엄청난 속도와 양과 질로 사회 전반을 뒤덮고 있다. 특히 올해(2012년)는 양대 선거가 있어 국내에서도 장애인을 포함한 복지 논쟁이 더 거세질 전망이다. 교회는 사회가 장애인에게 관심을 갖고 복지를 논의하기 훨씬 이전부터 장애인을 사랑하고 함께해 왔다. 왜냐하면 교회는 주님의 몸이기 때문이다. 예수님의 공생애의 복음 사역 가운데 상당 부분이 병자와 장애인들과 함께하고 치유하고 돌보는 사역이었다. 사도들과 초대교회에도 이러한 사역은 계승되었으며, 우리나라에 들어와 복음을 전해주었던 선교사들도 병자와 장애인들을 위한 사역을 전개하였다. 병원을 설립 운영하였고 장애인을 위한 학교와 시설을 세우고 교육과 양육을 하였다. 그러고 보면 장애 문제에 있어서 교회가 사회를 주도해 왔으며, 지금도 정부의 장애정책이나 사회의 장애 인식과 시설의 실태에 대하여 교회가 비전과 방향과 본을 제시해 주어야 할 것이다.

지난 2007년 우리나라에서도 소위 '장애인차별금지법이' 제정되어 2008년부터 시행되었다. 사회 전반에 만연되어 있는 장애인 차별을 해결하고자 장애인차별금지법이라고 하는 매우 도전적인 법률을 제정하게 된 것이다. 시행에 있어서 어느 정도의 구속력을 가질 것인가는 여전히 의문이지만, 이 법률을 통하여 사회 전반에 장애인의 인권과 존중에 대해서 큰 영향력을 끼치게 된 것은 사실이다. 이 법률의 시행을 놓고 교회가 무엇이 부족하다는 비판과 교회가 무엇을 갖추지 않으면 안 된다는 염려가 많았다. 그리고 그러한 평가와 전망은 지금도 여전히 유효하다. 그러나 보다 근본적으로 생각할 것은 교회는 시설이나 프로그램보다 사랑이 우선하는 공동체라는 사실이다.

장애인을 구성원으로 둔 가정은 여느 가정보다 더 많은 삶의 비용을 지불하고 살아간다. 사회나 정부가 지원해 준다고 하지만 그것으로 행복이 이루어지는 것은 결코 아니다. 오히려 장애인의 가정을 유지하고 행복하게 만드는 것은 시설이나 지원이 아니라 가족들의 사랑인 것이다. 어린 시절 어머님은 나를 업어서 초등학교를 등하교 시키셨고, 아버님은 나를 자전거로 중고등학교를 등하교 시키곤 하셨다. 내게 가정은 '왜 승용차가 아니냐? 왜 집에 엘리베이터가 없냐?'의 따질 곳이 아니라 이미 그분들의 사랑이 내게 넘치도록 족한 곳이었다. 왜냐하면 내게 가정은 사랑이 있는 곳이고, 가족은 최고로 사랑하는 사람들이기 때문이다. 교회란 오직 주님의 사랑으로 유지되고 움직이는 공동체이다. 교회의 편의시설이나 프로그램은 시급한 문제이지만, 결코 사랑보다 앞서지 않는다. 사람을 살리고, 양육하고, 행복을 누리고, 큰일을 꿈꾸고, 도전할 수 있게 하는 것은 오직 주님의 사랑이기 때문이다.

장애 이야기를 할 때면 언제나 빠짐없이 나오는 주제가 장애 인식의 개선이다. 장애에 대한 그릇된 인식이 사회에 만연되어 있다. '장애인은 아무 것도 할 수 없다', '장애인은 폭력적이다', '장애인은 무식하다', '장애인은 도와줘도 고마움조차 모른다.' '장애인은 격리시키는 것이 피차 좋다' 등. 이러한 그릇된 의식이 무서운 것은 한 장애인이 무엇을 잘 못하고 잘 모르는 것을 따지는 것이 아니라 시간이 갈수록 그 의식이 강화되고 만연되어 사회의식으로 고착화되고 재생산되며, 그리하여 비장애인이나 장애인에게나 모두 이러한 의식을 교육시키고, 강화시키기 때문에 심각한 것이다. 장애인은 그 의식에 사로잡혀 정말로 아무 것도 할 수 없는 존엄성을 잃어버린 존재가 되고, 비장애인은 그 의식으로 말미암아 장애인을 차별하고 무시하고 소외시키는 것을 정당화하게 된다. 장애인과 비장애인이 더 이상 함께 어울릴 수 없는 깊고 깊은 골을 만들게 되는 것이다. 우리는 이 엄청난 의식의 억압으로부터 장애인과 비장애인 모두를 해방시켜야 한다. 우리 주님은 장애로 말미암아 결코 우리 모두가 죄와 불의와 차별의 억압에 매여 있기를 원치 않으신다. 주님은 우리가 그 사슬을 끊고 주님의 사랑으로 하나 되어 서로 사랑하며 살기를 원하신다.

사회의 장애인에 대한 허위의식이 어느새 사랑의 공동체인 교회 안에도 침투하고 있다. 사회에 만연되어 있는 장애인에 대한 차별적 의식에 더불어 교회 안에 만연되어 있는 중요한 의식의 문제 두 가지를 여기서 짚고자 한다. 성도들에게는 사회의 그릇된 많은 의식보다 교회의 종교적 · 신앙적 의식이 훨씬 더 무겁게 작용하고 있다. 이것은 비장애인에게는 호기심일 수 있지만, 그러나 장애인과 그 가족에게는 매우 심각하게 작용하는 것들이다.

첫째로 장애는 죄에 따른 하나님의 형벌로 장애인은 죄인이라는 의식이다. 우리는 이 문제로 수없이 고민하며 이 주제로 수없이 상처를 주고받는다. '네가 죄를 지어서 장애인이 된 것이다.' 물론 성경에는 인간의 범죄와 실수로 장애가 발생하고 장애인이 된 경우를 발견하게 된다. 그러나 또한 그렇지 않은 경우도 발견하게 된다. 죄와 무관하게 장애인으로 소개되는 성경의 인물과 장애에도 불구하고 쓰임 받는 성경과 역사의 인물들을 만날 수 있다. 예수님은 말씀하셨다. "이 사람이나 그 부모의 죄로 인한 것이 아니라 그에게서 하나님이 하시는 일을 나타내고자 하심이라"(요 9:3). 그러므로 교회에서 장애를 곧 죄로 그리고 장애인으로 죄인으로 동일시하고 정죄하는 이데올로기는 속히 사라져야 한다.

둘째로 장애인 당사자가 믿음이 없어 자신의 장애가 치유되지 못하고 있다는 의식이다. 고린도후서 12장의 바울처럼 수많은 장애 성도들이 하나님께 자신의 장애를 고쳐달라고 수없이 기도했을 것이다. 그러나 현실은 그렇게 되지 않은 경우가 대부분이다. 그럼에도 교회 안에서 믿음이 없어서 치유되지 못한다는 의식으로 장애 성도들에게 더한 상처를 안겨주며 교회를 떠나게 만든다. '네가 믿음이 없어 낫지 않는 것이다.' 물론 성경에서 우리는 자신의 믿음으로 치유를 경험한 사람들을 발견할 수 있다. 그러나 또한 그렇지 않은 경우도 많이 발견하게 된다. 자신의 믿음과 무관하게 치유를 받는 인물들이나 또는 다른 사람의 믿음으로 치유를 받는 인물들을 만나게 된다. 그러므로 교회에서 장애인이 믿음이 없어 치유되지 못하고 있다고 규정하고 정죄하는 이데올로기 또한 속히 사라져야 한다.

마가복음 2장에서 중풍병자의 네 친구들은 사랑하는 친구를 예수님께 인도하기 위하여 매우 기발한 발상으로 가버나움의 한 집의 지붕을 뚫고 친구를 침상 채 줄에 매어 달아 내렸다. 이에 예수님은 그들의 믿음을 보시고 중풍병자에게 구원과 은혜를 주셨다. "예수께서 그들의 믿음을 보시고 중풍병자에게 이르시되 작은 자야 네 죄 사함을 받았느니라"(막 2:5). 왜 우리는 장애인을 평가하고 정죄하기에 급급하고, 장애인과 함께 주님께로 그리고 교회로 나아가지 않는 것일까? 왜 우리는 자꾸만 욥의 세 친구로 남아 있고, 중풍병자의 네 친구가 되지 않는 것일까?

그럼, 교회는 장애인을 어떻게 보고 대할 것인가? 장애인은 사람이다. 사람 그 이상이나 그 이하도 아니므로 그냥 여느 사람 같이 생각하면 되는 것이다. 성도라고 한다면 누구에게나 그의 인격을 존중해서 온유하고 겸손하고 진지하게 대한다. 바로 그렇게 장애인을 대하면 된다. 만약 필요하다면 장애인이 요청하거나 필요로 하는 도움을 제공해 주면 되고, 앞서 생각한다면 장애인들이 불편함을 갖지 않도록 미리 배려해 주면 된다.

신앙의 진리에 있어서도 장애인은 비장애인과 동등한 존재이다. 장애인도 하나님의 형상을 따라 지음 받은 존재이다. 장애인도 전적으로 타락한 존재이며 죄인이다. 장애가 있다고 선하거나 의로운 것이 결코 아니다. 장애로 인해 죄를 지을 능력이나 조건이 상대적으로 적을 수는 있을지 몰라도 역시 죄로 가득한 인간이다. 그러기에 장애인에게도 예수 그리스도가 필요하며, 예수 그리스도를 믿어 구원을 받아야 하는 존재이다. 장애인도 예수 그리스도를 믿으면 교회의 동등한 구성인이 되고, 교회에서 은혜를 받고 또한 봉사할 수 있다. 장애인도 비장애인과 마찬가지로 하나님 나라를 위하여 일하는 일꾼이 되는 것이다. 다르게 보아야 할 특별한 이유가 없다.

어느 특수학교의 설문조사에서 학생들이 가장 싫어하는 인물이 헬렌 켈러라는 결과가 나온 적이 있다. 왜 일까? 가장 존경하고 좋아하고 본 받아야할 인물이 왜 가장 싫어하는 인물이 되었을까? 역시 아이러니하다. 그러나 생각해 보면, 주위에 사람들이 언제나 헬렌 켈러라는 사람을 견주어 자신을 평가하고 비교하기 때문이다. '헬렌 켈러는 너보다 더한 3중의 장애에서도 이런 위인이 되었는데, 너는 왜 그것도 못 하냐?' 주님은 우리를 비교하지 않으신다.

장애인도 다 다르다. 장애인이라고 해서 다 똑 같은 것이 아니다. 저마다의 고유한 개성과 인격이 있다. 15개의 장애 범주 사이에도 서로 다른 경험과 생각과 문화가 존재한다. 하나의 장애 범주 안에서도 서로 다른 경험과 생각과 삶의 방식을 가진 사람들이 존재하는 것이다. 그러므로 한 사람 한 사람이 소중한 것이다. 종종 교회에서 장애인이라고 하면 특별한 존재로 보려는 경향이 있다. 사회의 의식에 따라 장애를 열등으로 보려는 경향도 있고, 장애가 있으니 대단히 영적일 것이라고 보는 경향도 있다. 아니다. 장애인은 그저 장애라고 하는 삶의 조건을 가지고 있는 똑 같은 사람일 뿐이다. 물론 그 삶의 조건이 우리가 구성하는 교회와 사회의 환경에 따라 보다 더 불편하고 무겁기도 하고 보다 더 즐겁고 가벼울 수도 있는 것이다.

삶의 모든 조건은 은혜의 계기가 되기도 하고 죄악의 계기가 되기도 한다. 축복의 통로가 되기도 하고 파멸의 통로가 되기도 한다. 장애도 마찬가지이다. 장애로 말미암아 인생을 포기하고 세상을 저주하며 살아가는 사람이 있는가 하면, 장애로 말미암아 주님을 만나고 세상에 희망을 주며 살아가는 사람이 있다. 많은 장애인들이 병상에서, 휠체어에서, 수화교실에서, 복지관에서, 치료실에서, 장애인 모임에서 주님을 만났고 인생의 희망을 얻었다. 장애가 문제가 아니라 삶의 자리가 문제인 것이다. 그러한 삶이 가능하도록 우리는 장애인을 대하고 장애인의 환경을 구성해 주어야 한다. 교회는 장애인들의 진정한 삶의 자리이다. 교회는 장애인들에게 은혜와 희망과 축복과 비전과 섬김의 삶을 살 수 있는 환경을 만들어 주어야 한다.

지금 한국 교회는 교회의 전통을 따라 장애인 사역을 잘 감당하고 있는 교회들이 여럿 있다. 장애인 선교부를 둔 교회도 여럿 있고, 장애인부를 운영하는 교회도 여럿 있고, 장애인의 리더십을 세워주는 교회도 여럿 있고, 장애인을 위하여 편의시설을 갖추는 교회도 여럿 있고, 장애인 시설을 찾아 사랑을 나누는 교회도 많이 있고, 장애인들을 위한 인식을 새로이 하고자 노력하는 교회들도 여럿 있고, 장애인 선교를 비전이나 목표로 삼고 있는 교회도 여럿 있다. 모두가 고무적인 일이다.

그러나 중요한 것은 교회의 장애인 사역이란 특정 교회만의 것이 아니라 모든 교회의 것이라는 사실이다. 장애인 사역은 특수 목회가 아니라 그냥 목회의 하나인 것이다. 장애인 사역은 특수 목회자의 전유물이 아니라 모든 목회자의 목회인 것이다. 장애인 사역은 교회 내에서도 일부 성도나 특정 부서만의 사역이 아니라 모든 성도와 모든 부서의 생활인 것이다. 모든 교회는 주님의 몸으로서 장애인과 함께하는 것이 지극히 당연한 사실이다.

교회는 주님의 사랑으로 운영되는 곳이다. 사랑하면 상처가 보이고 아픔이 보인다. 그리고 사랑하기에 그 상처를 싸매고 아픔을 보듬어 안고 함께 아파하며 주님의 은혜를 구한다. 사랑하면 사랑하는 사람의 진정한 행복과 의미 있는 삶을 위해 할 수 있는 일, 해야 할 일을 찾게 된다. 그것이 사랑의 공동체이다. 교회의 장애인 사역? 그것은 멀리 있는 것도 어려운 것도 아니다. 주님의 교회라면 당연한 것이고, 주님의 사랑으로 사랑하면 누구나 할 수 있고, 기도하고 용기를 낼 때 주님께서 도와주시고 역사하시는 것이다.

| 부록 2 |

한국 교회 장애인 사역의 진단과 처방

I. 한국 교회 장애인 사역, 지금 어디까지 왔나?

약 30년 전, 장애인 사역을 처음 접할 때 가장 많이 들었던 소리 중의 하나가 우리나라 장애인의 겨우 0.3%만이 기독교인이라고 하는 탄식이었다. 그러나 30년이 지난 2013년 현재 250만 등록 장애인 가운데 약 6%가 기독교인이라고 자위적으로 말하고 있다. 수치의 진위 여부를 떠나서 장애 성도가 많아졌고 장애인 사역을 하는 교회가 많아진 것은 분명한 사실이다.

우리나라 장애인 사역은 초기에는 한국 교회가 주도하였으나 교회가 성장제일주의로 장애인을 방관하는 사이에 사회가 장애인 복지에 관심을 기울이며 주도하고 있다. 이제라도 한국 교회가 장애인 사역을 교회의 본질 사명으로 재확인하고 한국 교회의 장애인 사역의 전통을 재발견하여 다시금 제대로 된 궤도로 접어들게 된 것은 하나님의 은혜이다.

* 이글은 필자가 「목회와 신학」(서울: 두란노) 2013년 4월호에 실은 글이다.

한국 교회 장애인 사역 전반에 대한 정확한 통계는 없지만 장애인 사역을 대표하는 몇 기관들의 발표를 살펴보면, 2012년 현재 대한예수교장로회(통합)의 장애인복지선교협의회(장복선)는 교단 내에 교회 발달장애인 부서 50개, 시각장애인 교회와 부서와 선교회 30개, 지체장애인 교회와 공동체 32개, 농아인 교회와 부서와 선교회가 54개 있고, 한국장애인선교단체총연합회(한장선)는 130여개의 장애인 선교 단체들을 회원으로 가지고 있고, 새로 출범한 전국장애인교회학교연합회(전장연)는 우리나라에 약 250여개의 교회에 장애인부 교회학교가 있다고 밝혔다.

현재 6만개를 넘는 한국 교회의 수치와 비교하면, 이러한 수치는 또다시 30년 전의 0.3%를 연상케 한다. 그러나 이 수치만으로 단정 지을 수 없는 것은 이 기관들 외의 다른 기관들에 속하여 장애인 사역을 하는 교회도 많거니와 무엇보다 드러내어 어디에 내놓을 만한 장애인 사역은 아니더라도 이미 이러저러한 장애인을 사역을 감당하는 교회들이 셀 수 없이 많기 때문이다. 게다가 오랜 세월 전문적인 장애인 사역을 펼쳐온 밀알, 베데스다 등과 같은 장애인 선교회를 위시하여 역사와 규모면에서는 그에 미치지 못하지만 장애인 선교를 표방하는 수많은 중소형의 장애인 선교회도 많이 있고, 교회와 선교회는 아니지만 평신도들이 선교를 목적으로 운영하거나 종사하는 장애인 복지관과 장애인 시설들이 훨씬 더 많이 있기 때문이다.

한국 사회 전반에 불어 닥친 장애인 인권과 복지에 대한 관심 가운데 한국 교회가 장애인 사역을 갈수록 확장해 가고 있음은 분명한 사실이며, 이로 인해 장애인 복음화 율이 높아져 가고 있는 것도 확실한 사실이다.

Ⅱ. 한국 교회 장애인 사역, 지금 무엇을 하고 있나?

한국 교회 장애인 사역은 여러 교회와 선교회와 시설에 의해 다양한 방식으로 전개되고 있어서 하나의 틀로 정리하기는 쉽지 않다. 이 글에서는 교회를 중심으로 한국 교회가 일반적으로 하고 있는 장애인 사역을 4가지 유형(type)으로 정리하여 소개하고자 한다.

첫째 유형은 물질 후원 유형이다. 교회가 직접 장애인 사역을 감당하기에는 여건상 어려워서 장애인 선교회나 장애인 시설, 장애인이나 장애인 가정을 간접적으로 후원하는 형태이다. 주로 기도와 재정과 물품을 지원하고 있다. 이 유형은 현실적으로 장애인 사역의 가장 많은 형태이며, 역사적으로 장애인 사역 초기의 형태이다. 이 사역은 장애인 사역에 뜻이 있는 교회라면 누구나 쉽게 할 수 있는 유형이라는 장점이 있는가하면, 인격적 교제와 체계적 사역이 없다는 약점을 가지고 있다.

둘째 유형은 자원봉사 유형이다. 교회가 장애인 선교나 장애인 시설의 현장을 직접 찾아가서 장애인을 만나 실질적인 친교와 봉사를 제공하는 형태이다. 한국 사회 전반에 불고 있는 자원봉사 활동과 맞물려 한국 교회에 이러한 장애인 사역이 갈수록 많아지고 있다. 이것은 간접적 지원에서 벗어나 장애인과의 인격적인 사귐과 친교로 넘어 들어가고 있다는 점에서 고무적이지만, 역시 제한적이고 체계적이지 못하다는 한계를 가지고 있다.

이 두 가지 유형의 장애인 사역은 지금 한국 교회에서 가장 많이 하는 장애인 사역의 형태이다. 여기서 확실히 말씀드리고 싶은 점은 이것도 분명히 한국 교회의 장애인 사역이라고 하는 사실이다. 장애인 사역 통계가 이러한 교회들의 관심과 사역을 일일이 세기도 어렵겠지만, 그래도 놓치지 않기를 바란다.

이러한 유형의 사역은 비록 인격성, 체계성, 전문성은 떨어질지 모르지만, 교회가 장애인 사역을 본질 사명으로 인식하고 감당하고자 함은 분명히 인정하고 격려해 주어야 할 것이다. 바라기는 이 두 유형의 사역은 교회가 보다 정기적이고 장기적으로 감당해 줄 것을 부탁드린다.

셋째 유형은 장애인 교회/부서 유형이다. 한국 교회 장애인 사역의 다른 형태는 장애인이 중심이 되어서 장애인 교회를 설립 운영하거나 최근에는 교회 안에 장애인 부서를 설립 운영하는 형태이다. 장애인 교회로는 농아인 교회와 시각장애인 교회, 지체장애인 교회, 장애인 생활시설 교회 등이 대표적이며, 교회 안에 세우는 장애인 부서로는 주로 지적장애인과 자폐성장애인을 섬기고 있는 발달장애인부와 농아부이다. 이 유형은 일반 지역교회와 마찬가지로 주로 목회적 차원에서의 사역을 감당한다. 장애인을 배려한 예배를 우선으로 성경공부, 심방, 상담, 간증 집회, 전도 집회, 야외 예배, 수련회 등의 목회 프로그램을 감당하고 있으며 그 사역의 범위와 내용을 점차 더 확장해 나아가고 있다. 이 유형은 장애인을 배려한 교회 곁/안의 교회/부서라는 장점이 있지만, 자칫 장애인만을 위한 교회/부서가 될 위험성을 안고 있다.

넷째 유형은 복지 유형이다. 교회가 장애인 복지관이나 장애인 시설을 설립하거나 수탁 운영하여 사회적으로 봉사하는 형태이다. 여러 교회가 장애인을 위하여 주 · 단기보호시설, 장애인 복지관, 장애인 작업장 등을 설립 운영하거나 복지법인을 만들어 장애인 시설을 수탁 운영하거나 복지 재단이나 NGO를 설립하여 지역과 나라와 세계를 향하여 장애인 사역을 감당하고 있다. 이 유형은 교회가 사회와 세계의 장애인을 위하여 양질의 봉사를 체계적으로 제공한다는 점에서 고무적이지만, 재정이나 인력의 형편상 주로 중대형 교회만이 감당할 수밖에 없다는 현실적인 한계를 가지고 있다. 물론 일부 장애인 부서를 둔 작은 교회나 장애인 교회도 이러한 형태의 사역을 감당하고 있기도 하다.

그동안 한국 교회 장애인 사역의 역사적 전개를 보면, 첫째 물질 후원 형태에서 둘째 자원봉사를 거쳐 셋째 장애인 교회/부서와 더불어 넷째 복지시설 형태로 진행되어 왔음은 사실이다. 그러나 이러한 진행만이 정당하고 꼭 그렇게 되어야 하는 것은 결코 아니다. 오히려 현재 진행되고 있는 한국 교회 장애인 사역의 모든 형태는 어느 교회가 더 잘하고 못하고의 평가가 아니라 각 교회가 가지고 있는 형편에 따라 최선을 다하는 장애인 사역으로 서로 인정해 주고 격려해 주어야 한다.

Ⅲ 한국 교회 장애인 사역, 지금 무엇을 점검해야 하나?

한국 교회가 장애인 사역을 교회의 본질사역으로 인식하고 장애인 사역이 일상적인 사역으로 점차 확장되어가고 있는 현상은 매우 바라던 일이며 고무적인 일이다. 가장 큰 성과라고 한다면 교회의 형편이 모든 것을 허락해 주지는 못하지만 적어도 장애인 사역을 교회가 마땅히 해야 할 사역으로 여기는 교회의 풍토가 조성되었다는 점이다. 십 년 전만하더라도 어느 교회가 장애인 사역을 한다고 하면 매우 특별한 교회로 비추어졌으나, 이제는 교회가 장애인 부서를 설립하고 장애인 시설을 운영한다고 하여도 모범적인 일상으로 여길 뿐이다.

지금 이 시점에서 한국 교회가 장애인 사역을 더 잘 하기 위해서 무엇을 점검해 보아야할 것인가?

첫째로 교회가 도대체 왜 이 일을 해야 하는가 하는 장애인 사역에 대한 근본적인 질문과 그로 인해 얻어진 장애인 사역에 대한 의식을 교회 공동체가 공유하는 일이다. 이것은 아무리 강조해도 지나침이 없다. 종종 많은 성도들에게서 교회의 장애인 사역을 장애인 교회나 부서나 담당 교역자의 것으로 간주하고 자신과는 무관한 일로 스쳐 지나가는 슬픈 현실을 마주하게 된다. 그러므로 교회 공동체의 장애인 사역에 대한 의식의 자각과 공유라는 가장 기본적인 일은 언제나 거듭 확인되고 강화되어야 한다. 왜냐하면 바로 여기에서부터 장애인 사역의 소명과 사명과 보람과 기쁨이 시작되기 때문이다.

둘째로 교회가 장애인 사역을 함에 있어서 장애인을 사역의 동등한 대상이요 파트너로 생각하고 대하고 있는가 하는 인식의 문제이다. 달리말해 교회가 장애인 사역을 하면서도 여전히 장애인을 수동적인 시혜의 대상으로만 여기고 있지 않은가에 대한 물음이다. 교회는 복음 없는 장애인에게 복음을 전해주어야 하고, 도움이 필요한 장애인에게 도움을 제공해 주어야 한다. 그것은 꼭 장애인이서가 아니라 같은 형편에 있는 비장애인에게 마땅히 해 주고 있는 것처럼 바로 그것이 교회의 사명이기 때문이다.

그리고 또한 교회 안에서 장애성도를 동등한 교인으로 용납하여 교제하고, 함께 교회를 섬기는 선교와 봉사의 파트너로 인정하고 협력하여야 한다. 종종 교회 안에서도 장애 차별을 경험한다. 교회 현실에서 신앙적인 욕심으로 장애인을 배려하지 못하는 사례도 많거니와 신학적으로 장애인을 죄인이나 열등한 신앙인으로 취급하는 이데올로기도 있다. 이로 인하여 애써 교회에 나온 장애인이 또다시 상처와 차별로 교회를 떠나게 되기도 한다. 교회는 주님의 사랑으로 장애인을 사랑하고, 성령의 역사 안에서 장애인과 함께 주님의 몸 된 교회를 이루어가야 한다.

셋째로 현재 한국 교회 장애인 사역의 큰 문제점은 교류와 연합, 네트워

킹이 매우 약하다는 것이다. 한국 교회의 개교회주의의 분위기 속에 장애인 사역도 지금껏 대부분 개교회 차원에서 진행되어 왔다. 총회에도 장애인 사역을 위한 부서나 센터 하나 없는 것이 한국 교회 대부분의 교단의 현실이다. 장애인 사역을 시작하거나 진일보하려는 교회들이 정보와 도움과 지원을 얻고자 하여도 제대로 된 지원을 받기가 쉽지 않다. 그나마 한국장애인사역연구소나 한국장애인선교단체총연합회가 같은 기관들이 센터와 가교의 역할을 해주고 있어 위안이 되고 도움이 되고 있다. 한 지역에서 장애인 사역을 위해 교회가 협력할 수 있다면 참으로 아름다운 일이다. 장애인 사역을 위해 지역을 넘어서 전국적으로 교류할 수 있다면 지금보다 30배, 60배, 100배는 한국 교회 장애인 사역이 힘을 얻고 활성화될 것이다.

넷째로 한국 교회 장애인 사역은 지금이야말로 장애인 사역을 위한 전문적이고 제도적인 기반을 구축해 나가야 할 때이다. 지금 한국 교회 장애인 사역을 위해서는 정반대 방향의 두 가지 운동이 필요하다. 하나는 장애인 사역은 모든 교회가 누구나 쉽게 할 수 있어야 한다는 것이다. 그런 점에서는 특별한 전문성 없이도 누구나 쉽게 하루 있는 매뉴얼과 프로그램들이 제공되어야 한다. 다른 하나는 교회가 장애인 사역을 잘하려면 갈수록 전문성을 갖추어야 한다는 것이다. 모두 특수교사나 사회복지사이어야 할 필요는 없지만, 교회의 장애인 사역에 참여하는 전문가들이나 자문해 주는 전문가 집단이 있어야 한다.

무엇보다도 사역자나 봉사자들 중에 장애인 사역에 전념할 사람들이 필요하다. 세상적인 장애학의 전문가가 아니라 교회 장애인 사역의 전문가가 절실히 필요하다. 이들이 있어야지 한국 교회 장애인 사역의 30년, 100년 후를 전망할 수 있다. 이를 위해 각 교단의 신학교도 장애인 사역을 위한 신학교 커리큘럼을 마련해야 하고, 각 교단의 총회도 장애인 사역을 위한 제도적이고 법률적이고 현실적인 지원방안을 마련해야 한다. 하나의 예로 교회 발달장애인 부서의 교역자는 대부분 교육전도사들이어서 1년 주기로 교체되다 보니 사역의 연속성이나 전문성이 심하게 결여되고 있는 현실이다.

Ⅳ. 한국 교회 장애인 사역, 이제 어디로 갈 것인가?

오랜만에 제 궤도로 접어든 한국 교회 장애인 사역이 앞으로 어떤 방향으로 나아가야 할 것인가? 어떻게 다시금 한국 교회가 사회의 장애인 사역을 선도해 나아가야 할 것인가?

첫째로 명심해야 할 것은 교회 장애인 사역은 교회 본연의 목적과 방향을 따라 가면 되는 것이지 교회와 별개의 다른 무엇이 있는 것이 아니라는 점이다. 교회는 이 땅에 현존하는 예수 그리스도의 몸으로서 성령의 능력 안에서 삼위일체 하나님 나라를 지향한다. 교회 안은 물론 교회로 인하여 세계가 정의와 평화와 기쁨의 하나님 나라가 되기를 꿈꾸며 선교하고 봉사하는 것이다. 장애인 사역도 마찬가지이다. 교회 안에서는 물론 교회로 인하여 세계에서도 장애인이 주님 안에서 모든 것에 평등하게 온전히 참여하여 누리고 즐기고 봉사할 수 있게 하는 방향이 되어야 한다. 이를 위하여 교회는 장애인과 함께 기도하고 준비하고 일해야 한다.

둘째로 장애인 사역을 더 잘하기 위해서 장애인 사역이 가지고 있는 특징을 숙고해야 할 필요가 있다. 즉 장애인 사역은 전인 사역, 평생 사역, 가정 사역이라는 점이다. 교회의 장애인 사역은 장애인의 영혼이나 장애인 개인만을 생각하는 것이 아니라 그가 관계하고 살아가는 세계와 생의 전반을 사역의 범위로 품는 것이다. 복음을 영접하고 교회에 접근하고 적응하는 데에서부터 이미 삶의 전반적인 여건들이 관련되어 있다. 또한 교회는 장애인의 치료, 교육, 결혼, 가정, 재활, 고용, 여가 시간, 인간관계, 사회생활, 재능 계발 등을 사역의 내용을 품어야 한다.

장애는 대개 신체적이나 정신적으로 회복 불가능한 것이기에 평생토록 동반하게 된다. 달리 말하면 장애가 평생을 함께하듯이 사실 신앙과 교회 또한 평생을 함께해야 하는 것이다. 그렇다고 한다면 교회의 장애인 사역은 지금 마주하고 있는 생의 단계만이 아니라 평생을 준비하고 함께해야 한다. 감사할 일은 이미 교회는 생의 모든 주기에 있는 성도들이 함께하고 있으므로 그 모든 사역에 장애인의 참여를 의식하고 배려하고 격려하면 쉽게 함께할 수 있다는 것이다. 유아부, 유치부, 교회학교, 청년부, 남 · 여선교회, 봉사부서, 노인학교 등 교회는 이미 장애인을 위한 평생 사역의 토대를 가지고 있다.

다른 어떤 사역에 비해서 장애인은 누군가의 도움이 절실히 필요한데, 한국 사회에서 대개 그것은 가족들이 감당하고 있다. 그러다보니 장애인 사역은 단순히 장애인 개인에게 국한된 것이 아니고 장애인을 가족 구성원으로 둔 가정 전반을 향한 사역이 될 수밖에 없다. 가정은 장애인으로 말미암아 긍정적이고 부정적인 영향을 주고받으며 이미 관계들을 형성하고 있다. 장애인 부모에 대한 교육은 물론이고 위로와 격려 그리고 장애인 형제자매들을 위한 프로그램 등이 절실하며, 그 외에도 장애인 가정을 위한 경제적이고 복지적인 지원과 정신적이고 영적인 지지도 필요하다. 교회의 구역예배나 남 · 여선교회나 그 외 봉사와 친교 조직은 이에 매우 유용하다. 한국 교회는 바로 이러한 장애인 사역의 특징을 숙고하여 앞으로 사역을 전개해 나가야 할 것이다.

셋째로 교회의 장애인 사역은 또한 거시적으로 하나님 나라가 실현 되는 사회와 세계의 건설적인 변혁을 지향하고 있습니다. 이것은 성도 개인이나 개교회 차원에서의 사역의 한계 때문이기도 하고, 사회적이고 구조적이고 제도적이고 인식적인 전환이나 발전이 절실히 요구되고 있기 때문이기도 합니다. 교회는 물량적으로 정부나 사회에 비해 크게 장애인 사역을 해야 하는 것이 아니라 모든 장애인 사역이 나아가야할 바람직한 방향을 제시하고 의식적이고 법률적이고 제도적인 기초를 놓아주어야 한다.

넷째로 한국 교회는 이 사회에서 장애인 사역의 진정한 본을 보여주는 방향으로 나아가야 한다. 무엇을 잘하고 못하고, 크게 하고 작게 하고의 문제가 아니라 모든 교회와 성도들이 무엇보다 장애인을 가까이하고 섬기고 동등하게 대해 주고 배려해 주는 삶의 본을 보여 주어야 한다.

그리고 구체적인 장애인 사역에 있어서 교회는 갈수록 사회의 손길이 미치지 못하거나 부족한 곳으로 내려가야 한다. 복지사회가 되면서 장애인을 위한 예배는 교회의 고유 사명으로 남아 있지만, 그 외의 다른 많은 장애인 사역은 대부분 정부나 복지관이나 장애인 시설들에 의해 이루어지고 있다. 그럼에도 불구하고 복지란 언제나 위로부터의 복지이다. 그 때문에 낮은 곳에는 여전히 많은 돌봄과 도움이 절실히 요구되고 있고, 사회에는 복지의 사각지대와 틈새가 여전히 많이 있다. 교회란 바로 그러한 곳을 찾아가야 한다. 교회는 장애인 사역에 있어서도 더 낮은 곳, 더 힘겨운 시간, 더 심한 장애를 가지고 있는 분들을 찾아가야 한다. 이것이 한국 교회 장애인 사역이 앞으로 나아가야 할 방향이다. 그리하여 교회 장애인 사역은 언제나 사회 장애인 사역의 본이 되어야 한다.

장애인 사역은 복지 시대에 교회가 이런 일을 하고 있다고 세상에 내세우기 위해서 하는 것이 결코 아니다. 장애인 사역은 교회의 본질 사명이다. 교회는 예수 그리스도의 몸으로서 장애인을 가까이하고 사랑하고 복음으로 치유하고 가치 있는 삶으로 나아가게 하고, 장애인과 더불어 하나님 나라를 일구어 가야 한다.

글 최초 발표 목록

1장. 장애 낙인화의 전도 「기독교사상」(2003.4)

3장. 장애인의 제사장직 제외 규정에 대한 재해석 「한국조직신학논총」 30 (2011.9)

5장. 장애 이데올로기의 극복 「NCCK 장애인신학 1차 포럼 자료집」(2005.10)

7장. 예수의 장애 해방 선언 「제1차 한국조직신학자 전국대회 자료집」(2006.4)

8장. 바울의 장애신학 「장애인을 깨우라」(2007.12~2008.2)

부록1. 장애인과 함께하는 한국 교회 「목회와 신학」(2012.4)

부록2. 한국 교회 장애인 사역의 진단과 처방 「목회와 신학」(2013.4)